教養のイタリア近現代史

土肥秀行/山手昌樹
[編著]

ミネルヴァ書房

はしがき

イタリアについて思い浮かぶことを一〇個書きとめてほしい。書き終えたら、次はイタリア人のイメージを五つだ。いま挙がった一五個のイメージが、この本を読むなかで変わったのか否か、読み終えてからぜひ振り返ってほしい。

ではイタリア史についてはどうだろうか。読者諸賢が古代ローマやルネサンスに思いをはせたであろうことは想像にかたくない。『テルマエ・ロマエ』や『チェーザレ』の世界である。しかし、本書が対象とするのは、イタリアが世界の中心から周辺へと没落した、ともすれば「ヘタリア」と嘲笑される一九世紀以降のできごとである。

イタリア人の国民性を象徴する言葉に「無為の喜び」というのがある。この何もしないでのんびり過ごすことを至上の喜びとする姿勢は、怠惰で時間にルーズなイメージへとつながる。真面目で勤勉で時間に正確な日本人のイメージとは正反対である。だが、イタリアを近年、旅したことがあれば、鉄道が基本的に定刻通り運行され、五分程度の遅れでも車内アナウンスがあることにご賛同いただけるだろう。遅れるときはとてつもなく大胆に遅れるというだけのことだ。

教養の欠如からくる誤解や無理解、唾棄すべき偏見、これらを改めるのが教養書の使命である。このたびミネルヴァ書房の教養のテキストにイタリアが仲間入りした。このテキストは大学生を念頭に企画されたものだ。学生諸君はどうかへこたれることなく最後まで読みきってほしい。国別の姉妹書としてはすでに『教養のフランス近現代史』と『教養のドイツ現代史』が刊行されている。レポート作成の際には、兄貴分として活躍中の『近代イタリアの歴史』、『イタリア文化 55のキーワード』、『はじめて学ぶイタリアの歴史と文化』もあわせて読むといいだろう。

それから断じて忘れてならないのが親分『ムッソリーニの子どもたち』である。なぜなら、著者である藤澤房俊氏とミネルヴァ書房編集者の堀川健太郎氏との密談から生まれたのが本書だからである。両氏から編者に課された使命は、政治・経済・文化・芸術・社会問題から成る立体的なイタリア近現代史の描写であった。

イタリア半島は一八世紀を中心に「グランド・ツアー」の目的地として人気を博した。英国や大陸諸国の貴族の子弟は、長期間、国外に滞在することで教養を身につけた。本書には最低限ふまえるべきこととしての教養をはみ出す内容もふんだんに含まれるが、一見「余計な」ことを知っていることこそ教養ある人とイタリアではみなされる。「余計な」ことは、合目的性を免れ、純粋であるがゆえに貴いからである。そうした貴さは人間には欠かせない。

本書の構成について説明しよう。序章は、本書が対象とする近現代の前史として日伊交流四五〇年の歴史を振り返り、本書を読むためのいわば「心構え」を提供する。本編では、通史（第1・4・8・12・16章）と個別テーマの章を大まかに時代順に配置し、味付けとして七本の映画コラムを用意している。各章は単独で読みきることも可能だ。

最後に、固有名詞の表記について断っておきたい。外国語の発音をカタカナ表記することには限界がある。イタリア語の発音は比較的カタカナ表記しやすいが、それでも単純にローマ字読みすればいいというものでもない。たとえば、二〇〇六年に冬季五輪が開催されたトリノは、トリーノが原語の発音に最も近い。二〇一五年に万博が開催されたミラノはミラーノ、鼻が伸びるのはピノキオではなく、ピノッキオである。

このように本書は基本的に原音に最も近い表記を心掛けた。だが別の問題として、トリノやミラノなど、すでに日本語にも定着した固有名詞を原則に忠実に表記することはかえって理解の妨げにもなる。なにより本書自体が正確を期すなら『教養のイタ－リア近現代史』と銘打たねばならない。そこで固有名詞の表記は、編者の独断にもとづき全体を統一することにした。各執筆者の自著や論文で用いられる表記と必ずしも一致しないのはそのためである。

二〇一七年一月

土肥秀行・山手昌樹

現在のイタリア地図

出典：北村暁夫『千のイタリア』NHK 出版，2010年より作成

本書関連年表

年	出来事
1720	サヴォイア朝サルデーニャ王国成立（首都トリノ）。
1789	フランス革命（～1799）。
1796	ナポレオンのイタリア遠征。
1814	ウィーン会議（～1815）。
1831	マッツィーニの「青年イタリア」結成。
1839	イタリア半島初の鉄道開通。
1848	アルベルト憲章発布。第一次独立戦争。
1859	第二次独立戦争。
1860	ガリバルディのシチリア遠征。
1861	イタリア王国成立（首都トリノ）。
1866	ヴェーネト地方併合。
1870	ラツィオ地方併合。ローマに遷都（1871）。
1887	保護関税導入。
1896	アドワの敗北。
1899	フィアット社創立。
1903	第二次ジョリッティ内閣成立。
1909	マリネッティの未来派宣言。
1911	リビア戦争（～1912）。
1914	第一次世界大戦（～1918）。イタリア参戦（1915）。
1919	ムッソリーニの「イタリア戦闘ファッシ」結成。 サン・ジェルマン条約により領土拡大。
1922	ムッソリーニ内閣成立。
1925	ムッソリーニの独裁宣言。
1929	ラテラーノ協定によりヴァティカン市国成立。世界恐慌。
1933	産業復興機構（IRI）設置。
1935	エチオピア戦争（～1936）。
1936	スペイン内戦（～1939）。
1939	第二次世界大戦（～1945）。イタリア参戦（1940）。
1940	日独伊三国同盟締結。
1943	ムッソリーニ失脚。
1945	レジスタンスのイタリア解放。
1946	王制廃止。
1948	共和国憲法施行。
1950	南部開発公庫設置。
1969	熱い秋。
1970	労働者憲章制定。離婚法制定。
1978	「赤い旅団」がモーロ元首相殺害。バザーリア法制定。
1992	EU 条約調印。全国的な汚職事件。

教養のイタリア近現代史　目次

はしがき
現在のイタリア地図
本書関連年表

コラム

序章　教養のイタリア近現代史を学ぶために

土肥秀行

この「教養」本を手に取っている読者や、執筆に携わったわれわれ、日本でイタリアに関心をもつ者すべてに共通するのは、イタリアに目を向けつつも不断に日本を見返そうとする姿勢である。たとえば「なぜ自分はイタリアが気になるのだろうか」とふと立ちどまる瞬間がある。あるいは意識していなくてもよい、イタリアに向けられたまなざしは、不可避的に「ここ」に根差している。知らず知らずのうちにイタリアを日本と比べてしまう。

教養とは、知るべきことを知った結果であるが、みなに共通した問題を考える過程でもある。われわれに関わる問いは、日本とイタリアのあいだにある。そこで、二国間の交流のはじまりについて以下に短く論じてみたい。いかにして日本とイタリアは出逢ったか、それを知るには近現代をこえて歴史をさかのぼる必要がある。そうして本編を構成するバラエティ豊かな各章の前提としたい。直接的には、日伊関係の近現代編である第6章に接続していく。

1　日伊交流四五〇年

ヨーロッパでは、伝統のある国を尊び、ない国を蔑む風潮がある。伝統がない国などないのは当然だが、それが見えなくなるほど自分たちには誇るべき伝統があるという自負が強い。筆頭がイタリアである。五〇〇年前までは確実に世界の中心を占めていたと主張する。と同時に、己と同様、立派な伝統がある国として日本を認める。

日本とイタリアという「伝統のある国」同士の付き合いは長い。一般に四五〇年の歩みとするのは、タンブレッロ編『イタリアと日本の四五〇年』（Tamburello 2003）による（図序－1）。新世紀の到来にあわせた「日本におけるイタリア年」を好機ととらえ、在イタリアの日本研究者が総力を結集し作りあげた大部の論文集である。細分化が進むばかりで、コラボレーションによる相乗効果がみられない日本のイタリア研究には望むべくもない到達点だ。

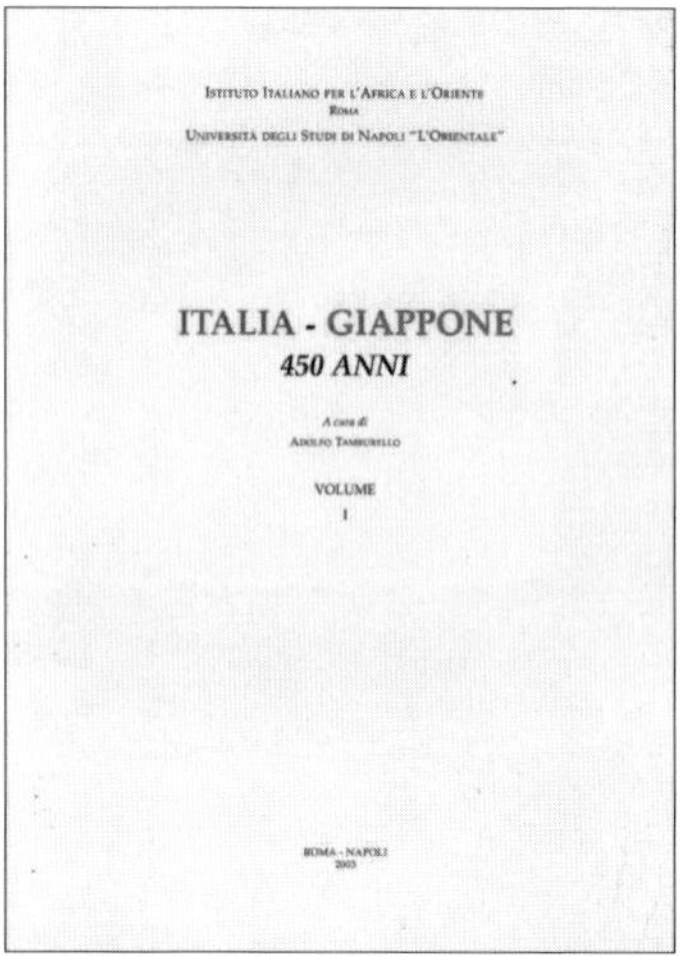

図序－1　『イタリアと日本の450年』
2巻本で1,000ページ近くある。

実際に四五〇年前に何が起こったのか。キリスト教と鉄砲の伝来直後に、イエズス会士ジョヴァンニ・バッティスタ・デ・モンテが、イタリア半島出身者として初めて日本を訪れた。一五六三年に長崎から入国し、翌年、BUNGO（豊後）について、ローマのイエズス会本部に宛てて報告をおこなう。その数年前の一五五五年には、「薩摩のベルナルド」と呼ばれる若者が、イタリアを訪れた初の日本人として、ローマに到達していた。ザビエルを日本に導いたことで知られるヤジロウの係累とされる彼は、極東の地における布教の証として、教皇パウルス四世に召し出された。日本出身で初の欧州留学生でもあった。

2　二度の日本からの使節

日本と欧州カトリック諸国（葡西伊）の接触は、半世紀間続いただけであるが、たいへん濃密であった。イタリア人

図序－2　天正少年使節の肖像画（京都大学所蔵）
一行の欧州滞在中にアウクスブルク（ドイツ）で印刷された。

のなかで最も重要な役割を果たしたのは、イエズス会士アレッサンドロ・ヴァリニャーノである。同修道会内では、ポルトガルとスペインそれぞれの国の出身者同士が、インドから日本までのアジア圏で勢力争いをしており、イタリア出身でどちらにも与さない中立的な立場がとれるとして、ヴァリニャーノは「巡察士」の任を受けた。

三次に及ぶ来日のうち、二回目の機会に、ヴァリニャーノは天正少年遣欧使節を起案し実現させている（図序－2）。使節を構成する、カトリックに改宗したサムライの子息四人もまた、「薩摩のベルナルド」同様、世界の果てにおける布教活動の輝かしい証である。しかし比べようのないほど多くの辛酸をなめることになる。一五八二年の出発から八年後の帰還までのあいだに、秀吉によってバテレン追放令が発布され、キリシタン大名に圧力が加えられるようになっていたのである。帰国後の四人は、美術史家の若桑みどりが歴史記述をこえてパッションをこめて綴ったように、逆境に屈し、あるいは抗いつつ劇的な人生を送った（若桑 二〇〇三）。

イタリアの訪問先にてラテン語の才を称えられた正使・伊東マンショは司祭となり、四三歳で病没する。もうひとりの正使、千々石《ちぢわ》ミゲルは、使節のうちただひとり棄教し、大村藩士として余生を送る。原マルティノは司祭叙階ののち、追放先のマカオにて天寿を全うする。中浦ジュリアンも司祭として、キリシタン弾圧の嵐が吹き荒れる国内で潜伏活動を続ける。幕府に逮捕され、人類史上最も過酷な拷問といわれる穴吊にて死に至らしめられる。中浦は殉教者として、二〇〇八年に「列福」、カトリック教会の称号で聖人に次ぐ福者に列せられた。

現代日本のキリスト教は、旧教と新教をあわせても、信者数が人

図序－3　クイリナーレ宮内の壁画

支倉は前列左，うしろには商人らが控える。

口の一％に満たず、それもなかなか増加しないという、いわゆる「一％の壁」に直面している。量的な問題はともかく、日本のキリスト教徒は質と歴史では引け目はとらないとされる。一六世紀後半に盛り上がる対抗宗教改革の時代に、ヨーロッパから遠く離れた日本で殉教者が数多く出たことが、カトリックの追い風となったからだ。秀吉による弾圧で長崎で磔にされた日本二六聖人のエピソードは、瞬く間に全欧州に伝播した。

その陰で無名に留まった殉教者がいる。中浦ジュリアンとともに列福されて、ようやく耳目をひいたペトロ岐部カスイは、日本人で初めて聖地エルサレムを巡礼し、一六二〇年にローマに到達している。司祭に叙されてから、極秘裏に帰国、潜伏活動ののち逮捕、穴吊で殉教した。

徳川の天下となってから、もうひとつ大規模な使節が、伊達政宗の名代である支倉常長を長として編成された。この慶長遣欧使節は、天正の場合と異なり、日本側の計画であるがゆえに、宗教的というよりは政治経済的な関心から、伊達藩は当時の世界の中心たるスペインとの通商関係を目論んだ。結局、命は果たされず交易は開かれなかったものの、いまでは日本とスペインは、支倉使節の日本製ガレオン船が石巻を出航した一六一三年を、国交が開かれた年としている。

往路と復路ともに、太平洋横断、メキシコ（当時はヌエバ・エスパーニャ）経由という、大胆かつ日本人が初めて経験する航路であった。出発から二年を経て、ローマで死期の迫った教皇パウルス五世に謁見する。支倉は、この教皇の甥である枢機卿シピオーネ・ボルゲーゼの庇護を受けた。ローマ随一のボルゲーゼ美術館の礎となる美術コレクションを築いたこの枢機卿は、お気に入りの画家たちに支倉の肖像画を描かせている。半身像（国宝）は仙台、全身像はローマに残る。また当時、教皇の居城であったローマのクイリナーレ宮の壁画に、随行通訳のフランシスコ会宣教師ルイス・

ソテロと並んで支倉が描かれている（図序－3）。

3　交流の中断と前史

四五〇年といっても、実際の交流は計二世紀ほどしか続いていない。鎖国時代という断絶期を挿んでいるからである。しかし『西洋紀聞』（一七一五年）に結実する新井白石とシドッティ（シドッチ）の対話は、空白期における例外的なエピソードとして記録される。シチリア島出身の司祭ジョヴァンニ・バッティスタ・シドッティは、ローマ教皇特使としてマニラを発ち、侍に変装して屋久島から侵入を試み捕えられた。そんなシドッティが日本にもたらしたものには、西洋の科学的知識ばかりでなく、携帯用の聖人画で、現在では重文指定されている《親指の聖母》も含まれる（図序－4）。フィレンツェ出身の画家カルロ・ドルチ風が認められる作品である。後代に購入されたのではなく、同時代に日本にもち込まれた美術品として貴重である。

図序－4　作者不詳《親指の聖母》
（17世紀，国立博物館所蔵）

どのような交流もあるとき突然はじまるわけではない。出会いを促す前史がある。日伊交流の前史は、ニホンあるいはニッポンとの国名が、ジャパンやジャッポーネ（伊）と変形する事由となる。あのマルコ・ポーロが、中国での発音をもとにして Cipangu または Zipangu と、筆記者ルスティケッロに綴らせたのだった。

一三世紀末のフビライ・ハンの治世に中国に渡ったヴェネツィア出身の商人マルコ・ポーロは、伝聞として、件の島には「誰でも莫大な黄金を所有」する「礼節の正しい優雅な偶像教徒」の国があると、『東方見聞録』に記録させた（ポーロ 二〇〇〇：二、一八三）。その伊語書名が、綽名である〝百万〟、つまり大袈裟で法螺吹きな彼の口癖をもとにしているように、誇張された内容となっている。ポーロの語りは、元が仕掛けた弘安の役に達してから、最後に日本でのカニバリズムの風習について触れる。いわば洗練と野蛮の相反するイメージが、交流の前史においてすでに日本に投影され、今日まで形をかえつつも西洋で保持されてきたのである。

洗練されてはいるが野蛮といった両面性をはらんでいてなんだかとらえきれない、という形容句は、日本についていまだよく用いられる。ただ、日本のイメージは一方的に与えられるのではなく、日本サイドでも、どうにかこうしたイメージにしがみつこうとする動きでもって再生産されてきた。輪に溶け込むよりも、エキゾチックな存在として特権的な他者であり続けようとする傾向が背景となる。オリエンタリズムを批判的に受け留めずに、逆に従属的に助長してしまう。たとえば、日本がゲイシャとサムライというステレオタイプを逆にあおっていないか、という問題がある。イタリアでも似たような現象が起こり、たとえばマフィア（物騒）やマカロニ（田舎）という紋切型に対し、斥けるよりも、媚びと好意でもって受け入れる傾向にある。それにしてもコントラストの強いイメージを示す、マルコ・ポーロによる日本であった。ゆえに日伊関係の潜在的なはじまりにして決定的な影響力をもち、いまだに日伊双方から求められ特権的な扱いを受けるのである。

参考文献

新井白石（一九三六）『西洋紀聞』村岡典嗣校訂、岩波書店。

石鍋真澄（二〇一〇）「支倉常長の肖像」『仙台市史』特別編8慶長遣欧使節、五七四―五八四頁。

城山三郎（一九六八）『望郷のとき――侍・イン・メキシコ』文藝春秋。

ポーロ、M（二〇〇〇）『完訳東方見聞録』愛宕松男訳、平凡社。

若桑みどり（二〇〇三）『クアトロ・ラガッツィ――天正少年使節と世界帝国』集英社。

Tamburello, A. a cura di (2003) *Italia-Giappone 450 anni*, Roma, Napoli : Istituto Italiano per l'Africa e l'Oriente, Università degli Studi di Napoli "L'Orientale".

第1章　リソルジメントの時代

山手昌樹

一八六一年、南ヨーロッパにブーツの形をしたイタリア王国が誕生した。イタリア史では、これ以降一九二二年までを自由主義期と呼ぶのに対し、これに先立つ六〇年前後をリソルジメント期と呼んでいる。

リソルジメントは、「再興」や「復活」を意味するイタリア語である。たとえば、一八世紀半ばには知識人のあいだで、衰退した文化の復活を求める際に用いられていた。それが同世紀末になると、外国支配からの独立や専制支配からの自由を求める政治的主張に用いられるようになった。

リソルジメントは、「国家統一運動」と訳されることが多い。しかし、当時この言葉を用いた知識人のほとんどは、イタリア半島の統一を目標にしていたわけではなかった。彼らは、中世の都市国家の時代にみられた繁栄を意識しつつ、各々がおかれた状況の改善を訴えたのである。だから、リソルジメントの意味するところは、論者によって異なるし、時期によっても変化した。

この章では、一七八九〜一八六〇年にイタリアで起こった政治的なできごとを辿りながら、ウィーン会議の主宰者メッテルニヒをして半島名でしかないと言わしめたイタリアで最終的に統一国家が生まれることになった経緯を探っていく。

1　ナポレオンのイタリア遠征

一七八九年に起こったフランス革命は、「自由・平等・友愛」を理念に掲げ、国王を処刑するとともに、貴族や教会の特権を否定した。一方、この当時、いくつかの国に分かれていたイタリア（図1-1）では、そのいずれの国においても一部の人々にだけ権力や富が集中していた。だが、この状況に異を唱える改革論者が現れ、彼らの主張の一部が国制改革に結びつきつつあった。彼らは、フランス革命が実現した政治的代表を国民みずからの手で選ぶ共和制や革命の理念に共感し、自分たちの国でもさらなる改革がなされることを期待した。しかし、革命を恐れる君主たちが改革の流れをとめて弾圧を強化すると、彼らの望みは絶たれたかに思われた。

一七九六年、そうした状況が一変する。当時、フランス革命政府は、民衆の不満解消と革命に対する諸外国の干渉を排除するため、オーストリア、プロイセン、イギリスなどを相手に革命戦争を繰り広げていた。革命政府は、この戦争を有利に進めるため、イタリア方面軍司令官にナポレオンを任命した。彼は、一七九六年から翌年にかけてイタリア北部での戦いに連勝し、占領した地域にチザルピーナ共和国（首都ミラノ）などフランスに協力的な姉妹共和国をつくってフランス革命の成果を移植しようとした。

イタリア半島では一七九六〜一七九九年に同様の姉妹共和国がいくつか誕生したので、この時期は「共和制の三年間」と呼ばれている（図1-2）。リソルジメントという言葉が政治的意味を帯びたのもこの時期で、そのほかにも「祖国」や「民族」といった言葉が自称「愛国者」たちの議論のなかで登場した。この愛国者には、先に述べた穏健な改革論者から、フランス革命に心酔した急進的なジャコバン主義者まで、さまざまなグループが含まれたが、とくにジャコバン主義者はフランスで実際に革命の進展を目の当たりにしていた。彼らは、ナポレオンの遠征に呼応するかたちでイタリアの専制諸国家の打倒に加わり、誕生したばかりの姉妹共和国に期待を寄せた。

ところが、フランス革命政府の狙いは、戦争継続に必要な資金や物資の調達にあった。フランス革命軍は、占領地や姉妹共和国に重税を課したほか、牛馬や穀物を暴力的に徴発し、美術品を略奪した。当初、専制支配からの解放者としてナポレオンを歓迎した愛国者たちの期待は、共和国の実態を目の当たりにして失望へと変わっていく。また、そもそも革命の理念を理解できなかった民衆は、彼らの行動規範をつくりだしてきたカトリック教会を否定するフランス支配に反感を抱き、それがときとして民衆蜂起にまで発展した。

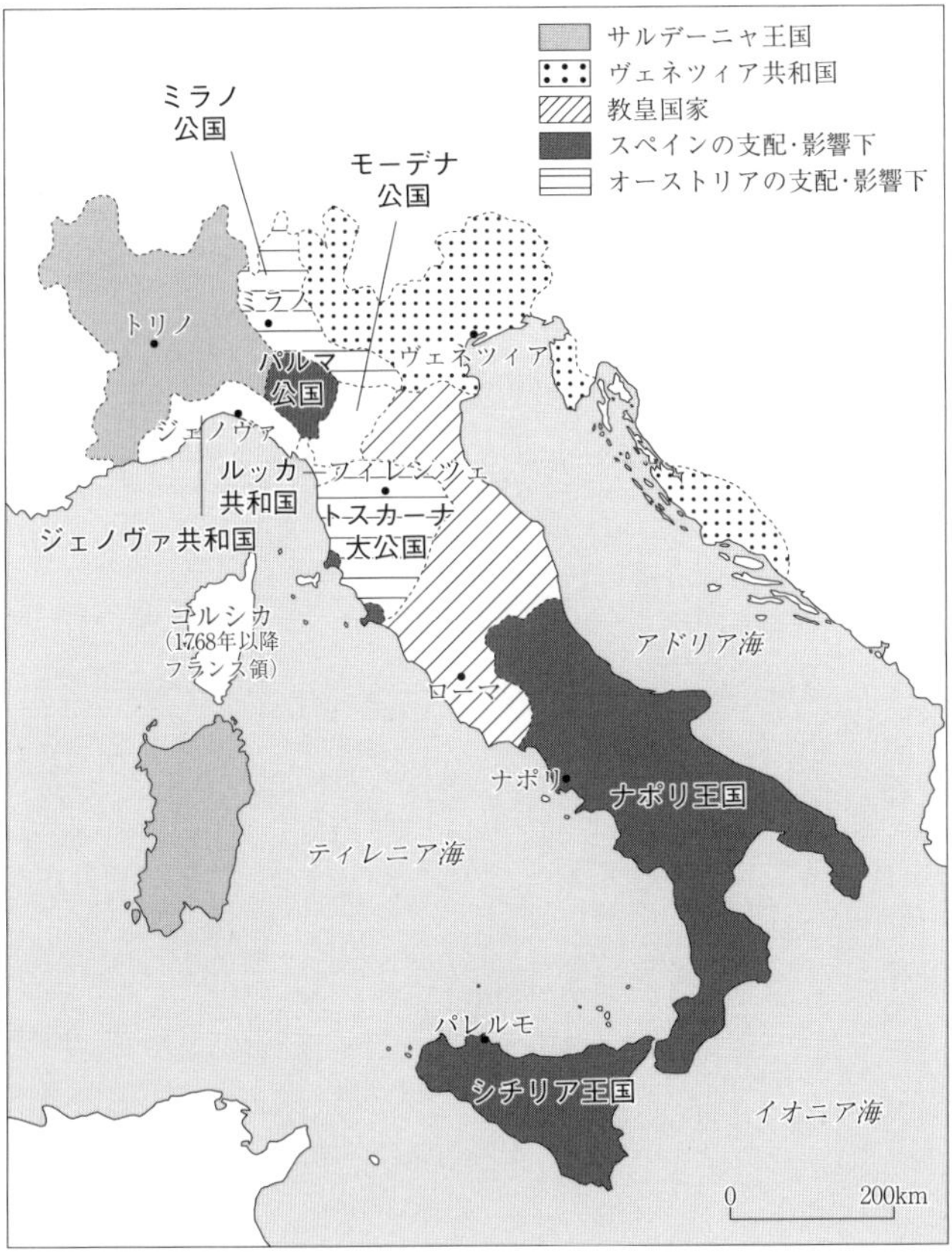

図1-1　18世紀半ばのイタリア
出典：藤内編著（2016）96頁より作成

一七九九年、エジプト遠征のためナポレオンが不在になっていたイタリア方面軍はオーストリアとロシアの反撃にあい、チザルピーナ共和国が崩壊する。さらにイタリア半島南部では、枢機卿ルッフォが農民や旧体制下の軍人を率いてナポリ共和国を崩壊へと導いた。「共和制の三年間」はこうして幕を閉じ、すべてが旧体制に戻るかのように思われた。

一八〇〇年、またしてもナポレオンの登場で事態が一変する。

図1－2　1799年のイタリア
出典：北原編（2008）339頁より作成

彼は、一七九九年にエジプトからフランスに帰国すると、「ブリュメール一八日のクーデタ」で権力を握り、ふたたびイタリア遠征を開始。たちまちオーストリアとロシアの占領する地域を手中に収め、チザルピーナ共和国などを再建したのである。その後、幾度か改編されたイタリア半島は一八〇九年までには、フランス帝国領、イタリア王国、ナポリ王国に三分割され、サルデーニャ島とシチリア島だけがイギリスの保護下でかろうじてフランス支配から免れることができた。

フランス皇帝となったナポレオンは、帝国編入地のみならず、イタリア王国についてもみずから国王となって意のままに支配したほか、ナポリ王国などを親族に分け与えた。彼にはイタリアに統一国家をつくろうという考えはいっさいなく、自由や民主化を求める急進的な愛国者を警戒し、行政官僚にはフランスに協力的な貴族、軍人、商人を起用した。愛国者たちが国づくりに関与できる余地はほとんど残されていなかった。当初、ナポレオンを解放者として歓迎したロマン主義作家ウーゴ・フォスコロは、フランス支配に対する批判を数々の作品に散りばめた。

それでも一八一四年まで続いたナポレオン支配期には、単なる支配者の首のすげ替えにとどまらない大きな変更がイタリアに加えられた。ナポレオンは、中央集権的な行政機構を整備するとともに、法の下の平等、経済活動の自由、信教の自由などを原則とするナポレオン法典をイタリアにも適用した。国内関税の廃止や道路網の整備によって物流が盛んになり、織物業が発展した。富裕層は国が没収して売りに出した教会財産や共有地を買い集めて経済基盤を強化し、彼らの子孫たちが、のちに政治や経済を動かす中心になっていく。一八六一年に誕生したイタリア王国の初代首相カヴールもそうした子孫のひとりであった。

その一方で、フォスコロのような失望した愛国者や重税に苦しむ民衆は、反仏感情をつのらせ、そのなかから民族意識が芽生えていく。こうした意識は、言論や出版が厳しい検閲を受けたので、秘密結社を通じて知識人のあいだに広まった。ただし、彼らの抱いた「祖国」や「民族」は、歴史や文化を共有する限られた地域とその住民でしかなく、イタリア全体を包み込むものではなかった。

2　ウィーン体制

ナポレオンのイタリア支配は、彼がロシア遠征に失敗し、ライプツィヒの戦いで敗れて失脚したのち、一八一四年に終わりを告げる。

オーストリアの外相メッテルニヒは、ヨーロッパをフランス革命以前の状態に戻すため、一八一四〜一八一五年にウィーン会議を開催した。この会議によってつくりだされたヨーロッパ秩序はウィーン体制と呼ばれ、一八四八年まで続くことになる。とはいえ、すべてが元通りになったというわけではなく、オーストリアの影響力が色濃くなるかたちでイタリアの勢力図は決まった（図１－３）。

ロンバルド－ヴェーネト王国はオーストリアに直接統治され、トスカーナ大公国の君主はオーストリアのハプスブルク家から選ばれた。ローマ教皇とスペイン・ブルボン家は、オーストリア軍の駐留や混乱時の軍事介入を容認することで、それぞれ教皇国家と両シチリア王国の支配を復活できた。ナポレオン支配期に培われた愛国者の民族意識はまったく考慮されることなく、いまやフランスに代わってオーストリアがイタリアの支配者になったのである。

独立を保つことに成功したのは、オーストリアとフランスが相互に脅威を与え合わないよう緩衝地帯として配置された、サルデーニャ王国だけであった。だが、ここも憲法をもたない専制支配に変わりなかった。

各国の君主たちは、自由や平等を求める愛国者たちの活動を厳しく取り締まった。そのため愛国者たちは、弾圧を逃れて秘密結社に集い、革命の精神を育むしかなかった。その代表例が「カルボネリーア（炭焼）」である。一八二〇年、

図1－3　ウィーン体制下のイタリア
出典：北村・伊藤編著（2012）49頁より作成

カルボネリーアに集った者たちは、スペイン立憲革命の成功に刺激され、ナポリ近郊で蜂起し、両シチリア国王に憲法制定を認めさせた。その翌年にはサルデーニャ王国でも革命を起こし、憲法制定を求めるとともに、ロンバルド－ヴェーネト王国をオーストリア支配から解放するようせまった。一八三一年に半島中部で起こった革命にもカルボネリーアが関与した。

しかし、これらの革命はいずれもオーストリアの軍事介入で失敗に終わる。秘密結社に集った者たちは、主義主張がばらばらだったうえに、相互に顔や名前を知らず、オーストリア軍に対抗できるだけの力を持ちえなかったのである。革命に失敗した者たちは、投獄や処刑され、あるいはフランスや英国などへの亡命を余儀なくされた。一八五〇年代にアメリカ合衆国で電話を発明することになるアントニオ・メウッチは、一八三一年の革命後、キューバへ亡命していた。

一八三一年、カルボネリーアの構成員であったマッツィーニが、秘密結社の組織的限界を克服するため、亡命先のマルセイユで「青年イタリア」を結成した。青年イタリアは、組織目標とそれを達成するための手段を明確に示したので、イタリア半島の北・中部を中心に開明貴族や軍人や大学生など数万人の加入者を得ることができた。その目標とはイタリアに共和制の統一国家をつくることであり、マッツィーニは目標達成のためには人民に対する教育とゲリラ戦法を用いた蜂起が重要であると考えた。弾圧が厳しさを増すなか、彼は一八三四年にはサルデーニャ王国で蜂起を企てるが失敗に終わる。

青年イタリアは、既存の諸国家を完全に否定し、人民主権にもとづく統一国家の樹立を公然と目指したため、厳しい弾圧を受けた。「民主派」と呼ばれたマッツィーニの支持者たちは、その後の蜂起にもことごとく失敗した。その一方、一八四〇年代になると「穏健派」と呼ばれる知識人たちが注目を集めることになる。なぜなら、民主派がフランス革命の理念である自由・平等・友愛のうち平等を重視したのに対し、穏健派は自由を重視し既存の諸国を利用しながらイタリアを外国支配から解放しようと考え、支配者層からも一定の支持を得ることができたからである。

たとえば、ヴィンチェンツォ・ジョベルティ神父は、既存の諸国がローマ教皇を長とする連合体をつくるべきだと主

図1－4　代表的なロマン主義絵画，フランチェスコ・アイエツ《接吻》1859年，ミラノ，ブレラ美術館所蔵

張した。彼の主張は、時あたかも、改革に前向きなピウス九世が教皇に選出された時期と重なったため、現実味を帯びた。また、トリノの貴族チェーザレ・バルボは、サルデーニャ王国が外交努力によってロンバルド-ヴェーネト王国を手に入れるべきだと主張した。サルデーニャ王国は、領土拡大に野心的で軍備増強を進めていたので、マッツィーニが構想した人民による蜂起よりも、外国支配からの解放を期待できた。

ウィーン体制下のイタリア半島では、反ナポレオン感情から芽生えた民族意識が、今度は反オーストリア感情を生みだしていた。マンゾーニが小説『いいなづけ』を発表し、ヴェルディがミラノのスカラ座でオペラ『ナブッコ』を上演して、オーストリア支配を暗に批判したのも、この時期のことである。理性を重んじる啓蒙主義に、感情を重んじるロマン主義が接ぎ木された。「イタリア人とは何か」というアイデンティティに関わる議論が巻き起こるなかで、キリスト教的な価値観に根差す家族愛や犠牲の精神が叫ばれた。

3　諸国民の春

一九世紀の前半に知識人のあいだで高まった民族意識は、圧倒的大多数の民衆にはイメージしにくいものであった。ジョベルティ神父やバルボの著作が好評を博したといっても、文字を読み書きできる者はほとんどおらず、知識人が議論しあったのもトリノやミラノやフィレンツェなど一部の都市に限られたことであった。民衆の大半が暮らした農村社会では、凶作や重税や徴兵による生活苦、住民同士のトラブル、富裕層に対する嫉妬などの感情が、彼らの行動を大きく左右したのである。

一八四五年と翌年に凶作が続き物価が上昇すると、各地で民衆デモが起こった。一方、ちょうどこのころ、教皇国家でピウス九世が減税や出版検閲の緩和などの改革をおこなうと、ほかの国でも改革の要求が高まった。これを受けてトスカーナ大公国とサルデーニャ王国でも改革が進み、言論活動が盛んになった。カヴールがバルボとともに日刊紙『リソルジメント』を創刊したのもこの時期のことである。

一八四八年一月、シチリア島のパレルモで民衆が蜂起した。両シチリア国王が改革の要求にまったく応じなかったからである。蜂起の参加者はそれぞれの抱える不満をぶちまけたにすぎず、みなが同じ目的をもっていたわけではなかったが、国王は、反乱が半島部にまで拡大したことに脅威を感じ、憲法を制定して事態を収拾するよりほかなかった。改革に後ろ向きであった両シチリア王国での憲法制定は、ほかの国の自由主義者にも刺激を与え、トスカーナ大公国、サルデーニャ王国、教皇国家でも相次いで憲法が制定された。このときできたサルデーニャ王国憲章は、当時の国王の名にちなみ、「アルベルト憲章」と呼ばれている［第5章を参照］。

一方、ヨーロッパ諸国でも同時期に大変動が起こっていた。選挙権拡大の要求に端を発したパリ二月革命は、近隣諸国の自由主義者を刺激し、三月にはウィーンやベルリンに波及、オーストリアの宰相メッテルニヒが亡命を余儀なくされた。ウィーン体制の完全な崩壊である。専制支配からの自由を求める声は、多民族帝国オーストリアでは各地の民族運動に火をつけ、自治や独立を要求する声に発展した。このときヨーロッパに吹き荒れた革命の嵐は、「諸国民の春」と呼ばれている。

この動きはオーストリアの支配下にあったロンバルド－ヴェーネト王国のミラノやヴェネツィアにも波及した。一八四八年三月、ミラノ市民はバリケードを築いてオーストリア軍との市街戦に勝利し、臨時政府をつくることに成功した（図1－5）。ヴェネツィアでも民主主義者ダニエーレ・マニンが共和国の復活を宣言した。すると、かねてより東方へ

図1-5　バリケードを築いてオーストリア軍に抵抗するミラノ市民。「ミラノの5日間」としてリソルジメント史に記憶されている。

出典：G. Formichi (2003) *Il Risorgimento,* Firenze：Giunti, p. 65

の領土拡大をうかがっていたサルデーニャ王国が、これら臨時政府への支援を名目にオーストリアに対する戦いの火ぶたを切って落とす。局地的な衝突は戦争へと拡大し、教皇国家、両シチリア王国、トスカーナ大公国も正規軍や義勇兵を派遣した。この戦争は、イタリア半島全体がオーストリアからの独立で思惑が一致したので、のちに「第一次独立戦争」と呼ばれることになる。

戦争は当初、サルデーニャ王国が有利に進めたが、ラデツキー元帥率いるオーストリア軍が本国からの増援部隊を得て反撃に転じ、八月にはミラノを再占領した。まもなく休戦協定が結ばれ、サルデーニャ王国の敗戦で終わる。ヨハン・シュトラウス一世が、このときの元帥を称えて作曲したのが「ラデツキー行進曲」である。とはいえ、この戦争がオーストリアの勝利で終わったのには別の事情もあった。いったんは援軍を派遣したローマ教皇ピウス九世が、同じくカトリック国であるオーストリアの圧力を受け、派遣部隊を呼び戻してしまう。さらに、両シチリア国王もサルデーニャ王国の領土拡大を懸念し、撤兵を命じた。各国ともにイタリア半島の統一は構想になかったのである。

イタリア民族の春は、こうして抑圧されたかに思われた。だが、一八四八年一一月に教皇国家の首相が暗殺され、ピウス九世が両シチリア王国へ逃亡、ローマで権力の空白状態が生じると、事態は思わぬ方向へと動きはじめる。一八四九年二月に開会した憲法制定議会は「ローマ共和国」の建国を宣言し、民主改革の方針を打ち出すとともに、長らくロンドンで亡命生活を送っていたマッツィーニを執政官のひとりに迎え、彼にイタリア統一の任を託したのである。

しかし、やはりイタリア民族に春は訪れなかった。カトリック諸国、とりわけフランスがピウス九世を救援するため、軍隊を派遣してローマ共和国を崩壊へと導いたのだ。ローマ共和国には各地から義勇兵が集まり、そのなかには長年、亡命先の南米ウルグアイで独立運動に身を投じてきたガリバルディの姿もあったが、フランス軍の圧倒的な火力の前に敗走した。ローマで戦死した義勇兵ゴッフレード・マメーリの書いた詞は、現イタリア国歌「イタリアの兄弟たち」になっているが、当時、イタリア半島に統一国家を夢見た者はあまりにも少なかった。

ピウス九世が教皇に即位した一八四六年からローマ共和国やヴェネツィア共和国が存立した一八四九年までのあいだ、イタリアでは立憲革命や自由主義的改革が進展し、またオーストリアとの戦闘に多くの義勇兵が参加するなど民族主義《ナショナリズム》が高揚した。しかし、第一次独立戦争は、軍事力の劣位に加えて半島諸国の足並みの乱れも敗因になった。革命が失敗に終わると、サルデーニャ王国を除いて憲法は停止され、反動的な復古王政の時代が再び訪れることになる。

4　サルデーニャ王国のイタリア統一

「諸国民の春」の次に訪れたのは、反動の季節であった。両シチリア王国、教皇国家、トスカーナ大公国で制定された憲法は廃止された。いずれの国も専制支配に戻り、改革に前向きだったピウス九世までもが反動化した。これらの国では革命に関与した多くの人々が投獄されたり処刑されたりした。一方、サルデーニャ王国だけは憲法と議会を維持し、出版や集会の自由を保障したので、イタリア全土から亡命者が殺到、その数は二〜三万人にのぼった。

サルデーニャ王国の王家は、サヴォイア家と呼ばれている。それは、同家が現在フランス領のサヴォワを発祥の地とするサヴォイア公国の君主だったからである。サヴォイア家は、一八世紀初頭のスペイン継承戦争をきっかけにシチリア王位を与えられ、一七二〇年の領土交換でサルデーニャ国王となった。ただし、王国の中心はサヴォイア家が以前から領有していた大陸部のピエモンテであった。首都トリノは、一八世紀前半に建築家フィリッポ・ユヴァッラの手によりバロック様式の都市へと生まれ変わった。

サヴォイア家の歴代当主は、領土拡大に野心的で、スペイン継承戦争に参戦したのもロンバルディアを手に入れるためであった。時代が下ってもその傾向は変わらず、一八三〇年代には国家予算の四割前後が軍事費に支出された。一八四八年革命の混乱のなかで第一次独立戦争に踏みきったのはすでに見たとおりである。この戦争に敗れた責任をとって国王が退位すると、新国王ヴィットーリオ・エマヌエーレ二世の時代がはじまった。

新国王を支えてサルデーニャ王国の国際的威信を高めたのがカヴール首相である。一〇〇〇ヘクタールもの広大な土地を所有する貴族の家に生まれたカヴールは、青年時代にイギリスやフランスを旅して自由と進歩の考えを深めたのち、一八四〇年代には所有する土地の改良と新技術の導入を通じて農業経営に成功した。そのかたわら政治面では一八四七年に『リソルジメント』紙を創刊して穏健自由主義のオピニオンリーダーとなり、憲法制定を要求、一八四八年にアルベルト憲章が発布され議会が設置されると下院議員に当選した。

一八五〇年に農商務大臣に起用されたカヴールは、イギリスやフランスなどと通商条約を結び、関税を引き下げた。自由貿易のおかげで農産物の輸出と工業製品の輸入が増え、鉄道や運河などインフラ整備ともあいまって、農業、繊維産業、造船業が発展した。たぐいまれな政治感覚をもつカヴールは、一八五二年に首相になると、外交面でもその能力をいかんなく発揮する。ロシアとオスマン帝国とのあいだで一八五三〜一八五六年に繰り広げられたクリミア戦争には、直接の利害がないにもかかわらず、途中で参戦し、同じくオスマン側で参戦中のイギリスやフランスから信頼を得た。彼は、第一次独立戦争の教訓から、オーストリアと戦うには列強諸国の支援が不可欠だと考えたのである。

一八五八年、カヴールはフランス皇帝ナポレオン三世と密約を結び、イタリアを四つの国家に再編することで合意、

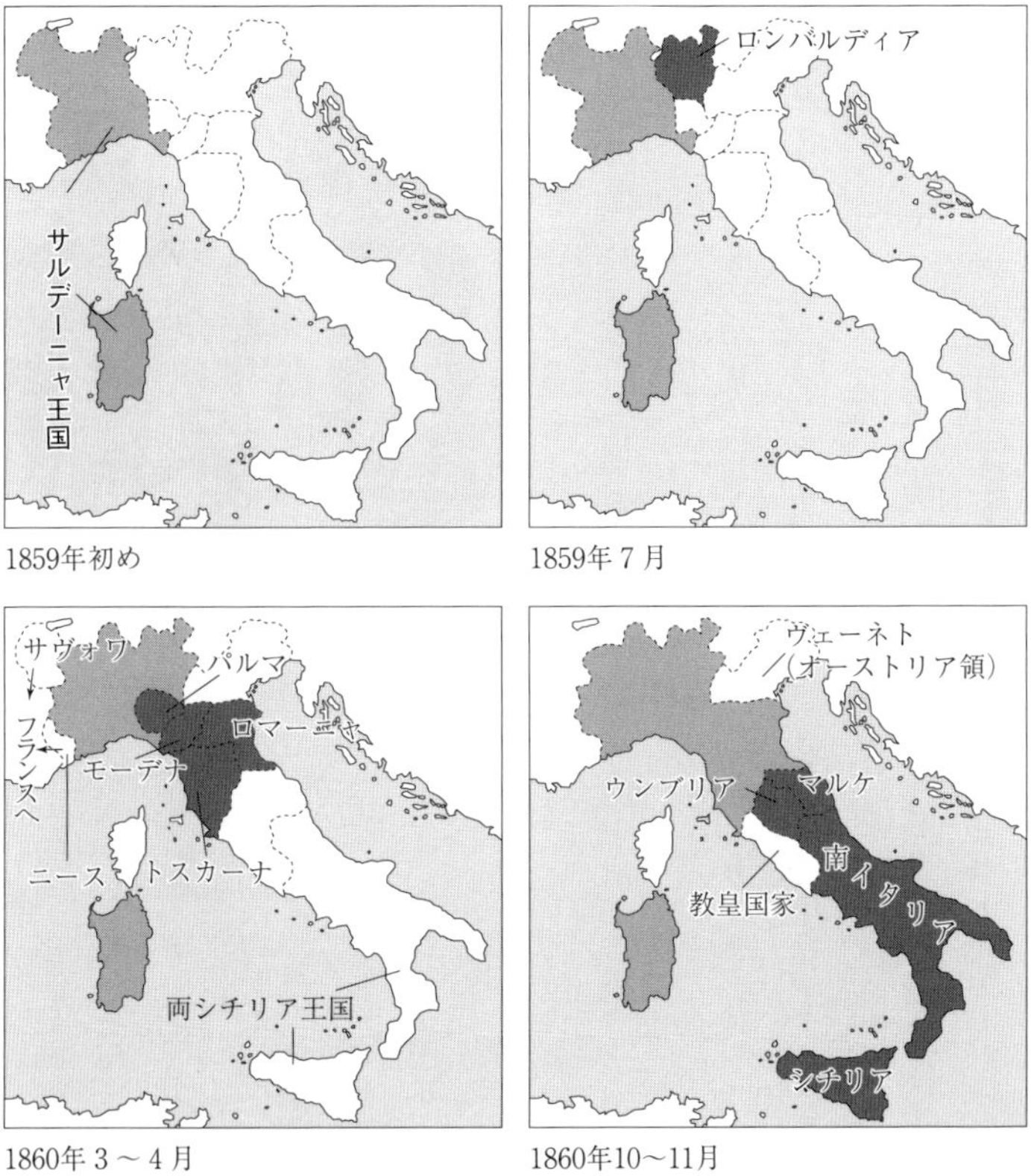

図1-6　サルデーニャ王国のイタリア統一
出典：北原編（2008）395頁より作成

オーストリアに対する戦争に備えた。一八五九年四月、サルデーニャ王国とフランスの同盟軍は、オーストリアを相手に第二次独立戦争を開始した。だが、まもなくロンバルディアを手中に収めたところで、事態はカヴールの思惑から外れていく。ナポレオン三世が、国内の反戦世論に配慮し、またプロイセンの介入を危惧して、七月に単独でオーストリアと休戦、その結果、ヴェーネトがオーストリア領にとどまったのである。

一方、半島中部では別の動きも見られた。戦争がはじまると、オーストリアの影響力が強かったトスカーナ大公国、パルマ公国、モーデナ公国で君主が追放され、教皇国家のボローニャでも臨時政府がつくられた。これらの地域からは一八四八年革命の失敗後に数多くの自由主義者がサ

図1－7　『ランピオーネ』誌に掲載された風刺画（1860年），左からマッツィーニ，ガリバルディ，ヴィットーリオ・エマヌエーレ２世，カヴール

出典：Museo della satira e della caricatura (2011) *Quando l'Italia calzò lo stivale,* Lucca, p. 51

ルデーニャ王国へ亡命しており、いまや同王国に忠誠を誓う彼らが、それぞれの「祖国」へ戻り、サルデーニャ王国との合併を促す世論の形成に一役買ったのである。マニンら亡命者が一八五七年に設立した「イタリア国民協会」は、サルデーニャ王国の後援のもと、各地で宣伝工作を繰り広げていた。

一八六〇年三月、トスカーナとエミリアで住民投票がおこなわれ、サルデーニャ王国への併合が決まった。サルデーニャ王国は、ヴェーネトを未回収に終わったが、長年の目標であったロンバルディアを獲得する以上の成果を挙げた。カヴールは、半島中部の併合をナポレオン三世に認めさせるため、代償として王家発祥の地サヴォイア（サヴォワ）とガリバルディの故郷ニッツァ（ニース）を非情にもフランスへ譲った。

このころ、シチリア島ではマッツィーニ主義者のフランチェスコ・クリスピらが自然発生的な民衆蜂起を両シチリア王国の打倒と共和制統一国家の樹立に発展させようと画策し、ガリバルディに支援を要請していた。それまで義勇兵を率いてロンバルディアで戦っていたガリバルディは、一八六〇年五月に「千人隊」を組織してジェノヴァからシチリアへ向け船出した。シチリア西端に上陸した千人隊は、地元の農民を味方につけながら両シチリア王国軍を次々に撃破し、七月にはシチリア全島を手中に収めた。シチリアを解放したガリバルディは、半島南部に進出したのち、ローマを解放するため北上を開始する。

カヴールは、ガリバルディの一連の動きに焦燥感をつのらせた。ローマ進出は、教皇国家を守るフランスの介入を招きかねず、サルデーニャ王国のそれまでに得た成果が水泡に帰す可能性が出てきたからである。カヴールは、直ちにサルデーニャ王国軍を半島南部へ派遣し、ガリバルディ隊の機先を制した。ガリバルディはそれでもローマを目指したが、シチリアと半島南部で一〇月に実施された住民投票がサルデーニャ王国への合併に賛成を示すと、やむなくそれを受け入れ、ナポリ近郊のテアーノでヴィットーリオ・エマヌエーレ二世と会見し、手中に収めた地域を献上した。また、サルデーニャ王国軍が南進した際に解放した教皇国家のマルケとウンブリアでも一一月に住民投票がおこなわれ、サルデーニャ王国への併合が決まった。

サルデーニャ王国が北イタリアでの領土拡大を目的に始めた第二次独立戦争は、ナポレオン三世の単独講和、半島中部での蜂起、ガリバルディのシチリア遠征、サルデーニャ王国軍の南進という複雑な経過を辿った末に、誰もが想定しえなかったかたちでのイタリア統一をもたらした。それだけに急ごしらえのイタリア王国は、あらゆる面で地域的な差が大きく、こののち支配者層は国民的連帯や国民意識の形成、すなわち「イタリア人を創る」ことに腐心するのである。

ほぼ時を同じくして近代国家を樹立した日本でも国民意識の形成は重要な課題であった。マッツィーニ、ガリバルディ、カヴールは、明治期に「伊太利建國三傑」と呼ばれ、国家建設を進める日本でも偉人として紹介された〔第6章を参照〕。

参考文献

ウルフ、S・J（二〇〇一）『イタリア史　一七〇〇―一八六〇』鈴木邦夫訳、法政大学出版局。

北原敦編（二〇〇八）『イタリア史』（新版世界各国史15）山川出版社。

北村暁夫・伊藤武編著（二〇一二）『近代イタリアの歴史――一六世紀から現代まで』ミネルヴァ書房。

黒須純一郎（一九九七）『イタリア社会思想史』御茶の水書房。

杉本淑彦・竹中幸史編著（二〇一五）『教養のフランス近現代史』ミネルヴァ書房。

ダガン、C（二〇〇五）『イタリアの歴史』（ケンブリッジ版世界各国史）河野肇訳、創土社。

谷川稔・北原敦・鈴木健夫・村岡健次（二〇〇九）『世界の歴史22 近代ヨーロッパの情熱と苦悩』中公文庫。

藤内哲也編著（二〇一六）『はじめて学ぶイタリアの歴史と文化』ミネルヴァ書房。

藤澤房俊（二〇一一）『マッツィーニの思想と行動』太陽出版。

――――（二〇一二）『「イタリア」誕生の物語』講談社選書メチエ。

――――（二〇一六）『ガリバルディ』中公新書。

ロメーオ、R（一九九二）『カヴールとその時代』柴野均訳、白水社。

Banti, A.M. (2004) *Il Risorgimento italiano*, Roma-Bari：Laterza.

Banti, A.M.／Ginsborg, P. a cura di (2007) *Storia d'Italia. Annali 22. Il Risorgimento*, Torino：Einaudi.

Riall, L. (2009) *Risorgimento*, London：Palgrave Macmillan.

第2章　偉人像と記念碑

河村英和

一八六一年に成立したイタリア王国では、リソルジメント運動に貢献した人々を記念する像や記念碑が、二〇世紀初頭まで次々と設置され、一種のブームと化していた。たとえば建国の父ガリバルディの像はガリバルディ広場にというように、偉人像はモデルの人物と同名の広場に置かれるのが一般的で、都市景観の装飾に欠かせぬ要素となった。広場や像に限らず、国王やガリバルディ、カヴール、マッツィーニといった国家統一に寄与した愛国者たちの名が付く道路が各都市の目抜き通りとなり、彼らの名を冠した公共建築とともに、都市空間を形成していった。これらは、国民に国家の威信を視覚的かつ音声的にもアピールすることとなり、同時にイタリア人としての誇りと愛国心を沸き立たせる効果も期待できた。以下、この章では愛国者・偉人・文化人をタイプ別に分類し、その像と主な記念碑の建設年を時系列順に追っていきながら、これらがいかに国民統合の一環として政治的に重要だったのか探っていく。

1　建国に尽くした愛国者たち

偉人像ブームの早い段階でモデルになった人物では、リソルジメント運動の中心となった政治家カヴールがまず挙げられる。最初のカヴール像は、彼の没年で国家統一年でもある一八六一年にピサ聖堂付属の墓地内に置かれた胸像であった。一八六三年には初の全身立像がノヴァーラに建立された。また、同時期に建設されたポー川からティチーノ川へ流れる運河にはカヴールの名が冠され、その水門もガヴールと命名され記念的な建築物となっている（図２－１）。一八六四年にはヴェルチェッリに、その翌年にはミラノとクレモーナにカヴールの立像が建てられた。この一八六五年は、ダンテ生誕六〇〇周年にあたるため、愛国的な記念碑の序幕式に適切な年でもあった。

図２－１　キヴァッソにあるガヴール水門
出典：1899年の版画

こののちにもカヴール像は、北イタリアを中心に一八六〇年代後半から二〇世紀初頭にかけて各地に設置された。とくに重要なものは、生没地であるトリノにできた像（一八七三年）で、とりわけ愛国的な意匠が施された。イタリア国家を擬人化した女性「イタリア・トゥッリータ（城壁冠を戴くイタリアの女神）」が、立ち姿のカヴールの足もとに跪きながら彼を腕に抱き、彼女（イタリア）が愛国者カヴールを頼りに、国家の誕生を祝福している。ローマのような大都市にできたカヴール像は規模が大きく、イタリアとローマをそれぞれ擬人化した女性像が台座に配された。建設年となった一八九五年は象徴的だ。教皇国家だったローマを、ようやくイタリアに組み入れることが実現した一八七〇年から二五周年を記念する年であり、ほかにも重要な記念像の数々がイタリア各地で除幕した。

記念像のモデルに選ばれたリソルジメント運動に貢献した人物はほかにもいる。たとえば政治家ダニエーレ・マニンの場合、トリノに建った像（一八六一年）がすでに統一前に着手され、ここにもイタリア・トゥッリータが現れる。むしろ彼女が主役となった全身像で、マニンの肖像が掘られたメダイヨンが彼女の足もとにおかれ、左手によって支えられている（図２－２）。マニンの生まれ故郷で、革命の舞台ともなったヴェネツィアでは彼の全身像（一八七五年）もできた。その基壇にはヴェネツィア共和国を象徴する翼をもったライオン像が横たわっている。そして一八九〇年にはフィレンツェにもマニン像が建てられた。

一方、マッツィーニ最初の記念碑は、生誕地ジェノヴァのスタリエーノ墓地にある彼の墓（一八七七年）である。偉人を称えるにふさわしく、古代ギリシア神殿を思わせる力強く太いドーリス柱で飾られた。市内にはアーケードの商店街ガレリア・マッツィーニ（一八八〇年）（図２‐３）と立像（一八八二年）も建てられた。一八八〇年代から二〇世紀初頭にかけ、ほかにも各地の中小都市にマッツィーニの立像や胸像が設置されるようになり、大都市ではトリノ（一九一七年）とローマ（一九二九年）にできた。ローマのものは座った姿の像で、台座にリバティ様式の大掛かりな彫刻装飾が付けられた。ただし、除幕式は遅くローマ共和国成立一〇〇周年にあたる一九四九年におこなわれた。

なによりも記念像の数が圧倒的に多いのは、建国の父ガリバルディだ。プレート型の記念碑も含めると四〇〇点近く

図２‐２　ダニエーレ・マニンの肖像メダリオンを持つ国家擬人女性イタリア・トゥッリータで表現されたトリノのマニン記念碑の除幕式
出典：1861年の版画

図２‐３　ジェノヴァのガレリア・マッツィーニ
出典：20世紀初頭の観光絵葉書

を数え、すでに存命中から建てられ始めていた。最初の立像（一八六七年）が置かれたのは、一八四八年革命の戦地ルイーノだった。また彼の存命中から各地に彼の名を冠した劇場もできた。パレルモには二つ、ガリバルディ劇場（一八六一年）と大劇場「ポリテアーマ・ガリバルディ」（一八九一年）ができ、他の中小都市にもガリバルディと名の付く劇場が次々と開場していった。

像の増加は、とくに没後からが顕著で二〇世紀初頭まで続く。まず没年の一八八二年にサン・マリーノに胸像が、翌年にイセオに立像が設置された。ガリバルディの立像の形態はいくつかに分類できる。最もシンプルなのが胸像で、最も派手で奇抜なタイプが、イセオの場合のように、台座が一般的な形ではなく、ごつごつした岩山状でその上に立像が載るものである。岩山の形になっているのは、ガリバルディが晩年に過ごしたサルデーニャの小島カプレーラを表現したためだ。カプレーラにはガリバルディの家や墓のほか、巨大な大理石胸像（一八八三年）もあり、これらをすべて含めて一九〇七年に国の史跡《ナショナル・モニュメント》に指定された。

カプレーラ島を模した岩山型の台座に載ったガリバルディ像は、一八八〇年代に北イタリアの主要ないくつかの都市に建てられた。イタリア・トゥッリータのような女性寓意像、戦力を象徴するライオン像、ガリバルディと共に戦う兵士たちなどの像が、岩山部分に配置されることもあり、岩山型の像は比較的規模が大きい（図2－4）。ときには岩山の上に載るのがガリバルディの立像ではなく、メダイヨン型レリーフ肖像が付いたオベリスクの場合もあった。いずれも建設されたのは一八八〇年代であり、岩山型のガリバルディ像が流行したのは、彼の死から一〇年以内のことだった。

ガリバルディのメダイヨン型レリーフ肖像を使った特異な例では、サルツァーラの記念碑（一九一四年）が挙げられる。ここでは、神話の巨人タイタン像が、右手で実物大よりもはるかに大きいガリバルディの横顔が彫られたメダイヨンを支えている。タイタンは種族の神であり、イタリア民族の純血を尊重すべきというメッセージと国家の威信とを同時に象徴しているのだ。

最も典型的なガリバルディ像のタイプは、四角い台座の上に立った立像である。立像部位については、静止型と躍動型に分類できる。静止型は、威風堂々と静的に立っている像で、ほとんどがこのタイプにあたる。躍動型は、足や手が宙に浮き身体が動いている瞬間を表現したもので、先に触れたルイーノのガリバルディ像やカッラーラのものが挙げられる。ガリバルディの立像がある中小都市の数はあまりに多く、設置年はだいたい一八八〇年代から二〇世紀初頭までである。大都市では立像よりも騎馬像が好まれた。ナポリのガリバルディ像（一九〇四年）は例外的に立像型であるが、台座にブロンズの群像レリーフが施されており、台座を豪華にすることによって中小都市の立像との差別化を図ったようだ。

騎馬像型、すなわち馬に跨ったガリバルディの像が置かれたのは、一八八〇年代末から一九二〇年までの北部と中部を中心とする主要ないくつかの町だった。なかでもローマ併合二五周年を祝った一八九五年にローマとミラノで除幕した各像は、とくに華やかな造りになっており、ローマのものには台座に千人隊の群像レリーフが、ミラノのものには台座に自由と革命を擬人化した二体の女性像が飾られている。フィエーゾレにできたガリバルディの騎馬像（一九〇六年）はオベリスクも付随し、騎乗の初代国王ヴィットーリオ・エマヌエーレ二世と対面したもので、「テアーノの会見」を表現した、特異なダブル騎馬像となっている（図2-5）。

図2-4　岩山型の台座に載せられたパヴィーアのガリバルディの立像

出典：20世紀初頭の観光絵葉書

ガリバルディの像はイタリア国外にも多く、フランスでは生誕地のニースと一八七〇年の戦いの場となったディジョンにもできたが、後者は第二次世界大戦中に破壊された。ガリバルディは「二つの世界の英雄」とも呼ばれるが、イタリアともうひとつの世界とは、ガリバルディが戦い、将来

図2－5　オベリスクの横でガリバルディとヴィットーリオ・エマヌエーレ2世が騎乗で出会う様子を描いたフィエーゾレの記念像
出典：20世紀初頭の観光絵葉書

の妻アニータにも出会った南米で、アルゼンチンの首都ブエノスアイレス（一九〇四年）とロザリオ・デ・サンタフェ（一八八五年）にも像が置かれた。マッツィーニ像の場合もそうだが、イタリア移民の多いアメリカの主要都市にもガリバルディ像ができた。妻アニータの像は、彼女の出身国ブラジルで生誕地ラグーナほか複数の町に建てられた。イタリアではラヴェンナに「イタリア独立の記念碑」と呼ばれるアニータ像（一八八八年）があり、戦の装束に身を包んだ古典的な女神の姿で、その足もとには瀕死の兵士が横たわり、台座の四方にはライオン像が置かれている。一九三二年にはローマのジャニーコロの丘に、前足を宙に浮かせた躍動感ある馬に跨るアニータ像が建った。

一八八〇～一八九〇年代は、ほかにもリソルジメント関連の政治家たちの像が各地にでき、革命や戦いで命を落とした人々のための慰霊の記念碑、納骨堂も次々と建てられた。なかでもとくに規模が大きく象徴的なのが、ガルダ湖の近くにあるサン・マルティーノの塔（一八九三年）である。これは第二次独立戦争の戦地ソルフェリーノとサン・マルティーノの戦没者を弔う慰霊塔で、塔の名称には国王ヴィットーリオ・エマヌエーレ二世の名が冠された。内部は国家統一に導く一連の戦いの場面を描いたフレスコ画で飾られ、ホール中央には初代国王の立像が置かれている。

2　銅像になった国王

初代国王ヴィットーリオ・エマヌエーレ二世の記念像は、ガリバルディに次いで数が多く、急増するのはやはり没後である。ヴァラッロにできた立像（一八六二年）は例外的で、生前では像よりも国王に捧げられた記念碑や建物のほうが多い。たとえばレッジョ・カラブリアには「イタリア統一記念碑」と呼ばれるイタリア・トゥッリータの像（一八六八年）ができ、国王に捧げられた。代表的な記念碑的建築としては、ミラノの「ヴィットーリオ・エマヌエーレ二世のガレリア」（一八七七年）があり、そのファサードに古代ローマの凱旋門のモチーフが用いられているのは象徴的だ。「ヴィットーリオ・エマヌエーレ二世劇場」という名の劇場も増加し、別名の既存の劇場が国王の名に改名されることもしばしばだった。

ヴィットーリオ・エマヌエーレ二世の没後、とくに一八八〇年代から一八九〇年代にかけて、イタリア中に数多くの像が造られたが、立像タイプのものは南部では比較的少なく北部の中小都市に多い。なかでもヴィチェンツァ、アスティ、モーデナ、サッサリの立像は、台座に趣向が凝らされている。変わり種はアオスタの立像（一八八六年）で、狩猟服姿の国王が岩山の上に立っているデザインだ。古代ローマ皇帝の記念柱のように、高い柱状の台座の上に国王の立像が置かれたタイプとしては、ヴェルチェッリ（一八八七年）、キャヴァーリ（一八九八年）、トリノ（一八九九年）のものが挙げられる。

ガリバルディ像と同様、大都市のヴィットーリオ・エマヌエーレ二世像はたいてい騎馬型である。イタリア全土の主要な大都市のほとんどに建設され、なかでもナポリの像（一八九七年）は、台座の前面にイタリア・トゥッリータ像も付随し比較的豪華な造りになっている。フィレンツェのヴィットーリオ・エマヌエーレ広場（現・共和国広場）は、国王の騎馬像（一八九〇年）と合わせて記念碑的空間としてデザインされた（図2-6）。この広場は、古代ローマの凱旋門のモチーフを使用した回廊で囲まれ、中心に国王の騎馬像が置かれていたが、像はファシズム期に別の広場に移転された。

最も重要な国王の騎馬像は、ローマの「ヴィットリアーノ」もしくは「祖国の祭壇」とも呼ばれる「ヴィットーリオ・エマヌエーレ二世記念堂」（一九一一年除幕）に組み込まれている。この記念堂の設計競技は一八八〇年と八二年の二回お

図2－6　フィレンツェのヴィットーリオ・エマヌエーレ広場（現・共和国広場）にあった初代国王の騎馬像
出典：20世紀初頭の観光絵葉書

こなわれ、一九二七年にはすべての像を含めて完成、さらに三五年には内部にリソルジメント博物館も開設された。ローマの観光名所にもなったこの記念碑建築は、王の騎馬像を取り囲む壮麗で大規模な舞台背景のような意匠となっており、古代ローマ建築の要素をふんだんに取り込んだ新古典主義様式である。ファサード装飾には地方主要都市を擬人化した女性像が用いられ、王と国家統一を称え、国民に視覚的威信を与える一大記念碑となっている。

一方、二代目の国王ウンベルト一世を記念する像は、数も規模も控えめだ。建築物では生前に、ナポリに「ウンベルト一世のガレリア」（一八九〇年）ができた。ガラスと鉄骨を多用した構造や内部の建築様式は、父の名を冠したミラノのものと酷似しているが、外観の記念碑性はやや薄れている。一九〇〇年の没後以降は、北部を中心に像が置かれた。アオスタの記念碑（一九〇五年）のように王の姿のない寓意的なものや、シンプルな胸像タイプのものもあるが、一般的な立像が設置された主な町では、国王暗殺の地モンツァ（一九〇三年）が早く、そしてローマ（一九〇六年）、ナポリ（一九一〇年）が挙げられる。騎馬像ができた町は、アスティ（一九〇三年）、バーリ（一九〇五年）、カターニア（一九一一年）で、いずれもガリバルディと初代国王の騎馬像がない町が選ばれた。

第三代国王ヴィットーリオ・エマヌエーレ三世については、没年が第二次世界大戦後であるため像は建設されなかったが、存命中に各地の通りやジェノヴァのトンネルの名に冠されたり、ナポリの国立図書館や、メストレとメッシーナのガレリアなどの公共建築の名称に採用されたりした。

3　誰が偉人になったか

リソルジメント運動に貢献した人物の像や記念碑の建設ブームとともに、イタリアを代表する歴史上の偉人や文化人たちの像も次々と造られるようになった。文化人については、パドヴァの巨大な広場「プラート・デッラ・ヴァッレ」（一七七五年）（図2－7）のほか、フィレンツェのサンタ・クローチェ教会に集められた偉人たちの記念墓碑、ウフィッツィ美術館の回廊の偉人像群など、国家統一前の例もいくつかあるが、これらは複数人でその地方の出身者を中心にまとめて記念したり、ひとりの人物の場合は墓地内に立派な像を置いて記念したりする場合が主で、町の広場の中心に単体で置かれるのが一般的な国家統一以降の像とは傾向を異にしている。

図2－7　当時は初代国王にちなみヴィットーリオ・エマヌエーレ広場と呼ばれていた偉人像の並ぶパドヴァのプラート・デッラ・ヴァッレ
出典：20世紀初頭の観光絵葉書

ナポレオンの侵攻によって、ヨーロッパ各国に愛国的なロマン主義が浸透し、愛国的表象としての国家擬人女性イタリア・トゥッリータ像が偉人の記念碑と組み合わされた例は、サンタ・クローチェ教会にある詩人アルフィエーリの墓碑（一八一〇年）とダンテの墓碑（一八二九年）のように、すでに国家統一前にみられる。イタリア・トゥッリータの起用は国家統一後さらに好まれ、一八六六年、一五世紀の航海者コロンブスの記念像が生誕地ジェノヴァに建ったさい、その名も「祖国」と命名され、イタリア・トゥッリータ像と組み合わされたことは象徴的だ（図2－8）。一八八〇年代から一九三〇年代にかけて、ジェノヴァが属するリグーリア地方の海浜町を中心にコロンブス像が各地に置かれたが、アメ

図2－8 国家擬人女性イタリア・トゥッリータとともに建つジェノヴァのコロンブス像
出典：20世紀初頭の観光絵葉書

リカの主要都市でも増えていった。もちろんアメリカ大陸を発見した功績によるものとはいえ、設置されたのがイタリア統一後から二〇世紀初頭にかけてで、リソルジメント関連の像に携わったイタリア人彫刻家の手によることが少なくないという点は、アメリカへ移民したイタリア人の愛国心の表明にほかならないだろう。ニューヨーク（一九二一年）とワシントン（一九二一年）にできた詩聖ダンテの像もリソルジメントの記念像を得意としたイタリア人彫刻家キシメネスによるもので、それぞれイタリア建国五〇周年と六〇周年の記念事業として建てられている。

統一後の一般的な偉人像は、だいたいは生誕地の広場にできるだけだが、コロンブスとダンテの像については、愛国心を鼓舞する表象として別格の扱いを受けており、数と立地では他の追随を許さなかった。統一後、各地にできたダンテ像では、まず生誕六〇〇年の一八六五年に、出生地フィレンツェでサンタ・クローチェ聖堂の前に立像が置かれた。同年にはヴェローナのダンテ広場にも立像が建ち、没後五五〇年という記念すべき一八七一年には、マントヴァとナポリのダンテ広場に立像ができた。ダンテ像は政治的にも利用され、「未回収のイタリア」の地トレントでは、オーストリア支配に対抗しイタリア文化圏であることを主張するため、一八九六年にダンテ像が設置された。これはドイツ文化圏であることを表明するため、同じく南チロルの町ボルツァーノの中心広場にできたドイツ中世の詩人ヴァルター・フォン・デア・フォーゲルヴァイデ像（一八八九年）に対抗するものだった。

一九世紀の偉人像の設置ブームで選ばれたモデルたちは、当時の基準で評価の高い過去の偉人となるので、必ずしも今でも著名な歴史上の人物とは限らない。また存命中の有名文化人は含まれない。ミラノのヴィットーリオ・エマヌエーレ二世のガレリア内には二四体の石膏の偉人像（現存せず）が飾られていたが、そのラインナップは当時の価値基準の指標となるであろう。このなかに選ばれた文化人には、ガリレオ、ミケランジェロ、レオナルド・ダ・ヴィンチ、ラッファエッロ、ダンテといったビッグネームとともに、彼らに比べると現在はやや知名度の落ちる者や、一八世紀から一九世紀初頭にかけて活躍した偉大な人物たち（フォスコロ、モンティ、ヴォルタ、ロマニョージ）が比較的多く含まれている。

劇場では有名作曲家たちの像、美術館では芸術家たちの像、大学では自然・人文科学者たちの像というように、公共建築の用途にふさわしい偉人の群像をその外観や内部に置くことが一九世紀後半に流行した。しかしそれぞれの人物にとって最も重要な像は、町なかの広場に設置され、都市景観の機能も果たすものであろう。これらは町のアイデンティティとなり、かつ国家が誇るほどの偉業を成したことを、市民に視覚的に訴える。

どの偉人像もまず基本的には生誕地の町の中心広場に建てられた。科学者の場合では、トリノにフランス人数学者ラグランジュの立像（一八六七年）と科学者で政治家のパレオカパの座像（一八七一年）ができた。動物学者スパランツァーニは生誕地スカンディアーノに立像（一八八八年）が、一六世紀の天文学者ジョルダーノ・ブルーノの立像（一八八九年）は、処刑されたローマのカンポ・デ・フィオーリ広場にできた。電池の発明で知られるヴォルタの場合は、例外的に国家統一前に生誕地コモに立像（一八三八年）ができたほか、没後一〇〇周年に建設の始まった「ヴォルタ神殿」（一九二八年）なる記念館もできた。教鞭をとったパヴィーア大学の中庭にもヴォルタの立像が、就任一〇〇周年にあたる一八七八年に置かれた。

建築家の場合は、生誕地よりも代表作が建設された町のほうが好まれた。たとえば、パッラーディオはヴィチェンツァ（一八五九年）に、カゼルタ王宮の設計者ヴァンヴィテッリはカゼルタ（一八七九年）にそれぞれの立像ができた。

文学者の場合、一八世紀の新古典主義の影響によって古典詩人が重要視されていたため、統一よりも早い段階で、古代ローマ詩人のウェルギリウスの記念像はできていた。生誕地に近いマントヴァには一七九七年に詩人の栄誉を記念する「ウェルギリウス広場」という公園ができ、そこに円柱の頂上に詩人の胸像を載せた記念碑（一八〇一年）が置かれた。ルネサンス時代の古典詩人アリオストが没したフェッラーラにも「アリオスト広場」という公園があり、そこにも古代の記念柱風の円柱上に詩人の立像を載せた記念碑（一八三三年）ができた。

統一後、生誕地にできた詩人像を設置年順に挙げると、アスティのアルフィエーリ像（一八六二年）、ソレントのタッソー像（一八七〇年）、ヴェネツィアのゴルドーニ像（一八八三年）、ミラノのマンゾーニ像（一八八三年）、ピエートレのウェルギリウス像（一八八四年）、ヴェノーザのホラティウス像（一八九一年）、レカナーティのレオパルディ像（生誕一〇〇周年にあたる一八九八年）、アレッツォのペトラルカ像（一九二八年）となる。

生誕地にできた芸術家の像では、チェントにできた一七世紀の画家グエルチーノの立像（一八六二年）が統一後、最も早かった。これはグエルチーノが、当時はルネサンスの巨匠たちと同じくらいに評価が高く人気があったからだろう。ピエーヴェ・ディ・カドーレにはティツィアーノ像（生誕四〇〇周年にあたる一八八〇年）、ウルビーノにはラッファエッロ像（一八九七年）が置かれたが、レオナルド・ダ・ヴィンチについては生誕地でないミラノの像（一八七二年）が最も規模が大きい。一方、ミケランジェロ自身の姿をした立像ではないが、ミケランジェロの重要な記念碑としての役割を担う像は、フィレンツェにある「ミケランジェロ大広場」に一八七三年に置かれた巨大なダヴィデ像の複製である。

生誕地に像ができた作曲家については、カターニアのベッリーニ像（一八八二年）、イエージのペルゴレージ像（生誕二〇〇周年の一九一〇年）、ベルガモのドニゼッティ像（生誕一〇〇周年の一八九七年）が挙げられる。やはり一八世紀から一九世紀初頭にかけて活躍した人物が多くなっているが、一九世紀に活躍した人物で像建設の早かった例外的な存在は、ジュゼッペ・ヴェルディである。ヴェルディは、イタリア統一を連想させる愛国的な史実をモチーフにしたオペラの数々を生み出し、晩年に国会議員も務めた。聴衆が「ヴェルディ万歳！」と叫ぶさいは、ヴェルディ（Verdi）の綴りが Vittorio Emanuele Re d'Italia（イタリア国王ヴィットーリオ・エマヌエーレ）の頭文字と同じため、国王への賛辞も込め

図２－９　第二次世界大戦の爆撃で破壊されたパルマのヴェルディ記念碑（現存するのは中央レリーフ部のみ）
出典：1930年代の観光絵葉書

られたという伝説が流布したほど、ヴェルディと愛国主義は深い関係にあった。ヴェルディの記念碑は、ほかの作曲家よりも数も規模も際立っている。レ・ロンコレにあるヴェルディの生家が国の史跡《ナショナル・モニュメント》として登録されたのは、ほかの偉人たちの生家の登録が一九二〇～四〇年代に集中していることよりも格段に早い一九〇一年のことだった。

　ヴェルディ像は、生誕一〇〇周年にあたる一九一三年に、ヴェルディとゆかりの深い各都市で除幕した。スカラ座があり死去した町でもあるミラノには立像ができたが、設置場所は、彼が出資した音楽家用高齢者介護施設（一八九六年）に面した広場だった。生誕地に近い町ブッセートには座像が、トレントには胸像が造られたが、数々のオペラを上演したパルマにできたヴェルディ記念碑は特別なものだった。凱旋門を中心に据えたエセドラ（半円形の建築物）にオペラの主役の像二四体を配した非常に大掛かりで豪華な造りだったが、第二次世界大戦中に爆撃され現存しない（図２－９）。救出された九体のオペラの主人公の像が移転・保存され、今はエセドラから独立して中央部分に置かれていたヴェルディの生涯を寓意的に描いた横長のブロンズ製レリーフ（一九二〇年）が市内に残るのみである。

　作曲家の像ブームはファシズム期に再燃し、オペラの巨匠プッチーニの立像が、亡くなった翌年の一九二五年、住んでいたヴィアレッジョ近郊の湖畔トッレ・デル・ラーゴにできた。ただし生誕地ルッカにできたのは没後七〇周年の一九九四年と遅く、歴史上有名なバイオリニストのストラディヴァーリやパガニーニの記念像の設置も現代になってからである。むしろ当時は古典的な作曲家に重きが置かれており、パレストリーナには一六世紀の作曲家パレストリーナの立像（一九二一年）が、一八世紀のナポリ派オペラの作曲家では、アヴェルサのチマローザ像（一九三〇年）とターラントのパイジェッロ像（一九三八年）が、それぞれの生誕地にできている。

以上、リソルジメントの英雄・国王と歴史上の偉人の記念碑を、人物別、職種別、時代順に列挙してみたところ、イタリア統一を機に急増したことが浮き彫りになった。建設ブームにはいくつかのピークがあり、最大のピークはガリバルディと初代国王が世を去った直後の一八八〇年代前半で、北イタリアを中心に彼らの像が全国的に急増したが、同時に芸術分野の偉人像も生誕地の主要な広場を飾るようになった。統一後に始まった偉人像と記念碑ブームは、リソルジメント運動と密接に結び付いたナショナリズムの現れで、都市の主要な広場に配置することによって自国の文化を教育し、イタリア国民としての愛国心を鼓舞させていたのだった。

参考文献

藤澤房俊（一九九七）『大理石の祖国——近代イタリアの国民形成』筑摩書房。
——（二〇一六）『ムッソリーニの子どもたち——近現代イタリアの少国民形成』ミネルヴァ書房。
ペヴスナー、N（二〇一四）『建築タイプの歴史Ⅰ　国家と偉人の記念碑から刑務所まで』越野武訳、中央公論美術出版。
リーグル、A（二〇〇七）『現代の記念物崇拝——その特質と起源』尾関幸訳、中央公論美術出版。
Banti. A.M. (2011) *La nazione del Risorgimento*, Torino：Einaudi.
—— (2011) *Sublime madre nostra：la nazione italiana dal Risorgimento al fascismo*, Roma-Bari：Laterza.
Bonollo, G. (1974) *Il monumento a Giuseppe Verdi：cronaca di un ambiente distrutto*, Parma：L. Battei.
Dossi, C. (1884) *I Mattoidi al primo concorso pel monumento in Roma a Vittorio Emanuele II*, Roma：A. Sommaruga.
Iacopozzi. S. (2000) *Le statue degli illustri toscani nel loggiato degli Uffizi*, Firenze：Alinea.
Lista, G. (2010) *La stella d'Italia*, Milano：Mudima.
Mangone. F. / Tampieri, M.G. a cura di (2011) *Architettare l'Unità：architettura e istituzioni nelle città della nuova Italia, 1861-1911*, Napoli：Paparo.

Pevsner, N. (1979) *A History of Building Types*, Princeton : Princeton University Press.
Quaglia, P. (1882) *Cento schizzi intorno ai progetti pel monumento a Vittorio Emanuele*, Roma : Tipografia elzeviriana.
Tobia, B. (2011) *Altare della Patria*, Bologna : Il Mulino.
Ugolini, R. a cura di (2013) *Cento anni del Vittoriano 1911-2011*, Roma : Gangemi Edirore.
Zucconi, G. (2012) *Il bello e l'utile : Prato della Valle nella Padova di Memmo*, Venezia : Marsilio.

Columun

I　副王家の一族

土肥秀行

舞台となるのはシチリア第二の都市カターニア、時代はイタリア王国成立をはさんだ一九世紀後半である。一五人にのぼる登場人物はみなウゼーダ伯爵家に属しており、スペイン王の命により永らくシチリアを支配してきた副王と血縁でつながっている。つまり新生イタリアにおいては、旧体制に属す家柄である。家督を継いだ父ジャコモと息子コンサルヴォの確執が、「リソルジメント映画」として名高い、しかも有名小説を原作としている点も共通する『山猫』が示していた、国家統一をめぐる新旧世代の交替というテーマを想起させる。実際、日本公開時には、ヴィスコンティ監督風の華麗で豪華なヴィジュアルの宣材が採用された。この比較は映画のスケールにおいては的外れである。しかし、妙に人間くさく下品ですらある人物描写や、恋愛エピソードがもつ下世話なトーンにおいては、両作は通じ合う。

　監督のファエンツァはこれまで社会派でならしてきた。今作においては、長尺物のTV版も用意していたように、小さくまとまった印象を残す。それは遠く一八九四年に発表された原作小説に比してもいえるコンパクトさである。一九世紀イタリアの自然主義ヴェリズモ（真実主義）に与するデ・ロベルトによる小説は、一派の担い手たるヴェルガの例に倣い、やはり重厚である。それを家族間の愛憎物語あるいは、「権利欲」に溺れる話に簡略化してしまったのが映画版である。せめて政治的妥協を描き、リソルジメントの理想とは裏腹な、統一イタリアの現実と幻滅を、ヴェリズモらしい迫真性で伝えるべきであった。

　デ・ロベルトは、一九世紀の物語だけでなく、二〇世紀の幕開けを告げる第一次世界大戦までも文学とした。『畏れ』という短編に、伊墺両軍を消耗させる塹壕での戦闘を綴る。これを原作としたのが、第一次世界大戦勃発からちょうど一世紀の記念に制作された、オルミ監督の『緑はよみがえる』である。日本では二〇一六年に一般公開され、反戦をうったえる作品として関心を集めた。

原題：I Vicerè
制作：2007年
監督：ロベルト・ファエンツァ
主演：アレッサンドロ・プレツィオージ，ランド・ブッツァンカ，ルチア・ボゼ

第3章　鉄　道

山手昌樹

一九世紀の半ば以降、ヨーロッパで急速に発展した鉄道は、産業革命の象徴であった。人々は、鉄路を走る蒸気機関車に、ときとして恐怖しながらも、社会の進歩を感じとった。このころ、未だ複数の国家に分断されたままの状態にあったイタリアでも、各地で鉄道の建設が盛んになった。若き日のカヴールは、鉄道がイタリアに経済発展をもたらすと確信した。鉄道を通じてヨーロッパ諸国がイタリアの地で接続し、物流が盛んになる。それは、まさしく十字軍をきっかけに地中海貿易で繁栄した中世イタリアの再興《リソルジメント》であった。この章では、リソルジメント期［第1章］、自由主義期［第4章・第8章］、ファシズム期［第12章］、共和制期［第16章］の各時代に、何が鉄道の進路を方向づけたのか、鉄道が担った役割と象徴的意味を見ていくことにする。

1　ヴェスヴィオ号出立

一八三九年一〇月三日、両シチリア王フェルディナンド二世を乗せた九両編成の特別列車が王都ナポリの市街地へ向け出発した。客車を率いる英国製の蒸気機関車ヴェスヴィオ号は、ナポリ湾岸七キロメートルの区間を一〇分足らずで走り抜けた。この日、沿線につめかけた大勢の見物人は、イタリア初の鉄道に歓喜した。午後四時には一般客の利用も始まった。旅客数は、年末までのわずか三カ月で一三万人に達したと記録されている。

英国での鉄道の成功が世界中に伝わると、イタリアでも鉄道の建設が検討され始めた。しかし、各国政府の姿勢には大きな温度差があり、それがそのまま鉄道の発展に影響することになる。

両シチリア王国では、いち早く鉄道が開通したものの、その後の発展はかんばしくなかった。同国の鉄道建設は、もともとフランス人技師の売り込みに国王が応じたもので、建設と運営もすべてフランス資本の鉄道会社に任された。だが、人口の多い都市がほとんどなく、産業も乏しい同国では、民間資本だけで鉄道事業を維持することは困難であった。最初に開通した路線は、当初の建設許可にしたがい、ナポリ湾沿いに延伸し、途中で内陸へと分岐、サレルノ湾まで達したが、それ以外では王宮を結ぶ〈ナポリ－カゼルタ線〉とその支線が建設されたくらいであった（図3－1）。

一方、教皇国家では、政治的な理由で建設が進まなかった。教皇グレゴリウス一六世は、近代化の象徴である鉄道を忌み嫌い、話題にすることを避けた。一八四六年に即位したピウス九世は当初、鉄道の建設に前向きな姿勢をみせたが、一八四八～四九年革命後に態度を硬化させた。鉄道の開通で他国との結びつきが強くなることをおそれたのである。最初に開通した〈ローマ－フラスカーティ線〉は宮殿を結ぶためであったし、〈ローマ－チヴィタヴェッキア線〉は教皇庁の防衛にあたるフランスが補給物資や増援部隊を速やかに送り込めるよう海港とローマを結んだものであった。

鉄道建設は、産業革命をいち早く成し遂げ資本家の企業活動が盛んであった英国では民間主導で進められた。これに対して、独立後まもないベルギーでは国が計画から運営までのすべてを担った。イタリア諸国では、その中間形態にあたる官民共同事業が一般的で、国が民間の鉄道会社に最低限の収益を保証した。銀行制度が整い資金調達がしやすかったサルデーニャ王国だけは、幹線路にベルギー方式を採用することができた。

サルデーニャ王国の鉄道開業はかなり出遅れたが、一八三〇～四〇年代には活発な議論がなされていた。そのため、ひとたび建設が始まると鉄道網は一八五〇年代に急速に発展し、統一時にはイタリア最大になっていた。その立役者がカヴールである。彼は、一八三〇年代半ばにロンドンとパリで鉄道を目の当たりにし、その重要性を強く認識した。

表3-1　イタリア諸国の鉄道開業年と区間，1861年時点の営業キロ数

開業年	国　名	区間（営業キロ数）	1861年
1839	両シチリア王国	ナポリ-ポルティチ（7）	128
1840	ロンバルド-ヴェーネト王国	ミラノ-モンツァ（13）	607
1844	トスカーナ大公国	リヴォルノ-ピサ（18）	323
1848	サルデーニャ王国	トリノ-モンカリエーレ（8）	850
1856	教皇国家	ローマ-フラスカーティ（20）	132
1859	パルマ公国	ピアチェンツァ	99
1859	モーデナ公国	-ボローニャの一部	50

カヴールは，一八四六年に公表した論文で，鉄道が経済発展や社会の進歩を促すと主張し，具体的な路線構想を披露した。イタリア半島内では，王都トリノを起点に港湾都市ジェノヴァへ至る路線，ロンバルド-ヴェーネト王国を東進しヴェネツィアへ至る路線，教皇国家のエミリア地方を通りアンコーナへ至る路線を思い描いた。半島外の諸国とは，港湾都市トリエステでオーストリアに，アルプス山脈でフランスとスイスの鉄道に接続することで，北イタリアがアジアとヨーロッパを結ぶ物流の要になると考えた。

彼はまた，鉄道が経済発展だけでなく，ばらばらに分かれた半島諸国の交流を促し，「イタリア民族という意識」を芽生えさせるきっかけになるとも主張した。とくに教皇国家が鉄道建設を進めることで，半島の北と南とがつながり，それまで民族意識の形成を妨げてきた互いについての無知や偏見が克服されると考えた。こうした半島全体を見据えた構想は，チェーザレ・バルボやカルロ・カッターネオといったリソルジメントの思想家にもみられたが，さまざまな事情でその実現はむずかしかった。

オーストリア帝国の支配下にあったロンバルド-ヴェーネト王国では，一八四〇年にイタリアで二番目となる鉄道が開通した。これはオーストリア帝国領全体でもウィーンに次ぐ二番目の路線であり，同帝国がいかにイタリア半島の鉄道建設に高い関心を寄せていたかがうかがえる。鉄道は，オーストリアでも経済発展にきわめて有効であると認識され，一八五七年にはウィーンとトリエステとを結ぶ山岳鉄道が全通した。ロンバルド-ヴェーネト王国は，ミラノとヴェネツィアを結ぶ幹線の建設を進める一方，他国との関係ではサルデーニャ王国の孤立化をもくろみ，教皇国家を通ってトスカーナ大公国の鉄道と接続することを望んだ。

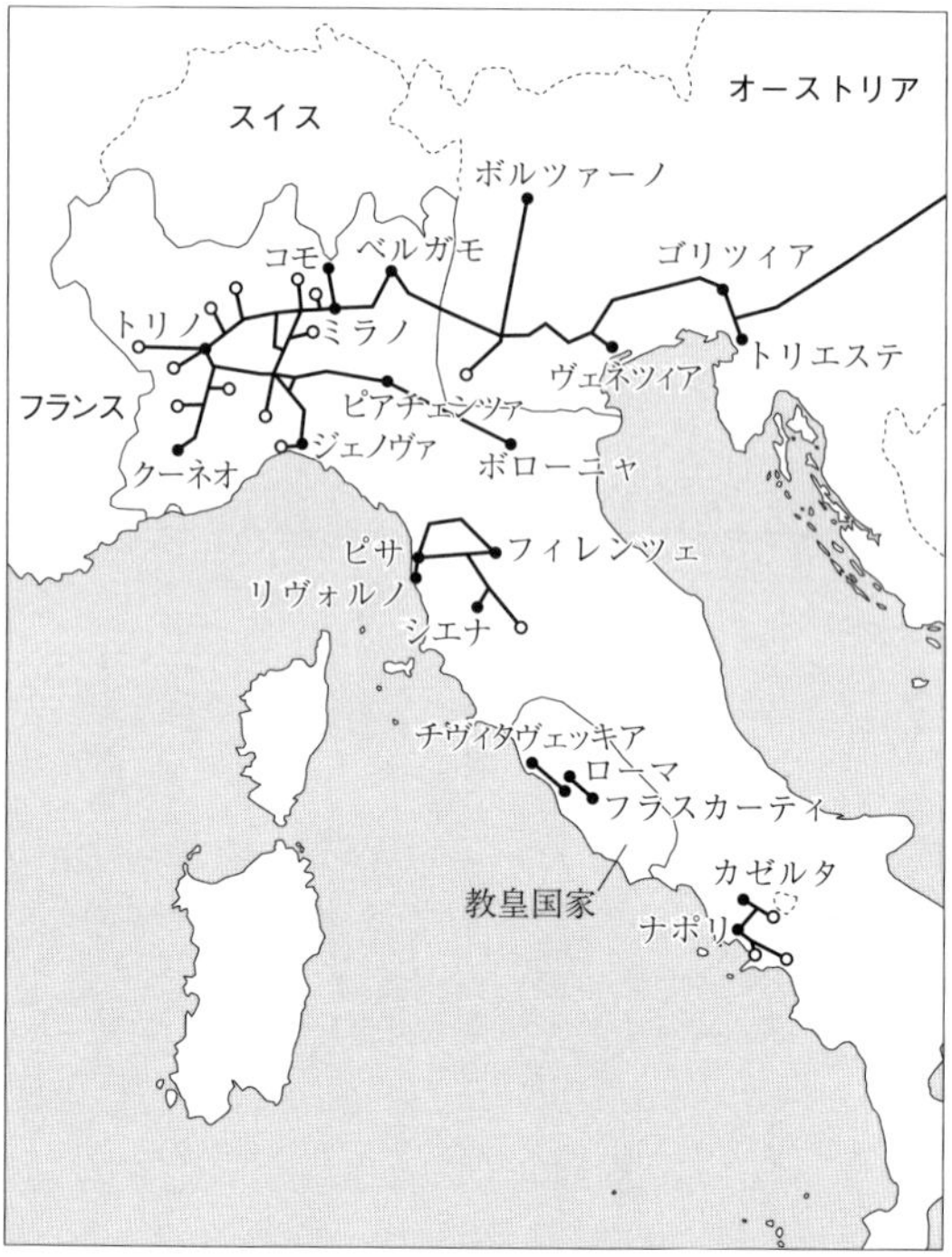

図3‐1　1860年の路線図
出典：Maggi（2012）p. 29より作成

トスカーナ大公国では、大公レオポルド二世が外国資本を積極的に呼び込み、鉄道建設に必要なあらゆる輸入機材の関税を免除したので、一八四〇年代にはイタリア諸国のなかで最も発達した鉄道網をもつことになった。一八四八年に全通したアルノ川左岸に沿って走る〈フィレンツェ‐リヴォルノ線〉は、斜塔で有名なピサを経由し首都と海港を結ぶ路線で、旅客と貨物輸送の双方で需要が見込まれた。しかし、なかには投機目的の出資に踊らされ、わずか二年で破綻する鉄道会社もあり、自由放任主義的な鉄道事業には限界があった。

第二次独立戦争さなかの一八五九年六月一日、ティチーノ川にかかるボッファローラ橋でピエモンテとロンバルディアの鉄道がつながった。サルデーニャ王国とフランスの連合軍は、鉄道を利用して速やかに軍隊を移動させ、戦いに勝利した。ボッファローラ橋完成の翌月には、本来、イタリア諸国の国境線を越えた初路線になるはずであった〈ピアチェンツァ‐ボローニャ線〉が完成した。この路線は、パルマ公国、モーデナ公国、教皇国家にまたがっており、これら諸国に強い影響力を持つオーストリアが一八五六年まで建設を許可しなかった。

リソルジメント期のイタリアでは、政治的・経済的事情から小規模な鉄道網が各国でばらばらにつくられた。ボッファローラ橋の完成はイタリアの統一過程を象徴するできごとになったとはいえ、鉄道が統一を促すというカヴールの期待をよそに、現実には統一国家の不在が鉄道の発展を妨げていたのである。

2　山腹を穿つこと九哩余の大隧道

リソルジメント期に各国でばらばらに運営されていた鉄道は、統一後どうなったのであろうか。サルデーニャ王国の国鉄は、イタリア政府に引き継がれたが、国家財政を圧迫したため一八六五年に民営化された。その際、各地にあった二二の私鉄とあわせ、四つの会社に再編された。幹線路の利益で赤字路線の損失をカバーさせるためである。だが、それでも各会社の経営は厳しく、そのうちひとつは倒産した。鉄道は、公益性があるだけでなく、戦争の際には戦略上、きわめて重要になるため、国会では継続的に国有化が議論され、一八七六年には内閣が倒れる原因にもなった。その後、一八八五年にインフラ整備を国が、運行を三つの民営会社が担う、上下分離方式が採用され、一九〇五年、最終的に国有化される。

表3－2が示すように、統一後のイタリアでは鉄道網が急速に発展した。政府は、国有化以前から公共事業費の半分前後を鉄道建設や用地買収に注ぎ、とりわけリソルジメント期に鉄道と無縁であった南部や島嶼部での建設を後押しした。シチリア島では一八六三年に、サルデーニャ島では一八七一年に最初の列車が走った。とくにローカル線の建設誘致は、議員や地元名士の腕の見せどころで、そこには常に利権がつきまとった。線路幅は、それまで一貫して一四四五ミリメートルの標準軌が用いられていたが、橋梁やトンネルの建設費、用地買収費を抑え、急カーブや急勾配に対応するため、一八八〇年代以降は、南部や島嶼部の山間地を中心に九五〇ミリメートルの狭軌も採用された。

巨大な土木事業をともなう鉄道建設は、難工事のなかで多くの技術革新をもたらした。長大トンネルの建設がその好例である。一八七一年に開通したアルプス山中を貫くフレジュス・トンネルは、全長一二・八キロメートル。かつて郵便馬車で一二時間を要したアルプス越えが、わずか四〇分に短縮された。ラバでアルプスを越えイタリアへ遠征してき

表３－２　ヨーロッパ主要国の鉄道営業キロ数　（単位：キロメートル）

年	イギリス	フランス	ドイツ	ベルギー	オーストリア－ハンガリー	スペイン	イタリア
1830	157	31	0	0	0	0	0
1840	2,390	410	469	334	144	0	20
1850	9,797	2,915	5,856	854	1,357	28	620
1860	14,603	9,167	11,089	1,729	2,927	1,885	2,404
1870	21,558	15,544	18,876	2,897	6,112	5,454	6,429
1880	25,060	23,089	33,838	4,112	11,429	7,491	9,290
1890	27,827	33,280	42,869	4,526	15,273	10,163	13,629
1900	30,079	38,109	51,678	4,562	19,229	13,205	16,429
1910	32,184	40,484	61,209	4,679	22,642	14,694	18,090

出典：ミッチェル編（2001）673-680頁より作成

たナポレオンが哀れにさえ思えてくる。この路線はもともと、サルデーニャ王国の王都トリノと王家発祥の地サヴォイアを結ぶために計画された。しかし、サヴォイアがフランス領になったため、国際線として開業した。トンネル貫通までに一三年かかったが、それでも圧縮空気を用いた削岩機の開発で掘進速度は途中から劇的に向上した。

イタリア政府は、サルデーニャ王国の自由貿易主義を踏襲し、アルプス以北の国々と早期に鉄道で結ばれることを望んだ。一八八二年に開通したゴッタルド・トンネルは全区間スイス領内にあったが、ドイツとの貿易拡大をもくろむイタリアが建設費の半額強を負担した。トンネルの開通でルール工業地帯とジェノヴァ港とが鉄道で結ばれることになった。当然、貨物だけでなく、人の往来も盛んになり、時にはそのなかに日本人の姿もあった。一九〇八年にヨーロッパを旅した児童文学者の桜井鴎村は、見聞録のなかで「アルプスの山腹を穿つこと九哩《マイル》余のサン、ゴッタール大隧道《トンネル》に入り、地中の暗路を潜ること二十分余。再び重畳たる山谷を奔流に沿いて下りつつ、我車はいつしか既に瑞西《スイス》を辞して、北伊太利の湖地に在り」と描写している（櫻井 一九〇九：四七二）。

一方、アルプス越えの別のルートとして一九〇六年に開通したシンプロン・トンネルは全長一九・八キロメートル、当初から電化されていた。第一次世界大戦後には、オリエント急行が通過するようになった。このトンネルは、一九八二年に上越新幹線の大清水トンネルが開通するまで世界最長であった。

地下資源の乏しいイタリアは石炭をドイツなどから輸入せねばならず、それが運行コストを押し上げていた。さらに蒸気機関車は、山間地の急勾配では十分な力を発揮することができなかった。

こうした背景から検討され始めたのが電化である。政府は、いくつかの電化方式で実験をおこない、ひとつの線路に架線を二本用いる三相交流方式を採用した。これは世界的にめずらしい方式であったが、当時、主流であった直流方式よりも高電圧を供給できるメリットがあった。電化工事を請け負ったハンガリーのガンツ社は、一九〇二年、スイスとの国境に近い路線で三相交流対応の電気機関車を走らせることに成功した。

だが、同じ年にはすでに七〇五キロメートルにおよぶ路面電車網が、大都市を中心にできあがっていた。専用軌道を持たない路面鉄道は、一八七二年にトリノで馬車鉄道が開業して以降、全国各地の大都市に普及した。牽引役はしだいに馬から蒸気機関車に代わったが、煙のせいで環境問題が生じたため、いち早く電化されたのである。一八九〇年、ローマとフィレンツェを走る路面鉄道に初めて電気機関車が投入された。

図3-2　トリノ市街地へ向かう蒸気トラム

出典：M. Governato (2016) *C'era una volta il tram,* Torino: Capricorno, p. 58

経営コスト削減のためには、鉄道関連製品の国産化も大きな課題であった。両シチリア王国では初の鉄道開通後すぐに王立工場（現・ピエトラルサ国立鉄道博物館）が建設された。サルデーニャ王国では一八五三年、カヴールの主導でジェノヴァにアンサルド社が設立された。だが、原材料の輸送コストを考えると、既製品を輸入するほうが質が高いうえに安かった。外国資本の鉄道会社は、英国やフランスやベルギーからの輸入品を好んだ。イタリアで蒸気機関車の製造が本格化するのは、一八八六年にミラノのブレーダ社が操業を開始してからである。

とくに一九世紀にあって、鉄道は工業化の起爆剤になると期待された。統一後しばらくのあいだ、この期待は裏切られるかたちになったが、一八八〇年代以降、鉄道事業は、造船業とならび、製鉄、金属加工、機械、電力といった分野の発展を促した。イタリアの工業化が一八九六年からの二〇年間に本格化したことを考え合わせると、鉄道はその前提をつくりだす牽引役となった。そして国有化したのち、老朽化した車両の更新を加速化させ、工業界の発展を下支えしたのである。

3　ファシズムの人民列車

イタリアは一九一五年、第一次世界大戦に参戦した。国鉄は、臨時列車を増発し、兵士や武器や弾薬を次から次へと前線に運んだ。前線となった北東部ではオーストリア軍との熾烈な攻防が繰り広げられ、帰りの列車は負傷者でいっぱいになった。戦勝国となったイタリアは、オーストリアから南チロル地方やトリエステを獲得し、それらの地域の鉄道を国鉄に編入した。

戦時中には、軍隊に召集された鉄道員の補充や列車の増便に対応するため、女性を含む臨時職員が大量に雇われた。一九一四年に一五万人であった国鉄職員は、五年後には一八万人に達した。戦後も臨時職員が継続雇用されたのにくわえ、一九二〇年に八時間労働が実現するとさらに増員を強いられ、翌年には二三万人にまでふくれあがった。政府は、財政を圧迫する国鉄のリストラ策をまとめ、臨時職員や「無能な」職員の解雇を決めた。

一九二二年に成立したムッソリーニ内閣は、行財政改革に取り組み、この方針を踏襲したのみならず、「無能な」という条件を恣意的に解釈し、ファシズムの政敵である社会主義者や共産主義者の鉄道員を解雇した。一九二四年までに五万人を削減し、幹部職員の報酬を上げる一方で現業職員の給与をカットした。全国的なネットワークを持つ、巨大な国鉄の労働組合は、労働運動を牽引する役目を担い、支配者層の脅威になっていたのである。

ムッソリーニは一九二四年に通信省を新設し、公共事業省から国鉄を移管して監督を強めた。通信大臣コスタンツォ・チャーノは「定時運行」をスローガンに掲げ、鉄道の近代化に取り組んだ。そのひとつが運行コストを下げ、速達性と快適性を向上させる電化であった。一九二二年に六八九キロメートルであった電化区間は、一九四〇年には五一七三キロメートルに達し、電化率は三〇%を超えた。

ファシズム体制は、鉄道の電化を国の威信をかけた事業と位置づけた。それは、ヒトラーが高速自動車道「アウトバーン」を建設して完全雇用を実現したように、世界恐慌期の失業対策の一環であり、かつ電力業界の要請に応じるためであった。方式は、すでに電化済みの路線に接続する区間には、三相交流方式が適用されたが、新たに電化する地域では直流三〇〇〇ボルトが採用された。この時期には直流でも高電圧の供給が可能となっており、分岐《ポイント》で架線が複雑になる三相交流方式よりも優れていた。そのため、のちにイタリアの標準規格となり、交流の地域も順次、直流に切り替えられていく。

一九二六年に開発された直流電気機関車は一九九〇年代まで活躍した。一九三七年には最高時速一六〇キロメートルを誇る流線形の特急電車がボローニャ‐ナポリ間で営業運転を開始した。この電車が試運転で時速二〇三キロメートルという当時、世界最高速の記録をたたき出したとき、運転士のかたわらにはチャーノの姿があった。

ファシズム時代には、直線的なルートの建設も進んだ。電化事業と同じく、これも第一次世界大戦前から計画されていたが、さまざまな理由で遅れが生じ、その結果、ムッソリーニが自分の手柄として宣伝した。たとえば、アペニン山脈で分断されたボローニャ‐フィレンツェ間は、建設コストを抑えるため、谷に沿ったルートが選ばれていた。一八六四年に完成したピストイア経由の路線は、勾配がきつくカーブが多いうえに単線であった。そのため、時間がかかるだけでなく、輸送量も限られ、南北間のスムーズな移動を妨げた。それに対して一九三四年に完成した複線の新ルートは、一一八・五キロメートルの長大トンネルを通ることで、従来に比べて三六キロメートル短縮され、最大勾配も従来の半分の一二パーミルに抑えられた。

改善がみられたのは、幹線路だけではなかった。非電化のローカル線には、「リットリーナ」の愛称で長年、親しまれることになる気動車が投入された。これは大手自動車メーカーのフィアットが一九三二年から製造し始めた、両端に

図３－３　「リットリーナ」の愛称で親しまれた気動車のひとつALb 48形（左）とパンタグラフが特徴的な三相交流電気機関車Ｅ554形（右），1930年代。
出典：Maggi（2009）

運転席をもつ自走車両で、当初はガソリンエンジンを、のちにディーゼルエンジンを搭載した。ムッソリーニが計画都市「リットーリア」の完成式典へ向かうために乗車したことから、そう呼ばれるようになった。最高時速一一〇キロメートル以上、蒸気機関車に比べて安い運行コストが海外でも話題になった。ソ連やブルガリアに輸出されたほか、東アフリカのエリトリア植民地にイタリアが建設した山岳鉄道でも走った。

　リットリーナとならび、庶民を虜にした列車はほかにもあった。一九三一年八月二日、主要都市の鉄道駅から「人民列車」が出発した。主な行き先は海水浴場のある町だ。客車すべてが三等車である代わりに、最大八〇%を超える割引率のお得な切符が庶民を魅了した。たとえば、ミラノを早朝の五時一五分に出発し、ヴェネツィアを観光後、日付をまたいで深夜〇時一五分に戻ってくる便は、通常、往復で一〇五リラかかる運賃がわずか一八リラですんだ。労働者の月給は六〇〇リラ前後、庶民にとって観光旅行はまだ一般的ではなかった時代のことである。

　この日、運行された同種の列車はあわせて五〇便あり、乗客は四万五六九四人を数えた。人民列車は、それから九月二〇日までの毎週日曜日に運行され、計八回で四六万人が利用した。乗客は、海水浴だけでなく、町の名所を訪れ、サッカーの試合を観戦し、野外コンサートを楽しんだ。目的地の市長は、乗客を歓迎するイベントを企画し、計り知れない経済効果に破顔した。一九三三年には映画のタイトルにもなった。ラッファエッロ・マタラッツォ監督は、『人民列車』に実際の乗客を登場させたうえ、目的地のオルヴィエートで三角関係を見事に演じた俳優陣を、鉄道駅と丘上の町とを結ぶケーブルカーに乗せることも忘れなかった。

人民列車は、もともと減収に悩む国鉄が、打開策として打ち出したものであった。世界恐慌の影響にくわえ、鉄道にライバルが出現していた。トラックによる貨物輸送は一九三一年に全体のわずか三％にすぎなかったが、二年後には二〇％を占めた。道路網の発達や大型車の登場で目的地まで直接運送できるトラックが好まれるようになった。人民列車の導入は、たしかにこうした窮地から国鉄を救い、鉄道の利用を促したが、実のところ、人気を博したことで採算を度外視した増便がなされるようになった。国鉄の増収目的は二の次となり、ムッソリーニがみずから運行計画書に目を通すことで、政治目的が前面に押し出された。

人民列車は、ムッソリーニが好んで用いたスローガン「人民のなかへ」を象徴するものとなった。そこでは、世界恐慌で生活苦を強いられた労働者への社会政策という意味合いが大きかった。実施回数や便数を増やした結果、利用客は一九三二年に八〇万人、一九三七年には一二〇万人を超えた。新聞や雑誌は、人民列車が国民の交流を促し、国民意識の形成を強化すると宣伝した。だが、人民列車の運行は一九三九年を最後に、第二次世界大戦で中止になり、戦後も復活することはなかった。

図3-4　ミラノ中央駅（1931年完成）
出典：Maggi（2009）

ファシズム体制が誇った「偉業」としては、ほかにも一九三一年に完成したミラノ中央駅がある。巨大な正面を抜け階段をのぼった先に現れる、鉄骨とガラスを組み合わせたアーチ屋根は、現在も変わらぬ姿で観光客を迎える。だが、近代化の象徴として都市の玄関口に巨大な駅をすえる建築は、一九世紀的な考えを継承したものであった。一九三四年に完成したフィレンツェ・サンタ・マリア・ノヴェッラ駅は、駅全体を屋根で覆うのではなく、各ホームに屋根を配して線路を野ざらしにするなど、象徴性よりも機能性を重視した建築になっている。

国鉄は、ファシズム時代に莫大な費用が投じられ、改善が進んだ。しかし、その栄華は長くは続かなかった。第二次世界大戦末期には、ミラノ中央駅二一番線からユダヤ人を乗せた貨車がアウシュヴィッツ収容所へ向け出発した。その一方で、連合軍による爆撃やドイツ軍による破壊のため、全路線の三〇％と架線のすべてが使用不能になった。

図3－5　特急電車ETR300系「セッテベッロ」
出典：Maggi（2012）

4　鉄道のリソルジメント

第二次世界大戦後、アメリカからの復興支援を受け入れたイタリアは、その資金を鉄道の復旧にもあてた。しかし、戦争で破壊された路線のなかには復旧が断念され廃線になった区間も数多くあった。それに加えて一九五〇年代にはモータリゼーションの時代が幕開け、自家用車を手にする裕福な家庭が増えた。一九六四年にはミラノとナポリを結ぶ高速自動車道、通称「太陽道」が全線開通した。日本中がオリンピックにあわせて開業した東海道新幹線に歓喜した年である。

鉄道は、車両や設備が老朽化したうえ、「経済の奇跡」と呼ばれた一九六〇年前後に、南部から北部へ移住する労働者が大挙して乗り込み、「貧者の乗り物」というイメージがついた。一方でファシズム時代に抑圧された労働運動が息を吹き返し、鉄道員も頻繁にストライキを決行した。ピエトロ・ジェルミ監督が、映画『鉄道員』（一九五六年）で描いた情景である。この時代、ほとんど唯一の輝かしいニュースは、一九五三年に前面展望席をそなえた特急電車「セッテベッロ」が営業運転を開始したことくらいであった。このデザインは、世界中から注目され、名鉄パノラマカーや小田急ロマンスカーの設計にも影響を与えた。

テロが横行した「鉛の時代」には、鉄道も標的となり、一九八〇年のボローニャ中央駅爆破事件では八五人が犠牲になった。破壊された駅待合室の壁の穴はそのまま残され、犠牲者の追悼プレートには日本人留学生の名前も刻まれている。

一九八〇年代には社会全体が豊かになったけれども、鉄道運賃は物価上昇分ほど値上げされず、労働運動の成果として高騰した人件費が慢性的な赤字経営をさらに圧迫した。国鉄は一九八五年に公社化、経営の自立性を増したが、合理化とリストラを求められた。職員数は、それから一〇年間で九万人削減され、一二万人になった。

図3-6　ペルージャの新交通システム「ミニメトロ」
出典：著者撮影

一九九〇年代以降は、EUの鉄道政策に歩調をあわせるなかで選択と集中の時代を迎えている。すなわち、高速鉄道（TAV）専用の高架線建設に巨額の費用が投じられる一方で、地方の不採算路線は、バスによる代替輸送が数年続いたのち、完全に廃止されるケースが増えている。とくに二〇〇〇年の民営化後は、その傾向が顕著になっており、日本の鉄道事情によく似ている。

イタリア初の高速鉄道は、二〇〇五年にローマ－ナポリ間で部分開業した。その後、北・中部を中心に高速自動車道「太陽道」に沿って延伸、二〇一六年現在、一四〇〇キロメートルに達している。当初、ほとんどの停車駅で在来線に乗り入れたため遅延が多かったが、近年、行き止まりの駅を回避するため、近隣にあった別の駅を新たな拠点駅として改築し、所要時間の短縮をはかっている。とはいえ、高速鉄道は住民から必ずしも手放しで歓迎されているわけではない。とくに北西部のフランス国境に近いスーザでは、抗議運動〈NO TAV〉が過激化している［第16章を参照］。

最後に、都市交通について触れておこう。手狭な路地に路面鉄道網が張り巡らされたヨーロッパ諸国の大都市では、二〇世紀初めに地下鉄の開業が相次いだ。

イタリアでは、一九二五年に国鉄線の一部がナポリで地下化されたが、掘れば遺跡というお国事情が災いし、本格的な地下鉄の開業は、ローマで一九五五年、ミラノで一九六四年と遅かった。その後、両都市ともに新路線の建設が進み、現在も延伸工事が続いている。そのほか、トリノでは二〇〇六年の冬季五輪にあわせ、全駅ホームドア完備で無人運転の地下鉄が開業した。

とくに今世紀にはいり、空気汚染問題などを背景に鉄道が見直されている。ベルガモでは廃線になった路線に新たにライトレールが開業したほか、メッシーナやフィレンツェでは路面電車が半世紀ぶりに復活した。二〇〇八年にペルージャで開業した無人運転の新交通システムは、町中心部の地下と郊外とを結んでいる。これら公共交通は、それぞれの都市内で、たいてい共通券を用いるため、制限時間内であれば、たとえ路面電車からバスへ乗り継いでも初乗り料金はかからない。

およそ一八〇年におよぶイタリア鉄道史を振り返るとき、鉄道が政治や経済に翻弄されながらも人々のニーズに応じて発展してきたことがわかる。だが同時に、鉄道は、ひとたび建設されるや、今度は社会の進む方向や人々の生を左右する重要なポイントにもなっていく。リソルジメント期に人々の希望を乗せて走り出した鉄道は、第二次世界大戦後の衰退期を経て、いま再興《リソルジメント》しようとしている。

参考文献

ウォルマー、C（二〇一二）『世界鉄道史』安原和見・須川綾子訳、河出書房新社。

小池滋・青木栄一・和久田康雄編（二〇一〇）『鉄道の世界史』悠書館。

櫻井彦一郎（一九〇九）『歐洲見物』丁未出版社。

ピエトラルサ国立鉄道博物館ＨＰ　http://www.museopietrarsa.it/

ミッチェル、Ｂ・Ｒ編（二〇〇一）『マクミラン新編世界歴史統計［Ⅰ］ヨーロッパ歴史統計　一七五〇〜一九九三』中村宏・中村牧子訳、東洋書林。

Cavour, C. (1846) *Le strade ferrate in Italia,* a cura di A. Salvestrini, Firenze : La Nuova Italia Editrice, 1976.

Cecini, S. (2012) "Fascismo ed elettrificazione ferroviaria tra ammodernamento tecnico e politica di prestigio (1922–1940)," *Dimensione e problemi della ricerca storica,* 2/2012, pp. 187–228.

——— (2014) "Il treno per tutti. Gli italiani in gita con i treni popolari. 1931–1939," *Dimensione e problemi della ricerca storica,* 2/2014, pp. 113–137.

Direzione generale delle Ferrovie dello Stato (1940) *Il centenario delle ferrovie italiane 1839–1939,* Roma.

Maggi, S. (2009) *Storia dei trasporti in Italia,* 2a ed., Bologna : Il Mulino.

——— (2012) *Le ferrovie,* 3a ed., Bologna : Il Mulino.

Rebagliati, F. / Dell'Amico, F. (2011) *Il treno unisce l'Italia,* Pinerolo : Alzani.

Schram, A. (1997) *Railways and the Formation of the Italian State in the Nineteenth Century,* Cambridge : Cambridge University Press.

第4章　国民国家形成の時代

勝田由美

一八六一年、イタリア王国成立により、イタリアの統一はヴェーネトとラツィオ（ローマ）を除く全土のサルデーニャ王国への併合という形でほぼ達成された。議会ではカヴールを中心とする穏健派（右派）が多数を占め、その後およそ一五年にわたって政権の座につくことになる。しかし、マッシモ・ダゼーリョが「イタリアは成った。だがイタリア人はできていない」と述べたように、中世以来異なる歴史を歩んできた多様な諸地域と民衆をひとつの国家として運営していくことは容易ではなかった。

1　右派政権の時代

統一直後のイタリアの状況は、「法定《レガーレ》のイタリア」と「実在《レアーレ》のイタリア」の乖離《かいり》として語られる。歴史家ジュリアーノ・プロカッチは、これを「統治者と被治者の乖離」と端的に表現している。

統一時の非識字率は総人口の七八％、全土で最も教育の普及した北部のロンバルディアでも六七％、最も遅れた南部のバジリカータでは九八％にも達していた（表20-2）。統一政府は無償の初等義務教育（二年間）を定めたサルデーニャ王国のカザーティ法を全土に適用したが、この法は学校建設をコムーネ（市町村）にゆだねていたため、南部の識

図4－1　匪賊の頭領（牢獄内で）
出典：R. Nigro (2010) *Il brigantaggio postunitario, dalle cronache al mito,* Bari：Mario Adda, p. 17

字率はいっこうに向上しなかった。また、参政権は二五歳以上男子のうちで年四〇リラ以上の直接税を納める者にのみ与えられ、有権者は国民の二%にも満たなかった。

統一時には労働力人口の七割が農業に従事し、その状況は恵まれたものではなかった。南部には洞窟や墓地に寝泊まりする家族が珍しくなく、北部でも農民の住居は概して家畜小屋より粗末であった。ポー平野では、資本主義的経営の進展によって日雇農業労働者《ブラッチャンティ》が増加しつつあり、彼らの多くは仕事があるときでも野外で寝なければならなかった。小麦ではなくトウモロコシやクリ、ドングリの粉を常食とする者が多く、トウモロコシを常食とする北東部のヴェーネトやフリウリでは、ビタミン不足が原因で皮膚に紅斑ができるペラグラが蔓延した。

こうしたなかで、国家に対する最初の激しい抵抗は、南部農民のうちにみられた。一八世紀以降に封建制度の撤廃が進んだ北部に対し、南部では貴族や聖職者・宗教団体の封建的特権が残存し、寄生的な大土地所有制《ラティフォンド》のもとで階層間の格差も大きかった。さらにナポレオン時代以降、農村ブルジョワジー《ガラントゥオーミニ》が共有地にまで私有権を拡大し、南部農民は彼らの家を襲撃して略奪をはたらく匪賊《ブリガンタッジョ》という伝統的形態での反乱を繰り返すようになった（図4－1）。統一後も、徴兵制や新たな租税に対する不満から、この反乱は収まらなかった。そこに旧ブルボン王家の支持者や聖職者からの援助、ガリバルディ義勇軍の残党も加わって反乱は激化し、政府は戒厳令の布告と軍隊の投入により、これを五年かかってようやく鎮圧した。

右派政権は近代国家の確立を急ぎ、アルベルト憲章をはじめとするサルデーニャ王国の多くの法制度をほぼそのまま全土に適用した。だが、このイタリアの「ピエモンテ化」は、国家の抑圧的な性格をますます強めることになった。行政制度においても、リソルジメント期に検討された連邦制や地方分権は顧みられず、サルデーニャ王国にならってフランス式の中央集権制度が取り入れられた。法人格をもつ行政単位は県とコムーネとされ、言語や文化、政治経済の歴史的単位となってきた州自治体の設置は認められなかった。県の長には中央から派遣される内相直属の県知事が就任し、強い権限をふるった。

右派にとって、早急に取り組むべき課題は、国外に残された領土の回収であった。旧ヴェネツィア領のうち、ヴェーネトの回収は、普墺戦争におけるプロイセンの勝利によって一八六六年に実現するが（第三次独立戦争）、トレンティーノ、ヴェネツィア・ジュリア、イストリア、ダルマツィアなどはオーストリア領のまま残され、のちに未回収地《イッレデンタ》奪還を目指す民族主義運動の課題となる［第9章を参照］。ローマの回収は、教皇の世俗権と、世俗的権威に対する優越に固執する教皇ピウス九世を前に難航した。ピウス九世は、一八六二年に『謬説表《シッラボ》』（異端八〇条）を発表して社会主義や共産主義とともに自由主義をも誤謬と断じ、信者に対してイタリア王国国政選挙への不参加《ノン・エクスペディト》を呼びかけた。それでも一八七〇年、普仏戦争が勃発してローマ駐留フランス軍が撤退すると、イタリア王国軍は教皇領を占領し、ローマ併合を成し遂げた。この後、ピウス九世は保障法を拒否して政府関係者の破門に及び、カトリック勢力は、統一国家の存在を認めずに国政選挙では棄権しつつ、地方選挙への参加と既存の教会制度を通じて信徒に働きかけていくこととなる。

財政再建も右派政権の課題であった。統一国家は、サルデーニャ王国が対オーストリア戦争に要した莫大な費用をはじめ、統一前の諸国の債務を引き継いだ。そこに第三次独立戦争や匪賊弾圧に要した軍事費、鉄道網や運河など産業基盤整備のための公共事業費が生じて政府は国債を濫発し、一八六六年の財政赤字は六〇％に達した。これに緊縮財政と消費課税を中心とする増税政策で対応し、一八七五年には均衡財政が達成されるが、国民は多大な負担を強いられた。とくに一八六九年に導入された製粉税は、農村では自家消費用の穀物を村の水車小屋で製粉するたびに支払わなければならず、エミリア地方をはじめ全土で農民反乱を引き起こした。

右派政権は、一八六六年から翌年にかけて南部の教会財産の没収・売却を実施した。しかし、ほとんどの土地は貴族や農村ブルジョワジー、商人による投機的な買い占めに終始し、わずかな土地を得た農民も、資力の不足によりそれを維持することは困難だった。また、右派政権による自由貿易政策は、旧王家の保護下にあった南部の家内制手工業に壊滅的な打撃を与えた。こうして、統一前から存在した南部と北部の社会的・経済的な違いは、統一国家の政策により格差として固定されることになる。

一八七〇年代には、トスカーナ地方を中心とする右派の論客、パスクアーレ・ヴィッラリ、シドニー・ソンニーノ、レオポルド・フランケッティらにより、南部社会の悲惨な状況が政策課題として告発された。とくにソンニーノとフランケッティは私費での調査にもとづき、大土地所有制による農業の停滞、農村ブルジョワジーによる農民の収奪、地方行政の腐敗など、南部問題の原因を実証的に分析した。しかし彼らは、政策提言としては、南部の腐敗した支配階級に代わり、国家が南部に介入して財政政策や行政改革をおこなうとの展望しか描くことができなかった。南部の収奪を基礎とした北部の発展という統一国家の構造的問題や、南部を主体とした解決策の提起は、世紀末以降にジュスティーノ・フォルトゥナートやフランチェスコ・サヴェーリオ・ニッティによってなされることとなる。

2　左派政権の時代

統一のイニシアティブを逸した民主派は、統一後もまとまった運動を形成できず、議会内左派として活動する者と、王制に満足せず、労働者の相互扶助や協同組合運動を通じて普通選挙の実現を追求する共和主義者（マッツィーニ主義者）に分かれて活動した。一八七〇年代には、議会内左派にも分裂が生じ、選挙権の拡大や教育制度改革など一定の民主的改革を掲げる主流派（歴史的左派）に対して、フランチェスコ・デ・サンクティスに代表される南部選出議員たちが青年左派として名乗りをあげ、行財政改革を訴えた。この頃、右派政権は南部に対する公共事業を軽視し、南部に軽い地税の改定も検討し始めており、青年左派はこれに反発したのである。一方、右派とその支持層の内部でも、鉄道利権をめぐる利害の衝突により結束に乱れが生じていた。こうして一八七四年の選挙では右派・左派の勢力が伯仲し、両者が入り乱れた勢力争いの結果、一八七六年にはガリバルディの同志でもあった歴史的左派のアゴスティーノ・デプレーティスが組閣することとなった。

右派・左派内部での利害の不一致を背景に成立した左派政権は、左右の両派を問わず、選挙区への公共投資をはじめとするさまざまな利権を供与して個別的な妥協を促すことで、多数派を維持することになる。この結果、とくに有権者数の少ない南部では利権をにぎる議員と選挙民とのあいだに保護《パトロン》－被保護《クライアント》関係が形成され、一八七六年末の選挙では左派が圧勝した。このとき、南部では弁護士や自由業のブルジョワジーを中心に多くの新人議員が誕生し、南部富裕層の子弟が民間企業よりも行政・司法職を目指す傾向が定着していく。

デプレーティスの多数派工作にみられるように、政策理念よりも個別利益の保証によって一時的に連合を形成する政治手法を「トラスフォルミズモ」といい、その後のイタリア政治にもよくみられる現象となる。従来、このトラスフォルミズモは、地方行政の腐敗やイタリア特有の縁故主義《クリエンテリズモ》の温床ともみなされてきた。だが、最近では、一九世紀ヨーロッパには他の自由主義諸国にも同様の現象がみられ、体制の社会的基盤が弱いなかで政局の安定をはかるひとつの政治システムであったとみる研究が出てきている。

左派政権の成立は、当時は「議会革命」といわれるほど驚きをもって受けとめられた。だが、デプレーティスらの左派政権が続いた一八八七年までのあいだ、一定の民主的改革は実現したとはいえ、体制の根本的変革はなされなかった。そのあいだに、議会内左派のうちでもミラノを地盤とするアゴスティーノ・ベルターニやフェリーチェ・カヴァロッティは、トラスフォルミズモに反対してより原則的な民主主義を主張し、急進主義者と呼ばれるようになった。彼らは議会外の活動にも力を入れ、急速に工業化を遂げつつあったミラノやその周辺で労働者の組織化や教育活動に努めた。

左派政権による民主的改革には、未就学児の親への罰則により就学義務の徹底を目指したコッピーノ法（一八七七年）、選挙権年齢を満二五歳から満二一歳に引き下げて納税額の制限を大幅に緩和し、識字能力を有する者には税額にかかわりなく選挙権を認めた改正選挙法（一八八二年）、九歳未満児童の工場や鉱山、採石場での労働を禁じたベルティ法（一八八六年）をはじめとするいくつかの社会立法がある。しかし、学校設置をコムーネにゆだねたままのコッピーノ法は就学率向上を果たせず、ベルティ法は査察体制が不備なために死文と化した。改正選挙法は、財産要件の緩和により都市の中小ブルジョワジーに、識字要件により北部の職人や労働者の上層部に選挙権を与え、有権者は国民の七％程度に増加したが、貧しく識字率も低い南部農民は、この恩恵とはほとんど無縁であった。選挙公約のひとつであった租税の軽減も紆余曲折を経て、一八八四年に製粉税の廃止としてようやく実現した。

左派政権時代には、アフリカへの拡張政策が緒につき、保護関税の導入により、のちにアントニオ・グラムシが「農業－工業ブロック」[第13章を参照]として定式化するイタリア帝国主義的支配の基礎が築かれた。左派政権は、一八八二年にドイツ、オーストリアと三国同盟を締結し、紅海沿岸にアッサブ、マッサワの両港を獲得して一八八五年にはエチオピアとのエリトリア戦争に突入した。保護貿易への傾斜は以前からみられたが、一八八七年には、このアフリカ増兵を口実として農工両部門に保護関税が導入され、農業家層には利益に、新興の工業部門には負担になっていた右派の自由貿易政策は大きく転換された。

左派政権は、右派以上に介入的な工業育成政策をとり、政府主導で、当時の二大海運会社の合併によるイタリア総合海運の誕生（一八八一年）、テルニ製鉄会社の設立（一八八四年）がなされた。保護関税導入は、安価な外国産の米や小麦の流入によって農業不況の渦中にあった北部の穀作農業家層と、国の介入で成長を開始した北部工業家層の要求によるものだが、同時に、粗放的な小麦栽培を放置する南部の大土地所有者の利益にも適合するものであり、南部でもブドウ、オリーブ、かんきつ類などを輸出する比較的生産性の高い農業家は報復関税により打撃を受けた。保護関税により大土地所有制が温存されて南部農民はますます経済的・社会的な発展から取り残される一方で、北部の産業は、南部を市場とし、南部の支配層との構造的関係のもとにその後の発展を遂げる。

3　民衆運動の組織化

イタリアでは、一八七〇年代まで近代的な大工場はめずらしく、「労働者」の大半は手工業職人であった（図4－2）。とくに北部の繊維産業は、農民が副業としておこなうか、農閑期の農民を季節労働者に雇用して営む場合も多く、「労働者」は農民とも未分化であった。工業発展の遅れは、会費を積み立て、冠婚葬祭や疾病・失業時に手当を支給する相互扶助会の在り方にも影響した。同様の組織は他国にもみられるが、イタリアの場合、職種別ではなく、地域ごとにあらゆる職種を組織するものが大半であった点、労働者の自主的組織ではなく、貴族やブルジョワジーの篤志家を中心につくられるものが多かった点に特徴がある。この相互扶助会は、統一後には北部を中心に全国に広がり、年一回の全国大会では、共和主義者の主導で「普通選挙の実現」が政治課題として採択されるようになる。総会員数は、一八六二年のおよそ一一万人から、一八八五年には三三万人へと増加し、そこには一九世紀末までマッツィーニの影響が強く残り続ける。

図4－2　20世紀初頭のコモ周辺の製糸工場（まだ機械化がなされていない）

出典：AA. VV. (1989) *Il parlamento italiano 1861-1988, vol. III, 1870-1874, Il periodo della Destra,* Milano : Nuova Cei, p. 203

一方、一八六四年には、イギリス、フランスの労働者団体を中心に、労働者間の国際連帯を目指して国際労働者協会（「第一インターナショナル」、以下「インター」と略す）が設立され、その動向がイタリアにも影響を与える。インターでは、マルクス、エンゲルスを中心とする総評議会と、ロシアの無政府主義者《アナーキスト》ミハイル・バクーニンとが主導権をめぐって争い、バクーニンは自身の勢力拡大をねらって、一八六四年から一八六六年にかけ、まだマルクスやエンゲルスの名が知られていなかったイタリアに滞在した。

イタリアの中・南部では、サルデーニャ王国中心の統一への批判からもともと分権的志向が強く、バクーニンと接触した民主派のなかには、コムーネの自治や貧困などの社会問題解決のための階級的運動を掲げてインターの支部を結成する者も現れた。彼らは、組織政党の規律ある運動によってプロレタリアート国家の樹立を目指すマルクス、エンゲルスに対立すると同時に、政治的統一や国民の一体性を重視して自治や階級対立を否定するマッツィーニの影響からも脱していく。彼らアナーキストによるインター支部の設立は、政府の弾圧を経ながらも中・南部で進展し、一八七二年には、リーミニでインター支部全国連合の結成に至る。同連合は、各国の運動を統制しようとするマルクス派総評議会を「権威主義的」と断じ、インター各支部の自主性を主張するバクーニン派に与していた。

一八七四年にはイタリアに九一のインター支部が存在し、そこにはブルジョワジーの子弟とともに多くの伝統的手工業者や職人、非熟練労働者が含まれていた。だが、エーリッコ・マラテスタ、カルロ・カフィエーロ、アンドレア・コスタらアナーキズムの指導者たちは、組織的運動よりも、蜂起によって人民の意識と自発的行動を喚起することを重視した。そこにはバクーニンだけでなく、ブルボン支配からの南部解放を目指してサプリ遠征（一八五七年）を企てた民主派カルロ・ピサカーネの影響もあった。彼らは、一八七四年にはボローニャ、一八七七年にはベネヴェント近郊マテーゼ山地の山村で蜂起を試みるが、いずれも失敗に終わり、その弾圧によってアナーキズム運動は大きく後退する。折しも左派政権が成立し、選挙権拡大が期待される時期であった。

他方、王国経済の中心として産業発展が緒に就いたミラノでは、アナーキズムの影響は小さく、急進主義者や『プレーベ（平民）』誌の編集者エンリコ・ビニャーミやオズヴァルド・ニョッキ゠ヴィアーニが、労働者の職業別組織化を進めていた。『プレーベ』は、民主派、パリ・コミューン、エンゲルスなど幅広い思想や運動を紹介し、一八七六年には、同誌の主導により、合法的政治活動による社会変革を目指す労働者組織の連合として、インターナショナル北イタリア連合が結成された。マテーゼ蜂起後に亡命していたコスタは、一八七九年、この『プレーベ』誌に「ロマーニャの友人たちへ」と題した手紙を寄稿し、蜂起とならんで議会や選挙への参加も革命の手段になりうると訴えた。コスタの地元ロマーニャでは、やがてこの「転向」をめぐる激しい議論を経てロマーニャ革命的社会党（のちのイタリア革命的社会党）が結成され、コスタは一八八二年の下院選挙で同党候補として当選し、イタリア初の社会主義議員となる（図4-3）。

選挙法改正後の一八八二年選挙では、ミラノの労働者のなかにも「イタリア労働者党」を名乗り、「労働者自身による労働者の解放」を掲げて独自に候補を擁立する動きがみられた。その得票はわずかであったが、彼らが主張した「ストライキを目的とする抵抗組合の設立」はロンバルディアを中心に北部一帯で進展し、一八八五年には、それら抵抗組合の連合体としてイタリア労働者党の創立大会が開催された。当時のイタリアでは、刑法でストライキが禁じられ、共和主義者や急進主義者も、労働者の生活向上は相互扶助や使用者の善意により実現されるべきだと考えていた。労働者党の設立は、北部労働者のうちに、使用者に対抗して自らの手で改善を勝ちとろうとする階級的意識が芽生えていたことを示している。一方、農業不況を背景に就労日数が激減したポー平野の日雇農業労働者たちも、このころ激しい契約改善闘争を展開し、抵抗組合や協同組合の組織化を進展させていた。一八八五年末、三万人の加盟者を擁する労働者党は、この農業闘争の渦中にあるマントヴァで党大会を開催し、農民たちとの連帯を確認した。

一八八六年、労働者党の勢力拡大を危険視したデプレーティス政権は同党を解散し、指導者を逮捕する。このとき、フィリッポ・トゥラーティら一部の急進主義者は労働者党を全面的に擁護し、これを機に労働者を基盤とする

図4-3　議会でクリスピ政権が導入した強制居住指定の廃止を訴えるアンドレア・コスタ

出典：A. De Jaco, a cura di (1971) *Gli anarchici : cronaca inedita dell'Unità d'Italia,* Roma : Riuniti, p. 352

社会主義政党の結成を模索するようになった。この弾圧は、これまで労働者自身による経済闘争を重視してきた労働者党にとっても、知識人との協力や政治活動の必要性を実感させるできごとだった。一八八九年、トゥラーティはロシア人亡命者アンナ・クリショフとともに、労働者党の一部指導者も巻き込んでミラノ社会主義同盟を結成し、のちに社会党機関紙となる『クリティカ・ソチャーレ（社会批判）』誌を発刊して社会主義の宣伝に努める。

こうしたミラノの動きは全国の労働者や知識人を巻き込み、一八九二年にはジェノヴァで、賃労働の廃止や生産手段の社会化を掲げる初の全国的社会主義政党として、イタリア勤労者党（同党は一八九五年にイタリア社会党となるので以下「社会党」と略す）が結成される。しかし、南部からの参加は少なく、加入者はロンバルディアを中心とする北部の労働者や社会主義者が大半を占めた。コスタは、政治活動を拒否するアナーキストも含めた結党の方向性を模索するが果たせず、自らの党を率いて社会党に加わった。

トゥラーティは、当時のドイツ社会民主党にならい、国家権力の奪取ではなく議会活動による改革の積み重ねを通じて社会主義が達成できると考えていた。マルクスの弁証法的歴史観が、歴史的変化の根底に対立物間の闘争をみるのに対し、トゥラーティは、当時のヨーロッパに流行していた実証主義にもとづき、歴史をより高度な段階への法則的発展として単線的に理解していた。この漸進的進歩史観は、近代的プロレタリアートが未成熟なイタリアには受け入れられやすい面もあったが、社会の変化を歴史の必然として主体的な働きかけを軽視し、体制に迎合する危険性も有していた。これに対して、ヘーゲル研究から晩年にマルクス主義へと接近したナポリの哲学者アントニオ・ラブリオーラは、歴史的変化における主体的関与を重視し、マルクス主義を「実践の哲学」として理解したが、当時の社会主義運動に対してトゥラーティほどの影響力はもたなかった。

トゥラーティやクリショフは、ドイツ社会民主党にならって社会主義運動の中心は党であり、労働者の組織や運動は党の指導のもとにあるべきだと考えていた。しかし、地域的多様性の大きいイタリアでは産業別全国組合の形成は遅く、第一次世界大戦前までは、労働運動を集約する場として、各都市の労働会議所が大きな役割を果たした。労働会議所は、フランスの労働取引所《ブルス・ドゥ・トラヴァーユ》にならって設立された地域単位の労働組合組織である。一八九一年のミラノ、ピアチェンツァでの設立を皮切りに北部を中心に全国に広がり、職業紹介機関としてコムーネからも補助金を得て、労働者の組織化と労働運動の支援、労使紛争の仲裁、協同組合の促進、職業・技術教育など多彩な活動を展開した。産業別全国組合の加入者数がこの労働会議所の全加入者数を上回るのは、第一次世界大戦後のことである。

4　クリスピ時代

一八八七年、デプレーティスが急逝すると、左派のフランチェスコ・クリスピが南部出身者として初の首相となった。クリスピは、その後、二度にわたって通算六年近く首相を務め、国家主導による工業化、保護貿易体制、アフリカ進出など従来の左派政権と同様の政策により、ドイツを範とする「上からの」近代化と拡張的な対外政策を強力に推進する。しかし、その一方で、議会を国よりも個人や地方の利害が優先される場としたトラスフォルミズモを嫌い、行政権の強化による国家権威の回復をはかった。

クリスピ政権下では、一定の民主的改革も実現している。一八八八年の県・コムーネ法により、コムーネ議会の選挙権は国政選挙同様に拡大され、人口一万人以上のコムーネでは、国王がコムーネ議員から任命していた首長を、コムーネ議会が選出することになった。一八八九年のザナルデッリ刑法では死刑が廃止され、ストライキ禁止条項が削除された。一八九〇年の公的慈恵団体法（通称クリスピ法）では、慈善事業の効率性を高めるために、主に宗教団体や聖職者の管理下にあった既存の慈善団体が国家の統制下におかれた。その反面、県・コムーネ法では、県知事が長となる県行政委員会が新設され中央の監督が強まり、一八八九年の治安法では、集会の自由が制限され、特定人物の居住地を強制指定する措置が導入された。

クリスピの一見、民主的な政策は、より広範な層の国への統合による国家基盤の拡大を意図したものであり、彼は民

図4－4　20世紀初頭のアメリカにむかう移民船

出典：AA. VV. (1990) *Città, fabbriche e nuove culture alle soglie della società di massa, 1850-1920,* Milano : Electa, p. 73

衆運動には徹底した弾圧でのぞんだ。一八九四年には、シチリア・ファッシの運動や、ルニジャーナ地方で生じたアナーキスト蜂起に対していずれも戒厳令を布告して弾圧し、社会党やその傘下の諸団体を解散させた。シチリア・ファッシは、農業不況や保護関税に起因する景気低迷への対応としてシチリアの諸都市につくられた職人や労働者の組織で、賃金や労働条件改善の経済闘争、協同組合、相互扶助、教育・文化活動などさまざまな活動をおこなった。ところが、農村部にも広がるにつれ、農民は、未耕作地の分配や農業契約改善、税の削減などを要求して役場や高利貸し、地主宅を襲撃するようになった。シチリア・ファッシは、社会党結成に南部から加わった数少ない勢力のひとつであったが、大半が北部出身者である社会党指導部は、農民ファッシの秩序を欠いた行動の背景にある彼らの潜在的要求をくみとることができず、政府の弾圧を批判しながらも「単なる飢餓暴動」として党との関係を否定した。

　社会党は、こうしたクリスピによる弾圧に直面し、社会主義運動発展の前提として市民的諸権利の獲得が重要であるとの認識を強め、急進主義者や共和主義者との選挙協力を決定する。一八九五年の社会党パルマ大会では、当面の基本方針として、普通選挙、男女平等、コムーネの自治、小作契約の改善と未耕作地の分配、累進課税、八時間労働制と児童・女性労働の保護、公教育の年限延長と無償化、出版に関する制限の撤廃など、従来から議論してきた民主主義的諸要求を「最小限綱領」として採択した。この結果、社会党は、一八九五年には一〇議席、一八九七年には一六議席と国政選挙のたびに議席を伸ばし、党内では最小限綱領を支持する改良派が主流となる。しかし、社会党の主な支持基盤はなお北部の労働者や中小ブルジョワジー、ポー平野の日雇農業労働者にとどまり、それ以外の農民層、とくに南部農民には支持を拡大することができなかった。

他方、カトリック勢力も、農業不況や労働問題の激化、社会主義勢力の伸長への対抗として徐々に労働者や農民の組織化に着手する。教皇レオ一三世による一八九一年の回勅『レールム・ノワールム（新しき事柄について）』はこうした信徒の社会活動を正式に公認したもので、その後、カトリック勢力は、繊維産業を中心とする低賃金女性労働者の労働組合や、小作人・小自営農民への低利融資のための農村金庫など、社会党の影響が浸透していない層に対する働きかけを強めていく。しかし、これらの活動もロンバルディアやヴェーネトなどの北部に集中し、南部ではあまり進展がなかった。

南部では、社会党やカトリック勢力の影響が小さかっただけでなく、抵抗組合や相互扶助会、協同組合などの存在自体が限られ、つくられても短命に終わるのが常であった。組織的運動の基盤を欠いた南部農民には、自然発生的な運動による不満の表出か、移民かの選択しか残されていなかった。すでに統一前から、イタリアの一部には比較的遠方に働きに出る伝統的慣習が存在したが、一八八〇年代には農業不況を背景に移民が急増する。一八八〇年に一二万人であった移民は、一八八八年には二九万人、一九〇一年には五三万人にも達し、とくに当初は大部分を占めていた北部からヨーロッパ諸国への移民に代わり、南部から南北アメリカにむかう移民が増加した（図4-4）。

5　世紀末の危機

クリスピは、従来の左派政権以上にアフリカ侵略を進め、一八八九年にはエリトリアとソマリアの植民地建設を開始し、一八九三年にはエチオピア領にも軍事侵攻をはかる。しかし、一八九六年にアドワでエチオピア軍に大敗を喫し、その責任をとる形で政界を退いた。

クリスピの時代には、厳しい弾圧にもかかわらず、民衆運動がこれまでになく高まりをみせた。クリスピ後の首班は、右派の主導でなければ議会で多数派を形成できず、国王の支持も得られなかった。こうして第二次クリスピ内閣の前に短期間、首相を務め、社会党や民衆運動に寛容な姿勢を示したジョヴァンニ・ジョリッティは敬遠され、シチリア出身ながら熱烈なサヴォイア王家支持者であったアントニオ・ディ・ルディニが組閣することになった。

一八九八年、前年の不作と米西戦争の影響による穀物輸入の減少からパンの価格が高騰し、民衆の抗議運動が全土に広がった。中部や南部で発生した暴動は半島を縦断し、ミラノでは、デモの鎮圧で死者が出たのを機に連鎖的にストライキが起こり、情勢は緊迫した（図4-5）。ディ・ルディニ政府は戒厳令を布告してこれを軍隊で鎮圧し、ミラノでは一〇〇人以上の市民が犠牲となった。さらに、この事件への関与の有無にかかわらず、社会主義や急進主義、労働運動の諸組織はもとより、カトリック系の諸団体までもが解散させられ、関係者が逮捕された。しかし、こうした過酷な弾圧にもかかわらず、民衆運動は収まらず、一九〇〇年には国王ウンベルト一世が暗殺され、ジェノヴァの労働会議所閉鎖命令に対する抗議のゼネストもおこなわれた。

図4-5　1898年ミラノ暴動，市電車両で築かれたバリケード
出典：F. Della Peruta, a cura di (1995) *Storia illustrata di Milano, vol. 2, Milano nello Stato unitario,* Milano：Elio Selino, p. 547

やがて、自由主義勢力は、社会党をはじめとする批判的勢力を力のみで抑圧することの限界を意識し、容認して体制内に統合する道を探ることになる。

参考文献

梅根悟ほか（一九七七）『イタリア・スイス教育史』（世界教育史体系13）講談社。
北原敦（一九七一）「リソルジメントと統一国家の成立」『岩波講座世界歴史20』岩波書店、一五五-二一八頁。
北原敦編（二〇〇八）『イタリア史』（新版世界各国史15）山川出版社。

北村暁夫（二〇〇五）『ナポリのマラドーナ――イタリアにおける「南」とは何か』山川出版社。

北村暁夫・小谷眞男編（二〇一〇）『イタリア国民国家の形成――自由主義期の国家と社会』日本経済評論社。

北村暁夫・伊藤武編著（二〇一二）『近代イタリアの歴史――一六世紀から現代まで』ミネルヴァ書房。

堺憲一（一九八八）『近代イタリア農業の史的展開』名古屋大学出版会。

ジョル、J（一九七五）『アナキスト』萩原延寿・野水瑞穂訳、岩波書店。

ダガン、C（二〇〇五）『イタリアの歴史』（ケンブリッジ版世界各国史）河野肇訳、創土社。

竹内啓一（一九九八）『地域問題の形成と展開――南イタリア研究』大明堂。

ヒューズ、S（一九九九）『意識と社会　ヨーロッパ社会思想史一八九〇―一九三〇』（新装版）生松敬三・荒川磯男訳、みすず書房。

藤澤房俊（一九九二）『匪賊の反乱』太陽出版。

――（一九九三）『「クオーレ」の時代――近代イタリアの子供と国家』筑摩書房（一九九八、ちくま学芸文庫）。

プロカッチ、G（一九八四）『イタリア人民の歴史Ⅱ』豊下楢彦訳、未來社。

ホブズボーム、E・J（一九八八）『帝国の時代Ⅰ・Ⅱ』野口建彦ほか訳、みすず書房。

村上信一郎（一九八九）『権威と服従――カトリック政党とファシズム』名古屋大学出版会。

森田鉄郎編（一九七六）『イタリア史』（世界各国史15）山川出版社。

山崎功（一九七〇）『イタリア労働運動史』青木書店。

Candeloro, G. (1968) *Storia dell'Italia moderna V, La costruzione dello stato unitario*, Milano : Feltrinelli.

―― (1970) *Storia dell'Italia moderna VI, Lo sviluppo del capitalismo e del movimento operaio 1871-1896*, Milano : Feltrinelli.

Clark, M. (2008) *Modern Italy, 1871 to the Present* (3rd. ed.), Longman.

Davis, J. ed. (2000) *Italy in the Nineteenth Century 1796-1900*, OUP.

Romanelli, R. (1979) *L'Italia liberale (1861-1900)*, Bologna : Il Mulino.

Columun

II　木靴の樹

山手昌樹

国土の八割を山間・丘陵地が占めるイタリアにあって、数少ない平野部が広がるポー川流域では、市場向けの大規模な農業がおこなわれてきた。農業経営者は、土壌を改良し、合理的な輪作体系を取り入れ、生産性の向上に努めた。だが、なにより資本主義的な農業経営を可能にしたのは、土地や家を持たない農民の存在であった。

一九世紀末、ロンバルディア地方ベルガモ近郊の農業基地《カシーナ》に暮らす四世帯の農民家族が、この映画の主役である。監督は、実際の農民や一般人にその役を演じさせ、バッハの旋律に農民世界の悲哀をゆだねた。そこに、時を告げる教会の鐘の音や労働歌、終業を告げる紡績工場のサイレン、断末魔のブタの叫び声、新生児の産声、それから木靴の足音が重なり合う。

農民の食事はきわめて質素で、トウモロコシ粉をゆでたポレンタとスープが常食である。貧農は、それを物乞いに分け与え善行を積むことで天国への道を約束される。彼らは、とくに夜の長い冬場に家畜小屋に集まって暖をとる。「夜の集い」である。女性は編み物をし、男性は愉快な語りを楽しむ。文字の読み書きができない農民にとって、それは単なるおしゃべりをこえて教養となっていく。だが、なかには語りなどまったく耳に入らない輩もいる。夜の集いは、若い男女の出会いの場でもあったのだ。

意中の女性を射止めたステーファノは、教会で結婚の秘跡を受けたのち、河川舟運でミラノを訪れる。街では労働者と官憲が衝突し、多くの逮捕者が出ていた。新婚夫婦は、鎖につながれた彼らの列に戸惑いながらも花嫁の伯母がいる修道院へ到着する。そこで初夜を迎えた夫婦を翌朝待ち受けていたのは、一歳になったばかりの孤児であった。この子が一五歳になるまで夫婦には養育費が支給され、その後は稼ぎ手として夫婦を助けるのだろう。

オルミ監督は二〇一四年、第一次世界大戦を舞台にした『緑はよみがえる』を公開した。『木靴の樹』の精神はなおも健在である。

原題：L'albero degli zoccoli
制作：1978年
監督：エルマンノ・オルミ

第5章　アルベルト憲章と議院内閣制

高橋利安

イタリア王国憲章は、統一イタリアの最初の憲法であり、ファシズム体制崩壊を受けて憲法制定議会の招集が決定された一九四四年まで、一箇条も改正されることなく、その生命を保った。すなわち、イタリアは、同じ憲法典の下で寡頭的議会制、自由民主主義制、ファシズムという三つの異なった政治体制を経験したことになる。このため、王国憲章には、イタリア自由主義を体現し、王国に議会制の確立と市民的・政治的自由の保障をもたらしたという肯定的な評価と、ファシズムの権力掌握を防ぐことができなかったという否定的な評価が混在している。

王国憲章は、イタリア王国の成立にあたり新たに制定されたものではなかった。イタリアの統一が、サルデーニャ王国への他の国家の併合として実現したこともあり、サルデーニャ王国憲章（下賜した国王の名にちなみアルベルト憲章と呼ばれる）が国民の意見表明の機会もなくそのまま王国憲章となったのであった。

この章では、アルベルト憲章の条文の内容紹介だけでなく、憲章がイタリアの国民国家形成に果たした役割も検討する。また、同じく欽定憲法で一度も改正されず、立憲政治が一時期実現したが、軍国主義の台頭により機能不全に陥った明治憲法との共通性も視野に入れる。

1 イタリア王国憲章の誕生

イタリア王国は、自らの憲法を制定することなく、統一前に存在した七つの国家の一つで、イタリア統一を指導したサルデーニャ王国の憲法典（アルベルト憲章）をそのまま王国憲法とした。これは、統一が事実上、他の六カ国のサルデーニャ王国への併合として実現したことに起因している。イタリア王国の基本的な政治・行政・法律制度は、サルデーニャ王国の制度を基盤としている。そのため、イタリア王国憲法の検討は、アルベルト憲章の制定から始めなくてはならない。

アルベルト憲章は、憲法制定議会あるいは革命の産物ではない。カルロ・アルベルト国王が任命したピエモンテ貴族出身の閣僚をメンバーとし、国王が主宰する枢密会議によって起草され、国王が臣民に下賜した欽定憲法である。一八四八年ヨーロッパ革命の一環としてイタリア諸国では憲法の制定を求める民衆の一部暴徒化した運動が生じた。それに直面した国王とその側近は、近代憲法の制定を求める要求を抑え込むために憲章（憲法ではない）を先取り的に制定したのであった。近代的憲法とは、フランス人権宣言一六条（「権利の保障が確かでなく、権力分立も定められていない社会はすべて、憲法をもつものではない」）が規定するように、権力を制限することによって人権を保障しようという基本理念にもとづく憲法を意味する。

このことは、憲章起草者の次のような証言から確認できる。すなわち、内務大臣であったボレッリは、憲章の欽定をためらう国王に対して、「われわれに憲章の制定が強制されるのを許してはならない、それゆえ、われわれが憲章を授けなくてはならない。われわれが条件を決定するのであって、条件に従ってはならない」（Cassese 2011：62）と発言し、憲章の下賜を強く促した。また、司法大臣アヴェは、「憲法は、代議制との調和が可能な範囲で国王の自立を最大限に維持しなくてはならない」（Cassese 2011：62-63）と国王大権の保持を主張した。実際、アルベルト憲章は、法案の事前審査機関であった国事院への諮問も議会の審議・議決も経ることなく、一八四八年三月四日、国王が神の恩寵にもとづいてサルデーニャ臣民に下賜した。憲章は、翌日、首都トリノで刊行されていた官報にイタリア語で、サヴォイア公国時代の首都であったシャンベリで発行されていたフランス語版官報にフランス語で掲載され、最終的に五月八日に施行された。

では、なぜ憲法ではなく憲章という言葉を選択したのであろうか。その理由は、「憲法（costituzione）」という言葉は、フランス大革命の記憶やほぼ同時期にパリで招集された憲法制定議会のような事件を想起させるからである。また「憲章（statuto）」が、イタリア法文化の伝統である自治都市との関連を想起させ受け入れやすかったからでもあった。

実際の憲章の起草過程は、非常にあわただしく、二月七日の長時間にわたる枢密会議で、憲章の第一次草案ともいえ

図5-1　憲章に親署するカルロ・アルベルト国王（トリノ，イタリア国立リソルジメント博物館所蔵）

図5-2　トリノのサン・カルロ広場でアルベルト憲章の公布を喜ぶ市民（トリノ，イタリア国立リソルジメント博物館所蔵）

図5－3　統一イタリアで最初の下院開会式

出典：Biblioteca della Camera dei deputati, *Primo parlamento italiano nelle collezioni della Biblioteca Camera dei deputati, Catalogo della mostra, 18 febbraio 19 marzo 2011*, p. 117

る一四箇条からなる「基本原則」が決定され、翌日の八日に公表された。その後、枢密会議での審議はわずか五回のみで、三月四日に国王の親署がなされ（図5－1）、五日に公布された（図5－2）。「革命」の恐怖に支配され熱に浮かされた起草過程では、枢密会議の公用語でもあったフランス語で書かれたウィーン体制期の代表的憲法である一八一四年および一八三〇年フランス憲章や一八三一年ベルギー憲法がモデルとして参照された。会議では、君主主権と議会主義の組み合わせの在り方をめぐり激しくやり取りされたが、最終的には多様な解釈が可能な「開放的な」規定に落ち着いた。

革命的な状況が終焉するなかで、他の国家君主が、憲法を施行停止、廃止したのに対して、アルベルト憲章は、唯一生き残った。とくに第一次独立戦争での敗北の責任をとって退位したアルベルトに代わって即位したヴィットーリオ・エマヌエーレ二世も、憲章の遵守を誓ったことで、憲章は三色旗（国旗）とともにサヴォイア王朝の目指す自由主義的原理にもとづく国家統一のシンボルとなった。このシンボルを定着させるために一八五一年に五月の第二日曜日を「憲章の日」と定め、国民の祝日とした。五月の第二日曜日が選択されたのは、憲章が公布された後、最初に下院がカリニャーノ宮殿で開催されたのが、五月の第二週目の一八四八年五月八日であったからである。統一が実現した一八六一年には六月の第一日曜日が「統一と憲章の日」となり、ファシズム体制の祝典にとって代わられるまで祝日であり続けた。

イタリアの統一は、他の諸国の国民に「ヴィットーリオ・エマヌエーレ二世を国王に戴く立憲君主国への合併に賛成か否か」を問う国民投票によって成し遂げられた。イタリア王国の正式な成立は、一八六一年におこなわれた最初の総選挙を受けて招集された議会による「サルデーニャ王ヴィットーリオ・エマヌエーレ二世およびその後継者がイタリアの王の称号を得る」という政府提出法案の可決という手続きをとった（図5－3）。

すなわち、実際のイタリア統一は、「国民共同体としてのイタリア人民が、自らの政治体制に関して自由、直接、完全に意見を表明することの必要性」を訴え、憲法制定議会が制定する「国民の協定」としての憲法を要求したマッツィーニの理念を排除しておこなわれた。マッツィーニ派を排除したイタリア統一は、「国民の協定」としての憲法という民族的・人民的大義を君主・政府の企てへと変質させた。憲章は「人民が自分自身の政府を構成するときに依拠した憲法」ではなく「政府が人民に押し付けた憲法」となった。換言すれば、王国憲法はその選択の過程への民衆の参加が排除されたことで民衆の支持基盤が狭い憲法となったのである（井口 一九九八：二四－二七）。

2　アルベルト憲章の基本的特徴

憲章の基本的な特徴を整理することにしよう（条文については、北村・小谷編 二〇一〇：二九三－三〇二を参照）。

まず挙げられるのは、軟性憲法という点である。アルベルト憲章には改正条項が欠如していることから、通常の立法手続きで改正が可能な軟性憲法であるとされてきた。また、この軟性憲法であることが憲法原則を破壊するような立法権の乱用を統制できず、ファシズムによる権力掌握と体制の強化を許したひとつの要因であり、憲章の欠陥であると理解されてきた。しかし、「君主国の永遠にして廃棄できない憲章かつ基本法」という前文の文言や八一条（「憲章に反するあらゆる法律は、廃止される」）が示す、憲章の法律に対する「優位性」などを根拠として軟性憲法であることを否定する見解もある。

次に人権規定に関しては、割かれている条項がわずか九箇条で、規定の文言が曖昧で権利の一覧も少ないという特徴が挙げられる。すなわち、憲法上の権利としては、法の下の平等、法律によらない逮捕の禁止・住居の不可侵といった人身の自由、出版・集会の自由、所有権があるのみで、結社の自由は排除されていた。統治階級にとって最大の関心事であった所有権だけが「いかなる例外もなく不可侵」とされたが、市民的自由については、その権利の行使の限界は法律で定めるとしたことで、立法権が憲法上の権利を制約することに道を開いた。

また、憲章は、一条でカトリックを唯一の国教と定めているが、まったく法的意味はなくむしろ象徴的な規定と理解されており、他の信仰に対する寛容も認めているので個人の信仰の自由を保障しているといえる。宗派間の平等は、実際には法律によって、ヴァルド派に対する差別を撤廃し、封建制の残滓としてカトリック教会が歴史的に保持してきた特権を撤廃するという方法で達成された。ヴァルド派とは、一二世紀の中世ヨーロッパで発生した清貧を重視し、秘跡を排した教派である。一六五五年四月の復活祭の前後、サヴォイア家のカルロ・エマヌエーレ二世とフランス王国の連合軍は、ローマ教皇庁の了解のもと、ピエモンテの渓谷地帯に住んでいた信者を虐殺した。

統治構造の特徴としては、以下の四点が挙げられる。第一に、三権分立の建前はとられているが、全八四箇条のうち、二二箇条も国王に関する条項に割かれており、国王中心の統治構造となっている。すなわち、議会と共同行使する法律制定権（三条）、法律の裁可・公布権（七条）、議院の招集・停会・解散権（下院のみ、九条）、法案提出権（一〇条）といった立法大権と、行政権の専属的帰属、軍隊の統帥権、戦争の宣言、条約締結権（以上、五条）、官吏任命権、行政命令制定権（以上、六条）、大臣の任命・罷免権（六五条）といった行政大権が国王に与えられている。その結果、国王は、「神聖不可侵」（四条）で、「国の最高の元首である」（五条）という基本的な性格をもつに至った。

しかし、これらの条項は、同時に国王の大権を憲章に明記し、それを憲章に従って行使することを義務づけているという側面も無視することはできない。

第二に、「国は、代議制議会にもとづく君主の政府がこれを統治する」（二条）という「政体」規定が注目される。この規定は、アルベルト憲章の基礎となった「基本原則」では、「完成された議院内閣制を確立する」としていたことを想起しても、それが具体的に何を意味しているのか曖昧である。この「政体」は、代議制議会（下院。非常に厳格な財産資格の制限選挙という限定があったが）という民主的正統性と、君主制という伝統的正統性の一定の「均衡」を前提としているといえるが、どのような「均衡」を想定しているのかこの規定だけからは明らかではない。しかし、第一の点と合わせて考えると、規範構造としては、伝統的な正統性（君主制）に基軸があるのは明らかである。

第三は、大臣の政治責任の在り方である。国王は、その権限の行使の政治的責任を負わないという原則（四条）から、国王が任命した大臣が政治責任を負う仕組みが採られる必要があった。六七条前段の「大臣は責任を負う」はまさにこれに応える規定であった。しかし、責任を負うべき相手が明示されず、大臣が責任を負う相手は、任命権者である国王に限定されるのか、それとも議会も含まれるのか（また国王と議会の双方なのか）という問題を生んだ。また、同条後段で大臣が政治責任をとる方式として大臣副署制（「法律及び政府の行為は、大臣の副署をともなっていない限り、効力を有さない」）を採用している。しかし、内閣や内閣総理大臣に関する規定は欠いている。

第四は、議会についてである。国王と共同して立法権を行使する議会については、下院（民選、任期五年）と上院（勅選、終身制、定数なし）から成る二院制を採用している。議長をはじめとした下院の役職は、下院内部で選出することの定めをおいている点は、下院の国王からの組織的独立性を保障したものと理解できる。また、財政負担を課す条約および領土の変更をともなう条約は、国王が締結しても両院の同意がない限り発効しないと規定し、議会に一定の外交大権に対する統制権を認めている。

以上のアルベルト憲章の統治構造に関する条項の整理から、憲章は、政府形態として「純粋立憲君主制」を採用しているといえる。純粋立憲君主制においては、国王の権限は、憲法に規定され、憲法に従って行使されることが求められるが、行政権は国王にのみ属し、大臣は国王によって任命され、国王にのみ責任を負い、立法権は、議会と分有する。その一方で司法官は、一定の独立性が保障されているが、司法は、行政権の内部に位置づけられ、法務大臣の監督下におかれる。これは王政復古期に特徴的なもので、議院内閣制といったより成熟した政府形態への移行を促進するという「暫定的」な政府形態である（井口 一九九八：二一七－二二二）。

実際、アルベルト憲章でも、内閣や内閣総理大臣に関する規定を欠いたこともあり、大臣は議会に対してではなく、任命・罷免権者である国王にのみ責任を負い、国王は「国政の指針」を決定する実質的権限を保持しているという理解が一般的であった。

3 議院内閣制の成立

実質的憲法ともいえる統治構造は、アルベルト憲章下で、憲章の条文にまったく手を触れることなく、寡頭的議会制、「議院内閣制」(自由民主主義体制)、ファシズム体制へと変化した。この統治構造の変化は、いずれも法改正、憲法習律、憲章の解釈変更といった「暗黙」の改正を通じておこなわれた。ここでは、二元主義的立憲君主制から「議院内閣制」への移行についての大枠を描くことにしよう。

まず、内閣と総理大臣の制度化の過程をみる。議院内閣制を語るうえで不可欠な機関である両者は、そのいずれも憲法上の機関としては規定されていなかった。しかし、アルベルト憲章下の第一立法期から官報への「告示」という形でいずれも暗黙裡に存在していた。また、一八五二年に歴史的左派との同盟の結果、下院における多数派の実質的な党首であったカヴールが国王から首相に任命され、第一次カヴール内閣が誕生したが、これが近代的な意味における最初の総理大臣の誕生であり、ここから内閣と議会との信任関係が始まった。

イタリア王国成立後は、中央官庁の改編とあわせて内閣制度の整備が緊急の課題となったが、その作業は遅々として進まなかった。内閣と総理大臣の権限を明確に定めた法令を最初に公布したのは、統一から六年後のリカーソリ内閣であった。この「総理府の権限について」を定めた「リカーソリ勅令」(一八六七年三月二八日勅令第三六二九号)は、まず、内閣の権限として、治安および通常の行政問題への対処、内閣提出法案や条約案の審議・承認、上院議員、国事院評議員、会計検査院検査官、県知事などの任命を挙げている。さらに内閣総理大臣の地位・権限を「内閣を代表し、各国務大臣の示す政治的・行政的指針の統一を保持し、政府綱領を確実に実施すること」（五条）と規定し、大臣・上院議長・副議長を任命する勅令、下院の招集・停会・閉会および解散に関する勅令への副署権を総理大臣に与えている（七条）。しかし、議会での支持を得ることができず、リカーソリ内閣は辞職し、後を受けたラッタッツィ内閣は、リカーソリ勅令を公布からわずか一カ月で廃止した。

内閣と総理大臣に関する第二の勅令は、リカーソリ勅令が廃止されてから約一〇年後に公布された「デプレーティス勅令」（一八七六年八月二五日勅令第三二八九号）であった。この勅令は、基本的な点でリカーソリ勅令の内容を継承したものであったが、総理大臣の権限について修正が加えられた（下院の招集・停会・閉会・解散勅令への副署権の規定の削除）。本勅令の施行によってようやく内閣（総理大臣の地位を含む）の制度化が軌道に乗り始めたが、内閣を支える安定した多数派の維持が困難であったため、期待された効果は生まなかった。

第三の勅令は、一九〇一年の「ザナルデッリ勅令」（一九〇一年一一月一四日勅令第四六六号）で、内閣総理大臣の権限を列挙し、各大臣がもっていた政治方針の決定に関する権限を総理大臣に移行したことで、総理大臣と内閣の権限の定義を一層明確化し、内閣制度における「転換点」を印したと評価されている。この勅令によって、他の閣僚に対する内閣総理大臣の優越性、内閣の一体性の原則が確立された。本勅令は、アルベルト憲章期に限定されず、一九八八年法律第四〇〇号「政府の活動及び総理府の制度の規律について」が制定・施行されるまで内閣制度に関する基本法令として重要な役割を果たした。こうして内閣制度は、法的制度として完成したが、多数派形成・維持の困難、民主的正統性にもとづく強固なリーダーシップの欠如から、総理大臣は法令上の規定にもかかわらず、多くの場合「同輩中の首席」にとどまった。

次に、政府に対する議会の信任投票の展開をみることにする。一八八二年に選挙権が拡大され、下院の地位が向上した。その結果、政府が議会に対して政治責任を負うべきであるという考えが有力になり、下院による政府への信任投票が憲法上の慣習となった。信任投票の制度は、以下の五段階を経て確立した。

第一に、質問または質疑を通じて、信任投票に類する投票がおこなわれたことがある段階。第二に、政府の所信表明について、表決に付すことなく討論する習慣が生まれた段階（一八八〇年代半ば以降）。第三に、手続的には確立していなかったが、予備的信任投票といえる制度が開始された段階（一八九二年の第一次ジョリッティ内閣成立に際して初めて実施された）。第四に、予備的信任投票が憲法習律化した段階（一九〇六年の第三次ジョリッティ内閣以降）。第五に、総選挙を経た新議会による現内閣に対する信任投票が憲法習律となった段階（一九〇九年、一九一三年、一九一九年、最後は一九二四年に実施されたムッソリーニ内閣に対する信任投票）。

信任投票制度の発展は、選挙権の拡大による下院の権威の増大に促されたもので、イタリアの議院内閣制が二元論から一元論の方向へと移行することを促したが、後述するようにイタリアの議院内閣制が完全に一元的議院内閣制へと純化することはなかった。

4　不安定な政権運営

アルベルト憲章体制のもとで「確立」した「議院内閣制」は、どのような特徴をもっていたのか。それは、内閣が議会により信任され、議会にのみ責任を負う一元主義的議院内閣制ではなく、内閣が自らの正統性の根拠と責任の対象を国王と議会におく二元主義が残存したものであった。では、なぜ二元主義が残存することになったのか、その要因を探ることにしよう。

まず、この二元的傾向が憲章の規範構造に潜在していることが挙げられる。そのため、内外の危機が顕在化した場合に国王が自らの手に行政権を掌握することを可能にしたのである。すなわち、国王は、議会の多数派の意向に関わりなく総理大臣を任命し（フィレンツェへの遷都にともなうトリノの騒擾の後のラ・マルモラ。ローマ問題をめぐる混乱を契機としたメナブレア。世紀末の危機に際したペルックスなど）、総理大臣や議会の意向に反して、自らの意思で国政を動かした（前総理大臣ジョリッティの反対、下院での正式な議決なしで第一次世界大戦への参戦を決定。ローマ進軍に対するファクタ内閣の戒厳令の発動を拒否してムッソリーニを首相に任命)。また、国王は一貫して軍事大臣の任命権をはじめとした軍部に対する実効的な支配権や外交大権を保持した。

次に、議会制の民主的・社会的基盤の狭隘性である。このことは、一九一二年の事実上の男子普通選挙制の導入まで、人口に占める有権者比率が一〇%に達しなかったという厳しい制限選挙、めったに六〇%を超えない低い投票率(表5-1、表5-2)、「反システム勢力(カトリック、民主派左派)」の政治からの排除、に如実に示されている。反システム勢力の排除は、「カトリック勢力と統合した自由・保守派」と「極左勢力の支持を得た自由・民主主義派」という二つの代替勢力の形成を阻害したという意味で、その後の政治制度の展開に影響を与えた。

第三に、他のヨーロッパ諸国と比べて市民社会に基礎をおいた近代的な政党の形成が遅れたことである。歴史的右派・歴史的左派といっても議員の派閥連合体にすぎなかった。皮肉にも唯一の継続性・凝集性があったのは、国王に強く支持された「王党」であった。さらに「王党」は、しばしば在職中の内閣をその下院における支持基盤を切り刻むことによって思いのままに操った。

第四は、組織政党の未形成が、民主的正統性にもとづく強力なリーダーシップの形成を困難にしたことである。クリスピ、ジョリッティといった有能な政治家も、王室もしくは議員派閥連合のいずれかを自らの支持基盤として選択することを強いられた。

表5-1　有権者数と投票率

年	有権者(実数)	総人口中の有権者の割合(%)	投票者(実数)	投票率(%)
1861	418,696	1.9	239,583	57.2
1865	504,263	2.1	271,923	53.9
1867	498,208	1.9	258,243	51.8
1870	530,018	2.0	240,974	45.5
1874	571,939	2.1	308,517	55.7
1876	605,007	2.2	358,258	59.2
1880	621,896	2.2	369,624	59.4
1882	2,017,829	6.9	1,223,851	60.7
1886	2,420,327	8.1	1,415,801	58.5
1890	2,752,658	9.0	1,477,173	53.7
1892	2,934,445	9.4	1,639,298	55.9
1895	2,120,185	6.7	1,223,851	59.0
1897	2,120,909	6.6	1,241,486	58.5
1900	2,248,509	6.9	1,310,480	58.3
1904	2,541,327	7.5	1,593,886	62.7
1909	2,930,473	8.3	1,903,687	65.0
1913	8,443,205	23.2	5,100,615	60.4

出典：池谷知明「有権者の創造と国民国家形成」北村・小谷編（2010）79頁

表５－２　自由主義期の選挙制度の変遷

1860-1880年　財産資格を中心とした厳格な制限選挙・小選挙区２回投票制
①定数：387（イタリア王国の誕生を宣言した議会の選出）→508（ローマ・ラツィオの併合）
②第１回投票での当選条件→選挙区の有権者総数の３分の１以上かつ有効投票数の過半数の得票。条件を満たす候補者がいない場合には，上位２名による決選投票
1882-1890年　緩和された制限選挙・大選挙区連記制
①選挙年齢の引き下げ25歳→21歳
②事実上の財産資格の廃止。「読み書き能力」について自己申告による選挙名簿への登載申請
③「名簿式」制限連記制　定数２から５の大選挙区。定数５の選挙区を除いて定数分の投票可。定数５の選挙区のみ制限連記制→少数派の保護
1892-1913年　普通選挙・小選挙区２回投票制の確立
①小選挙区２回投票制へ復帰
②第１回投票での当選条件の緩和（当該選挙の有権者総数の６分の１以上かつ有効投票の過半数の得票）
③30歳以上男子普通選挙制（1912年法律第666号）
1919-1921年　名簿式比例代表制

その結果、総理大臣は、政府の基本路線の統一性と政治指針の一貫性を保つことが非常に困難となった。

第五に、組織政党の欠如は、政府が、統治するために必要な立法を確実に成立させるのに不可欠な議会における安定した多数派を形成することを困難にした。この結果、明治憲法下の緊急勅令と同様の、緊急事態において発せられる法律としての効力をもった命令である緊急法律命令や、自らの議会における基盤を強化するための選挙干渉という二つの手段を採ることとなった。

最後の要因は、イタリア政治の「悪しき体質」といわれ、「議会制におけるアクロバティックな政府多数派形成の技術・手法」を指す「トラスフォルミズモ」である。これは通常、潜在的に政府を担いうる二大派閥連合体間での協調主義的傾向と、下院議員の頻繁な所属派閥の変更（反対派から政府多数派へ）という二つの事象の併存を意味している。この現象を促進していた無視しえない要因として、法案に対する秘密投票制（六三条）を挙げることができる。

以上の要因から政権は不安定で、一八六一年から一九二二年までに、六二の内閣が成立し、二六人の首相が誕生した。内閣の在職期間は平均約一年で、政府危機の継続期間（内閣の辞職から新内閣の成立までに要した期間）を差し引くと実質平均九カ月であった。これは、共和国憲法下の第一共和制期（一九四六〜一九九三年）とほぼ同じである。

5　日伊憲法交流史

最後にアルベルト憲章と明治憲法の交流の一端を紹介しよう。明治憲法は、プロイセン憲法をモデルに欽定憲法として制定された。しかし、それ以外の欧米諸国の憲法も参照されており、アルベルト憲章もそのうちのひとつであった。日本の元老院は、一八七六年九月に下された憲法の起草を命じる勅令を受け、諸外国の憲法を参照して第一次草案を作成したが、その際、アルベルト憲章も翻訳され、参照されている。アルベルト憲章の翻訳を担当したのは、オランダ出身のお雇い外国人フルベッキであった。その後、元老院は第二次案、最終案を作成した。この起草過程にプロイセン、ベルギー、オランダと並んでイタリア憲法の影響が大きかったといわれている（稲田 一九六〇：三二一-三二二）。しかし、元老院の最終案は、「欧米諸国の憲法の焼直しで、自国の前途を考えない憂うべきもの」（伊藤博文）と酷評され、廃案となった。

パレルモ大学の憲法正教授で下院議員の経験もあるパテルノストロは、法律顧問として一八八二年から一八九二年まで日本に滞在し、大津事件の処理や不平等条約の改正問題などを担当したが、明治憲法にも関心を示し、イタリア語への抄訳（第一章天皇・第二章臣民権利義務）を残している。部分訳とはいえ、明治憲法の最初のイタリア語訳だといえる。最初の全文訳は、パヴィーア大学の憲法教授ブルニアルティが編集した『外国憲法』（一九一二年）に、伊藤博文の秘書官を長く務めた古谷久綱がブリュッセル自由大学から最優秀で博士号を得た論文「日本代議会制度」と野沢武之助（帰国後、明治法律学校講師）がジュネーブ州立大学に提出した博士論文「大日本帝国憲法論」のイタリア語訳とともに収録された。

日伊両国は、その後、軍国主義、ファシズムという独裁体制が成立し、立憲政治は崩壊する。憲法と独裁体制の成立との関係が問題となった。著名な行政法学者ジャンニーニは、「ファシズムの台頭に際していかなる憲章違反もなかった。なぜなら、もはや破るべき規範は存在しなかった」（Jemolo／Giannini 1946：25-26）と、アルベルト憲章が独裁体制の成立を食い止めるための「防波堤」とならなかったことを指摘し、憲章に自由主義国家の崩壊の原因を求めている。日本でも軍部独裁を可能にした原因を明治憲法、とくに統帥権の独立の原則に求める議論が有力である。しかし、両国の憲法はともに条文は簡潔で、解釈や運用にまかされた事柄が多い柔軟な構造をもつ憲法であったため、憲法典だけではなく、憲法の運用の実態にも問題があった。実際の政治・行政の場面における国王・天皇、政治家、官僚などによる憲法典の運用の在り方こそが問われなければならない。

参考文献

井口文男（一九九八）『イタリア憲法史』有信堂高文社。

稲田正次（一九六〇・一九六二）『明治憲法成立史』有斐閣。

北村暁夫・小谷眞男編（二〇一〇）『イタリア国民国家の形成――自由主義期の国家と社会』日本経済評論社。

北村暁夫・伊藤武編著（二〇一二）『近代イタリアの歴史――一六世紀から現代まで』ミネルヴァ書房。

野村敬造（一九六一）『イタリア憲法の歩み』憲法調査会事務局。

パーチェ、A（二〇〇三）『憲法の硬性と軟性』井口文男訳、有信堂。

坂野潤治（二〇〇八）『日本憲政史』東京大学出版会。

ボルゲーゼ、S（一九六九）『イタリア憲法入門』岡部史郎訳、有斐閣。

Cassese, S. (2011) *L'Italia una società senza stato?* Bologna：Il Mulino.

Jemolo, A.C.／Giannini, M.S. a cura di (1946) *Lo Statuto Albertino*, Firenze：Sansoni.

Negri, G.／Simoni, S. (1992) *Lo Statuto albertino e i lavori preparatori*, Torino：Fondazione dell' Istituto bancario San Paolo di Torino per la cultura, la scienza e l'arte.

Rebuffa, G. (2003) *Lo Statuto albertino*, Bologna：Il Mulino.

第6章　日伊交流

土肥秀行

日本とイタリアはともに「伝統のある国」を自任するが、実のところ、近代国家が成立したのは遅く、国としては新しい（ロマーノ 二〇一一：四）。イタリアの国家統一にしても、日本の明治維新にしても、市民革命なき変革としての性格をもち、近年ようやくその成立から一世紀半の節目を迎えている。イタリアでは二〇一一年、日本では二〇一八年である。同時期に近代国家として生まれ変わった国同士が国交を樹立して一五〇年が経った。ここではその歴史を、序章に継ぐかたちで、意義深いトピックをもとにふりかえる。

1　新しい国同士として

西ローマ帝国の滅亡以来、統一国家なき状態のまま、イタリア半島は、中世末以降、都市国家が濫立する北部、教皇国家が鎮座する中部、スペイン影響下の王国からなる南部に分断されていた。ただ全体としてローマ帝国の古地であること、「sìの言語」が通用することなどを核とし、文化的要素から生活習慣までの多くを共有する、均質性の認められる土地でもあった。もちろんその共通言語とは、ダンテ『俗語詩論』や一六世紀ヴェネツィアの言語学者ベンボで言及されていた、肯定の答えに〝sì〟を用いるもの、すなわち現在のイタリア語の元となる言語である。その共通基盤を、政治的統一へと昇華させたのがリソルジメントである。そうして一八六一年に成立した王国は、他の中央集権の欧州列強に比べ、遅れてきた近代国家との性格を帯びる。

明治期後半の日本におとずれた「イタリアブーム」は、欧州諸国を見上げる姿勢から遠く、自らに似た者に抱く共感に支えられている（藤澤 二〇一二：一〇 - 一七、一九四 - 一九七）。維新から二〇年を経て、はじめて近代日本を歴史化する際に、「欧州の日本」（竹越 二〇〇五：一七）たるイタリアは、参考軸以上の共感すべき遅れをもつものとしてもてはやされた。

維新の三傑からの連想で、明治の言論人・平田久は将軍ガリバルディと首相カヴールと思想家マッツィーニを「伊太利建國三傑」としてまとめあげた。徳富蘇峰は、松陰の復権を訴えるために、同じ「維新」の精神をもつマッツィーニを引き合いに出す。評論『吉田松陰』において、松蔭を「小マヂニー」と呼んだのだった。岡倉天心と三宅雪嶺は、忠義と不屈の士としてのニュアンスをこめて、西郷隆盛とガリバルディを東西の二雄とした（岡倉 一九四〇、三宅 一九七一）。

またイタリアからみた場合も、歴史用語として、明治維新に「革新（Rinnovamento）」の語が充てられるとき、同時代イタリアの「再興（Risorgimento）」からの連想がはたらいている。

しかしこのような共感は、日本側においては、例外的にイタリアを蔑むルサンチマンと表裏一体である。本来ならば羨望そしてコンプレックスを覚える対象であるはずの欧州の一部でもあるにもかかわらず、羨望ではなく共感の対象、もしくはそれ以下の、コンプレックスを補うはけ口とするのである。

両大戦を通じた盟友であっても、国家主義を経験した同士であっても、結局、「日本人が考える、世界で最も愚かな人たちとはイタリア人」というバブル期の日本のアンケート結果にあるように、イタリアはバカ扱いしても構わない、日本にとって特別な「西洋」国家である。このような日本人の見方を、文化人類学者ファビオ・ランベッリは『イタリア的考え方――日本人のためのイタリア入門』（一九九七年）の執筆動機とする。近年では、イタリア人に対して（のみ）、さして根拠もないまま「バカ」と口にしてしまう日本人の傾向を逆手にとった『イタリア人と日本人、どっちがバカ?』（グラッセッリ著）との書名もみられる。戦争に負けたのはバカだから、経済が不調なままなのはバカだからと、むしろ日本についてなのではないかと錯覚するフレーズをイタリアに対してむける。他者が自分に似ているとどこかで意識しているからこそ、その他者を否定する衝動がはたらく。しばしば日本文化は他者への敬意にあふれているように語られ、日本人のセルフイメージもそうであるのだが、実際にはあからさまに他者を見下すこともある。

2　蚕が結ぶ縁と「お雇い外国人」

鉄砲とキリスト教が伝来した当初来日したイエズス会士のなかには、イタリア半島出身者もいたため、一六世紀後半には始まっていた日伊関係であるが、その後、鎖国による断絶をおよそ二世紀半挿む。開国後に仕切り直しとなった交流が、実際どのように進んでいったかみていこう。

数年前、日本を舞台にしたハリウッド製の大作映画が立て続けに公開された。トム・クルーズと渡辺謙が共演した『ラスト・サムライ』と、中国出身の女優チャン・ツィイー主演の『SAYURI』である。これらのサムライ、ゲイシャという固定観念にとらわれたシリーズと一線を画すのが、（ハリウッド不在の）日加仏伊英の合作映画『シルク』（二〇〇七年）である（図6-1）。ヨーロッパと日本のあいだには、まず蚕のとりもつ縁があったことを念頭に練られた物語である。

舞台は一九世紀半ばの南仏の村。そこに主人公エルヴェ・ジョンクールが、第二次イタリア独立戦争から帰還する。フランスがサルデーニャ王国に協力して、イタリア半島のオーストリア勢力を大幅に後退させた戦いだ。養蚕・絹紡績家のバルダビューに誘われ、欧州における蚕の疫病の拡大のため、一八六一年、エルヴェははるばる日本へ蚕卵を買付に行く。そこで幕末の内乱に巻き込まれる。

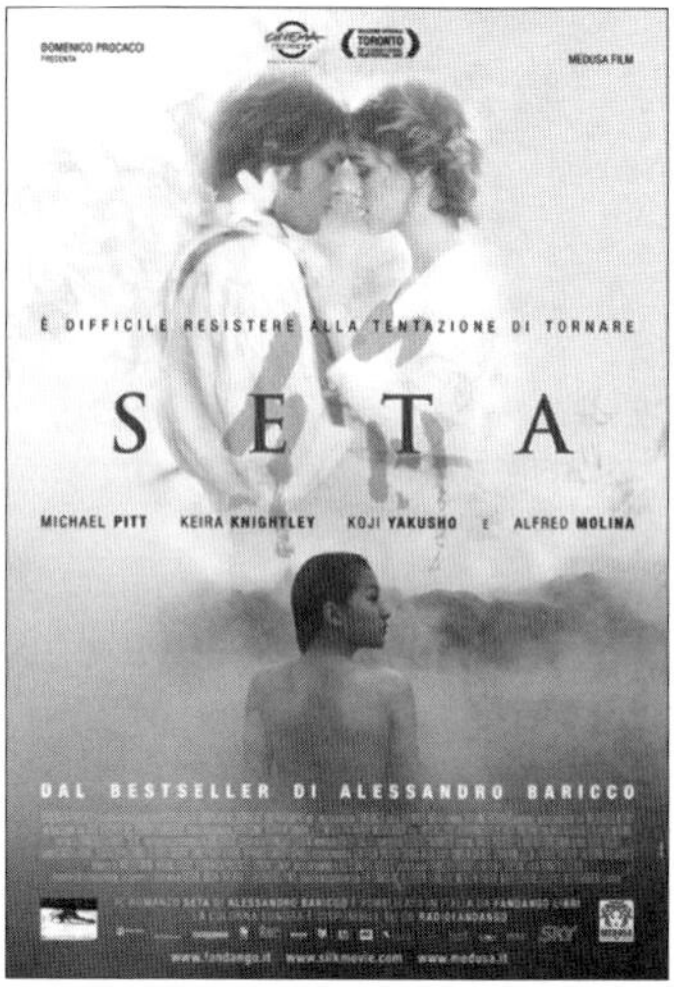

図6-1 『シルク』（Seta）イタリア版ポスター

この映画はもちろんフィクションであるが、フランス、さらにイタリアは、実際、蚕の卵を目当てに日本との国交を開いていた。イタリアの流行作家アレッサンドロ・バリッコは、史実をもとに、映画の原作となった異国感あふれる恋愛ファンタジー『絹』を編む。

この場合、主人公はイタリア人であってもまったく構わなかった。蚕種の買付を可能とするために、成立間もないイタリア王国は、軍艦マジェンタ号を日本に送り、日伊修好通商条約を締結させていたからである。それが今から一五〇年前の一八六六年である。指揮を執ったアルミニヨン提督は、使節についての回想録を残している。

蚕種の買付が下火になると、日本の商人は直接売り込むためにヨーロッパに渡った。トリノには、取引のための出張所が開かれた。あわせて、蚕種業界出が大半である若者が、言語と商法を学ぶため、トリノの国際学院に留学している。一八七〇年代前半のことであった。こうして、ザビエルに仕えた「薩摩のベルナルド」がローマに召されて以来、長いブランクを経て、日本人のヨーロッパ留学は再開された（石井 二〇〇三）。

開国を経て、新生日本の門出に際し企画された岩倉使節団が、一八七三年五月にイタリアを訪れる。タブー視され歴史から消し去られていた天正少年使節団と支倉率いる使節という、いわば自らの先達について初めて知らされたのは、ヴェネツィアにおいてであった。使節の見聞にもとづき、政府はどの分野をどの国から学ぶかを決め、イタリアからは美術や意匠設計に明るい「お雇い外国人」を招聘した。短期間で産業化と国力向上を目指す国にあって、いささかマイナーな分野が任されたのは、その後の日本にとってのイタリアの「重み」に影響する。

イタリア出身の「お雇い外国人」を代表するキヨッソーネとフォンタネージは、今では純粋に日本的であるとされるものの創出に関わるほどの「重み」をもった。

ジェノヴァ出身の銅版画家エドアルド・キヨッソーネは、新政府が初めて発行する紙幣、印紙、切手のデザインにその手が必要とされ、一八七五年に来日する。神功皇后をモチーフとした一〇円紙幣や、いわゆる「小判切手」などの原版製作にあたった。こうしたメインの仕事とは別に、今日でもよく知られている肖像画を銅版を使って残している。大久保利通（日本初の銅版画モデル）や西郷隆盛（写真嫌いで有名）の写真とみまがう精巧な版画、さらには明治天皇の「御真影」（記憶をもとに描かれた頭部が、キヨッソーネの体につなげられ完成）の作者がキヨッソーネである。これらのイメージがこれまで広く長きにわたり人々の目にふれることで、可視化された国そのものとなった。いわば最も「日本的」なものであるはずだが、それが写真ですらなく、イタリア人の手によって描かれたものであったのだ。

図6－2　1971年に完成した現在のキヨッソーネ東洋美術館（ジェノヴァ）のエントランス

キヨッソーネは他の「お雇い外国人」と異なり、明治政府との契約終了後も決して祖国に帰らず、独り身のまま青山墓地に眠る。彼が日本で蒐集した膨大な数の美術品は、遺族がいなかったことで場当たり的な売却による散逸を免れ、遺言に忠実にそっくりそのまま故郷ジェノヴァ市に寄贈された。およそ二万点が、現在キヨッソーネ東洋美術館として、ヨーロッパ有数の日本美術コレクションを形成する。なかでも弥生時代の流水文銅鐸は、世界に三例しか現存しない、非常にめずらしいものである。

風景画家アントニオ・フォンタネージは、第一次独立戦争（一八四八年）を愛国心から志願兵として戦い、除隊後にはパリにてバルビゾン派の画家たちと交流し、光と色彩の「科学」に支えられた画風を確立する。トリノの美術学校の教員をしていたところ、一八七六年の工部美術学校開設にあわせて日本に招聘された。病のため滞日は二年間と短いが、小山正太郎、浅井忠、山本芳翠、松岡寿といった、洋画界を担っていく人材を育てた。

彼は、こんにち東京大学工学部や東京藝術大学に残る石膏像や画学教科書、画材などを日本に持参して、デッサンや油彩の基礎を徹底的に教えた。またその教えは、浅井忠の弟子である中村不折を通じ、正岡子規による近代俳句の「写生論」に影響を与えた。そもそも「写生」は、フォンタネージ周辺で生まれた訳語である。自然を愛でる「日本的」なるものとみなされていても、意外にも起源が異国にある例となっている。いわば、リアリズムは日本の表現にはなかったということになる（松井 二〇〇二）。

いまではハイクは、その短さから、世界中で知られている。とくにイタリアでは、五七五のリズムが移し替えやすいことから、伊語による俳句が数多く作られている。事物をありのままにとらえる「写生」の概念も俳句にあわせてイタリアに逆輸入されており、文化のブーメラン現象がおきている。

3　学問の交流

では二国が理解し合うのに必要不可欠な、日本における伊語教育と、イタリアにおける日本語教育の、それぞれの興りはどうであったか。

日本でのイタリア語教育は、ちょうど先に挙げた明治の「イタリアブーム」の時期に始まる。北伊ベルガモ近郊出身のエミリオ・ビンダが、一八九〇年から高等商業学校（現・一橋大学）でイタリア語を教えた。帝国大学文学部でイタリア語講座を担当した記録も残る。また彼は日本における初の「スペイン語教員」としても知られる（浅香 一九九九）。さらにドイツ語も教えていたというから言語の達人ぶりがうかがえる。

イタリアでは、正式に国交が結ばれる前の一八六三年から、フィレンツェの王立高等教育院において日本語教育が始まっていた。教師のアンテルモ・セヴェリーニは、ジャポニスムの影響下、柳亭種彦作・歌川豊国画『浮世形六枚屏風』を、『人々と屛風（*Uomini e paraventi*）』とのタイトルで翻訳出版してもいる。

イタリアにおける日本学研究の拠点は、今も昔も、ヴェネツィア大学カ・フォスカリ校とナポリ東洋大学である。両都市とも、永らく地中海の中心的な貿易港として、アジア方面と深く付き合ってきた。ヴェネツィアにおいては高等商業学校に一八七三年、日本語講座が設けられた。初代講師は、イタリア語ではなくフランス語プロパーで外交官畑の吉田要作であった（石井 一九九九）。ナポリ東洋大学の前身である王立東洋学院では、日本語講座が一九〇三年に常設される。一九一四年、初のネイティブ講師として、ヴェスヴィオ火山の調査を三年前から行っていた地質学者の下斗米《しもとまい》秀三が着任する。このように、地震国・火山国としての共通点からもイタリアに関心がむけられた。イタリアは、欧州大陸ではめずらしく火山や地震の多い国である。半島が、ウルカヌス（火＝火山の神）の神話が伝わる地中海に浮かんでいることからもわかろう。

ゲーテも引用した「ナポリを見て死ね」とは、ナポリ湾とヴェスヴィオ火山の眺めを指したものと考えられている。転じて「東洋のナポリ」とは、桜島と湾を擁する鹿児島のことであり、「似た者同士」の二都市が、日伊間で初の姉妹都市協定（一九六〇年）を結んでから半世紀以上が経つ。

西暦七九年に起こるヴェスヴィオ火山噴火ですっぽり埋まり、古代ローマ時代の姿をいまに残すポンペイはあまりに有名であるが、その近郊ソンマ・ヴェスヴィアーナ市にて、同じく五世紀の噴火で埋まった古代ローマ建築を、日本の考古学者チームが地震学の観点も含めて近年発掘調査していることは決してゆえなきことではない。

前述のナポリの下斗米の後任として、東京のイタリア大使によって推されたのが下位《しもい》春吉である。彼は東京外国語学校（現・同大学）でイタリア語を学んだのち、第二代日本語教師としてナポリ王立東洋学院に、イタリアの第一次世界大戦参戦まもない一九一五年末に赴任する。前線を取材し、欧州の戦場を見た数少ない日本人のひとりとなった。戦後一九一九年に出されたルポと私的なエッセイの中間である『イタリアの戦争』は、イタリアでベストセラーとなり、長年にわたって売れ続けた。発行部数は五〇〇〇〇に及ぶ。

下位は、高等師範学校で教えを受けた英文学者・上田敏の影響でダンテの虜となり、東京外国語学校の夜間で伊語を学び、渡伊に及ぶ。文学者としては、欧州初の日本文化専門誌 *Sakura* を一九二〇〜一九二一年に発刊した（図6－4）。小説『死の勝利』が日本で広く読まれていた詩人ダンヌンツィオや、政治家転向前の新聞記者ムッソリーニを知る。「滞伊一八年」の経験から、戦間期には「イタリー屋」（熊沢天皇周辺）と呼ばれるほどの、ファシズム通と目される。ただしイデオロギーあるいは思想に対する理解は乏しく、農業政策や組合統合についての一面的な関心か、ムッソリーニ本人とそのイメージの個人崇拝に偏る。

お伽話を広める口演運動に携わった経験から、比類なき弁舌家であり、そのエネルギッシュなスタイルゆえ、雑誌や新聞などのマスコミで話題になりやすかった。彼が心酔していたムッソリーニからしてエキセントリックなイメージで通っており、しばしばイタリアの突撃隊の軍服で登壇していた弁舌家としての下位の印象も色物的である。とはいえ戦後は第二次公職追放に遭うなど、日本の軍国化の責任をシリアスに問われてもいる。

図6－3　ゲーテ『イタリア紀行』中巻（岩波文庫）はナポリ編を収める。表紙はポンペイ。

図6－4　雑誌 Sakura 最終5－6合併号

4　戦後の両国でのオリンピックにおいて

日本とイタリアは、二度の大戦を同じ側で戦った国同士であるが、戦後の両国社会の困難な歩みもまた似ている。敗戦国としての挫折に始まり、復興期を経て、経済と産業における高度成長も同時期におこった。一方でアルカイックな世界が両国で急速に失われたのも、どの先進国にもいいうることながら、共通する。

一九五〇年代半ば以降に達成する毎年の高い成長率は、イタリアではとくに「経済の奇跡」と呼ばれている〔第17章を参照〕。日本のそれは「東洋の奇跡」ともてはやされ、国内では「右肩上がり」のイメージが人々を煽り、その後の行動パターンを決定づけた。高度成長期の両国にとって象徴的なイベントがオリンピック開催である。すでに、「ヒトラーのオリンピック」となった一九三六年ベルリン大会のプロパガンダぶりを目標に、両国は一九四〇年大会の招致を試み、競り勝ったファシスト政権はその後、その機会を日本に譲っていた（日中戦争を理由に中止）。戦後復興と躍進をアピールするのに、一九六〇年ローマ大会、一九六四年東京大会は恰好の場となった。

一九六〇年代のローマ、東京と続く二大会を、文字通り走り抜けた存在がいる。エチオピア出身のアベベ・ビキラは、両大会において男子マラソンを制し、初の連覇を果たした。オリンピック初参加となるローマ大会では、国際マラソン未経験で無名のまま優勝し、アフリカ大陸の黒人として初の金メダルを得た。

アベベは、エチオピアの多数派でありながら、政治経済的には不遇のオロモ族に属す小作人の家の出である。一九三五年のエチオピア戦争時、当時三歳のアベベの村にイタリア軍が駐留し、疎開を余儀なくされたと伝えられる。立身出世を夢みて皇帝の親衛隊に入り、さらにスポーツに励んだ。エチオピア近代化の立役者であるスウェーデンから来たコーチのもと切磋琢磨する。

ローマ五輪では、かつて侵略者と対峙した皇帝に代わり、その部下が侵略のリベンジを果たすかたちとなった。ファシスト政権が自らを重ね合わせた、古代ローマの栄華の数々を巡るマラソンコースが設定されていた。かつてムッソリーニが大観衆の前で演説したヴェネツィア広場を通り、イタリア軍がエチオピア征服の戦利品として持ち帰ったアクスムのオベリスク（二〇〇五年に返還）を仰いでから、コンスタンティヌス帝の凱旋門でゴールするという、後から振返れば、アフリカ諸国が独立を果たした「アフリカの年」にあわせたドラマとしては最高の舞台設定であった。

「イタリアに勝った」と歓喜に沸き返る祖国での反応も全世界に伝えられた。空港からハイレ・セラシエ皇帝が待つ王宮へと進む凱旋パレードを先導したのは、エチオピアのシンボルであるライオンだ。その後も長く続く熱狂とは対照的に、アベベ本人はひとり泰然としていた。

ローマ大会でのデビュー以降、自国での習慣を貫いて裸足のまま、職人のように黙々と走る姿から「裸足の哲人」との異名をとった。東京大会でも、大方の予想通り、直前に行った盲腸の手術をもろともせず、靴を履く「ハンディ」もはねのけ、あっさりと連覇を果たした。沿道を埋めた一〇〇万を超える日本の人々が声援を送っていたのは、圧倒的な力をみせたアベベと、苦闘の末に銅メダルに輝いた円谷幸吉である。その後数年して、自動車事故がもとで歩けなくなった末に夭逝したアベベと、勝利への重圧から自死に至った円谷は、「悲劇のランナー」としても日本では有名である。アベベのひたむきさは俗事に頓着しない超越的姿勢につながったが、円谷のそれはきわめて傷つきやすい内面性を帯びた。円谷が家族にあてた遺書のトーンは、一度読むと忘れられない独特なものだ。

こうしていまでも日伊両国の人々の記憶にアベベの名が残る。海外では父称のビキラのほうで通る彼である。エチオピア出身のアベベは、鋭くイタリアの植民地主義を見返す存在となった。戦前の日本とてエチオピアとは無関係ではなかった。リネンの輸出先としてのエチオピア市場をめぐってイタリアと対立してもいる。遅れてきた両近代国家の、遅れてきた帝国主義がかちあった場がエチオピアであった。

エチオピア戦争時、イタリアを牽制するために親エチオピアの義勇兵を送る機運も日本で高まった。伊の属領化が決まってからは、対立は歩み寄りに転じた。満州と引き換えに国際的孤立を深めた日本は、エチオピアを手にして同じく孤立の道を歩むイタリアに、似た境遇をみてとる。もともと日本は、エチオピアに対して、西洋国家を撃退したことのある非西洋国としても共感を抱いていた。一九世紀末の第一次エチオピア戦争で、エチオピアはアドワにてイタリア軍を負かし、国外に撤退させた。また二〇世紀初頭には日本がロシアに勝利を収めていた。

こうした日本、イタリア、エチオピアの三角関係にもまた、どこか日本とイタリアの近さが認められる。アベベのような圧倒的な力にまぶしさを覚え、進んで平伏しようとするメンタリティもよく似ているのであった。

5　なおも近い日本とイタリア

アベベの連覇から半世紀余、日本は、国際的な地位低下と経済後退を食い止めんと、二〇二〇年の東京でのオリンピック再開催の機会を得た。であるならとイタリアも、同様のねらいから、ローマでの二〇二四年大会を希望している（のち撤退）。こうして二国の並走状態は続く。

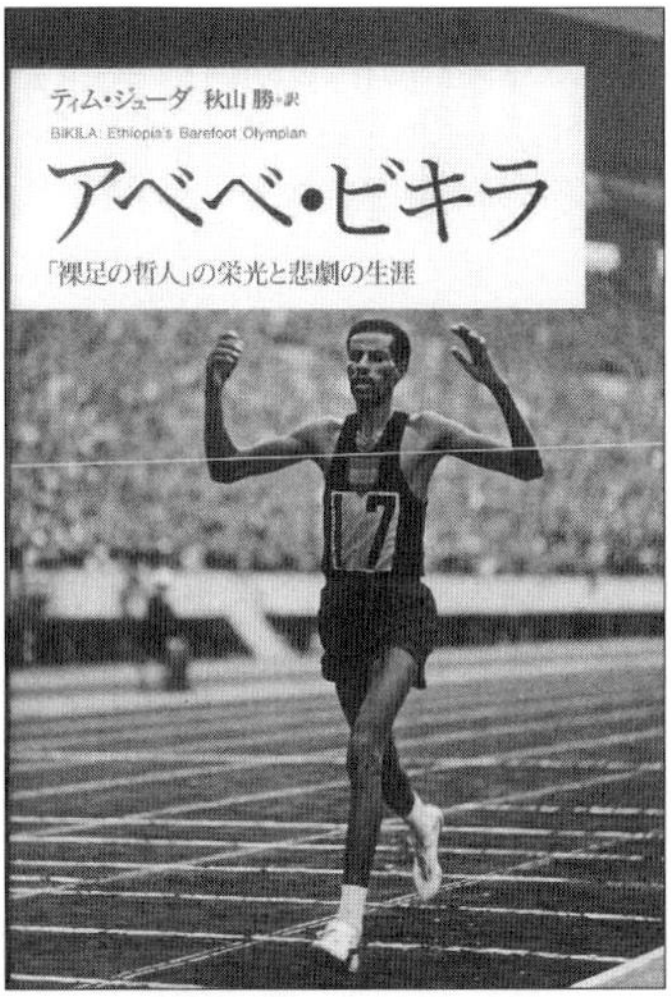

図６－５　国立競技場でゴールするアベベ
出典：ジューダ（2011）表紙

ただその近さは、戦前の政治的な性格をもたず、「文化」をキーワードとする。開国時にリスタートされた関係は、終戦によりリセットされたのである。同盟関係への反省から、文化を通した関係づくりがなされる。ゆえに、日伊文化協定の刷新（一九五四年）という官の決定以前から、民間がベースとなった。敗戦から六年、黒澤明監督『羅生門』によるヴェネツィア映画祭グランプリ獲得が、国民全体への大きな励ましとなったことは歴史に刻まれている。ヴェネツィアでは同年、欧州初となる能公演が催されてもいる。その一方、日本では、イタリアのネオレアリズモ映画が描く「貧しさ」が、世界的な流行となった効果以上に、特別な共感をよんでいた。さらに時代が進むと、イタリア歌謡「カンツォーネ」がロック以前の日本のポップミュージック界を席巻した。一九六〇年代の抵抗世代の日本の若者にとっては、小説家アルベルト・モラヴィアが「元祖・実存」として大いに読まれる。あらゆる熱情が冷めた一九八〇年代にも、バブル後期の空虚なお祭り感にマッチする「イタめし」ブームが到来した。イタリアの食文化は、二一世紀のスローフード運動という国際的な連帯までも引き起こし、日本でもますます存在感を放つ。

対してイタリアにおける日本の伝統的なイメージは、ハイテクノロジーとポップカルチャーに替わり、いまではアニメとマンガの熱心なファンが日本語学習熱を支える。日本への関心はさまざまでありうるここ数年、訪日観光客に占めるイタリア人の割合は高い。

近代国家としての歩みにおいて、日本とイタリアはパラレルな関係にあり、ときに交錯しときに衝突してきたが、巷の先入観と異なり、違いよりも共通点のほうが目立つことをここまで訴えてきた。現在では、両国ともに、プライドは高いものの国際的な重要度は低く、かつて栄華を誇ったものの国力は後退を示す。日伊に共通するのは、子どもの貧困格差、女性の社会参画度の低さ、上がらないままの低出生率、ここ二〇年の平均給与の減退、報道の自由の悪化、国の負債率など、どれも深刻な問題ばかりである。ただその文化は、最後の砦として、まだまだ注目を集めている。日本とイタリアを、日本語とイタリア語に置き換えてみてもいい。世界では、決して実用的ではないものの、個人的な嗜好としてよく学ばれる二語である。

日本においては、惹かれるもののこうはなりたくないといった、距離を保った憧れが投影される先としてイタリアが機能してきた。もちろんイタリアである必然はないが、ヨーロッパという、日本が常に意識してきた枠の内側というのが適当な条件である。日本が急いだ近代化＝欧化という図式は、ただの模倣すべきお手本を示すばかりでなく、コンプレックスをどこかで贖うバッファも用意していたのだった。そうなると近いというだけでない、複雑な思いも含む「甘え」も期待しうるところに、日本にとってのイタリアのイメージの厚みが感じられる。

参考文献

浅香武和（一九九九）「日本人とスペイン語の出会い」寺崎英樹ほか編『スペイン語の世界』世界思想社、一五六－一七一頁。

アルミニヨン、V・F（二〇〇〇）『イタリア使節の幕末見聞記』大久保昭男訳、講談社。

石井元章（一九九九）『ヴェネツィアと日本――美術をめぐる交流』ブリュッケ。

――――（二〇〇三）「明治初期トリノの日本人留学生」『イタリア学会誌』五三号、一九－五四頁。

井関正昭（一九八四）『画家フォンタネージ』中央公論美術出版。

岩倉翔子編著（一九九七）『岩倉使節団とイタリア』京都大学学術出版会。

岡倉覚三（一九四〇）『日本の目覚め』村岡博訳、岩波書店。

ジューダ、T（二〇一一）『アベベ・ビキラ――「裸足の哲人」の栄光と悲劇の生涯』秋山勝訳、草思社。

竹越与三郎（二〇〇五）『新日本史』西田毅校注、岩波書店。

土肥秀行（二〇〇八）「下位春吉とナポリの文芸誌『ラ・ディアーナ』――下位春吉伝（上）」『イタリア圖書』三九号、一一－一七頁。

徳富蘇峰（一九八一）『吉田松陰』岩波書店。

バリッコ、A（一九九六）『絹』鈴木昭裕訳、白水社。

平田久纂訳（一八九二）『伊太利建國三傑』民友社。

藤澤房俊（二〇一二）『「イタリア」誕生の物語』講談社選書メチエ。

ベレッタ、L（二〇〇三）『キヨッソーネ再発見――日本紙幣の父』白沢定雄訳、印刷朝陽会。

松井貴子（二〇〇二）『写生の変容――フォンタネージから子規、そして直哉へ』明治書院。

三宅雪嶺（一九七一）「西郷隆盛とガリバルジー」陸羯南、三宅雪嶺、鹿野政直『日本の名著37』中央公論社、三五七－三九五頁。

ランベッリ、F（一九九七）『イタリア的考え方――日本人のためのイタリア入門』筑摩書房。

ロマーノ、R（二〇一一）『イタリアという「国」――歴史の中の社会と文化』関口英子訳、岩波書店。

若桑みどり（二〇〇三）『クアトロ・ラガッツィ――天正少年使節と世界帝国』集英社。

Giunta, C. (2010) *Il paese più stupido del mondo*, Bologna : Il Mulino.

第7章　自由主義期の女性運動

勝田由美

イタリアの女性運動は、マッツィーニや民主派の影響をうけた下層貴族や中産階級の女性たちにより、統一国家における女性の地位向上を目指す運動として開始された。やがて民衆運動の組織化や社会主義思想の進展にともない、女性運動は、労働者や農民の女性の問題にも目をむけるようになる。

一九世紀後半から二〇世紀の初頭は、女性運動が世界的にも高まりをみせた「第一波」の時期にあたる。アメリカやイギリス、英連邦諸国、北欧諸国では女性参政権も実現されたが、イタリアで女性が参政権を手にしたのは第二次世界大戦後のことであった。それでも、女性労働者の問題に関わる広範な運動を展開するなど、イタリアの運動には他国とは異なる独自の問題提起もみられた。

1　アンナ・マリア・モッツォーニ

ミラノ郊外の小貴族の娘、アンナ・マリア・モッツォーニは、統一まもない一八六四年に『女性と社会の諸関係』を発表し、統一国家の民主化は女性の地位向上と不可分であると訴え、女性の民法上の権利や高等教育の拡充を求めた。モッツォーニは、女性には男性と同様に人類の進歩に貢献する義務があり、女性の権利獲得は、その義務を果たすため

図7－1　アンナ・マリア・モッツォーニ
出典：AA. VV. (1983) p. 163

にも必要であると主張した。当時は統一国家の民法制定作業が進行中であり、彼女の第一の要求は、女性に相続権がなく、既婚女性が法的行為に際して夫の許可を必要とするなどの規定を改め、女性が民法上、男性と対等の地位を得られるようにすることだった。そして、女性が人類の進歩に貢献するには、教育と労働を通じて自身の能力を発展させる必要があるとし、社会全体が生産と労働の協同体《アソシエーション》になるという壮大な構想も披露している。

　モッツォーニの思想において、「義務」の観念にはマッツィーニの影響が、労働のアソシエーションという構想にはフランスの初期社会主義者フーリエの影響がみてとれる。女性の解放が統一国家の民主化と協同社会の形成によって実現されるという彼女の思想は、マルクス主義的な意味での「社会主義的女性運動」ではないが、既存社会の枠内での権利獲得を主張する「ブルジョワ的女性運動」とも異なっている。こうした「労働」による女性の解放という視点やアソシエーションの構想はモッツォーニ独自のものであったが、女性の地位向上をイタリアの民主的変革と不可分の問題としてうけとめる視点は、モッツォーニと同時代の女性にひろくみられた。たとえば、当時にはめずらしい女性が編集・運営する雑誌『女性』を創刊したグァルベルタ・アライーデ・ベッカーリ、「女性の現状と未来」（一八六六年）を執筆したクリスティーナ・ディ・ベルジョイオーゾらがその例である。彼女たちは、マッツィーニの思想に強く影響をうけて労働者の教育・啓蒙活動にも携わり、女性の民法上の権利の獲得や高等教育の拡充を訴えた。

　一八七六年の左派政権成立は普通選挙実現への期待を高め、共和主義者と急進主義者は共同して普選運動を展開した。モッツォーニもここに加わって女性参政権の意義を訴えるが、大半の男性メンバーはこれに無関心であるか、あからさまに反対であった。モッツォーニは女性の問題を扱う固有の組織の必要性を痛感し，一八八〇年にはイタリア初の女性運動団体である「女性の利益推進同盟」（以下「推進同盟」）を設立する。その目的は「議会，行政権力，商工会議所，裁判所，諸党派や専門家の会議などで女性の利益が考慮され，実現されるように尽力する」こととされ，翌年，モッツォーニは推進同盟代表として普通選挙の実現を目指す共和主義者・急進主義者のローマ大会に参加した。彼女は，ここで男性のみの普通選挙は「民主主義の原則に反する」と主張し，女性参政権を行動プログラムに入れることに成功したが，改正選挙法〔第4章2を参照〕では女性の参政権は認められず，男性の普通選挙も実現しなかった。

一八七〇年代のイタリアでは，ローマ併合による政治的統一の達成やパリ・コミューンの影響により，社会問題，すなわち労働者や農民の貧困問題への関心が高まっていた。こうしたなかで，モッツォーニは，イギリスの廃娼運動家ジョセフィン・バトラーとの交流を機に女性労働者の問題に注目する。推進同盟設立にあたり，彼女は「とくに女性労働者の組織に目をむける」ことが必要だとし，一八八一年には，ここに「女性職工連合」を併設した。当時のイタリアでは工場労働者の過半数は女性であり，繊維産業では女性労働者が七割を占めていた。だが，その組織化は男性に比べて非常に遅れ，相互扶助会〔第4章3を参照〕加入者数は，男性の一割程度にすぎなかった。女性のみを会員とする相互扶助会も存在したが，女性が設立・運営する女性労働者団体は，この女性職工連合が最初のものである。一八八三年には，他の労働諸団体との協力をはかるために，推進同盟の運営委員会が構成され，そこにはモッツォーニと女性急進主義者パオリーナ・スキッフやイタリア労働者党主要メンバーのコスタンティーノ・ラッザーリのほか，二名の女性労働者も加わった。

一八八五年，モッツォーニは，ロシアの革命家クロポトキンの『青年に訴ふ』にならい，少女むけの社会主義手引書『少女たちへ』を発表した。この冊子において彼女は，女性解放の最大の障害を女性が人生の目的を家庭に限定されていることにあると指摘し，少女たちに「社会主義者」となって女性解放のために闘うように呼びかけた。だが，女性差別の原因は男性の「不正」や「エゴイズム」であるとされ，個人の自由の尊重が説かれるのに対し，「階級」や「搾取」などの社会主義に特徴的な概念にはほとんど言及がない。当時、イタリアの社会主義は、マッツィーニ主義やアナーキズムや労働者主義との交錯のうちに形成される途上にあり、モッツォーニもそのなかで、「社会主義」を模索していたのであった。

一八八六年のデプレーティス政権による労働者党弾圧の際には、モッツォーニはフィリッポ・トゥラーティやラッザーリとともに有志を募って抗議を表明し、労働者党の立場を全面的に擁護した。一八八九年にはトゥラーティらが主宰するミラノ社会主義同盟に加わり、一八九一年にはイタリア勤労者党の綱領を準備する暫定中央委員会のメンバーにもなっている。そして、こうした「社会主義者」としての活動の一方で、彼女は女性の問題に関する執筆や講演も精力的に続けた。

この頃の彼女の思想は、一八九一年のメーデーに開催されたクレモーナでの講演録『労働者の組織』にうかがうことができる。ここでモッツォーニは、あらゆる政治的潮流の労働者を包括する「労働者組織」を設立し、選挙での議席獲得を通じて労働者による憲法制定議会を設立すべきだと主張した。これは労働者党をモデルにしたものと思われるが、注目されるのは後半にみられる女性労働者への呼びかけである。彼女にとっては、「自由」がすべての人間にとっての解放の原理であり、男女労働者はその実現のために自らを組織し、女性は資本主義の搾取に対してだけでなく、男性への従属に対しても闘わなければならないという。こうしてモッツォーニは、資本主義による搾取と女性の従属とは異なる問題であり、女性は資本主義に対する闘争と男性に対する闘いとを「人間の自由と尊厳」という共通の原則のもとにおこなわなければならないと訴えた。そして彼女は、一八九二年の勤労者党結成大会には参加せず、勤労者党の機関紙『クリティカ・ソチャーレ（社会批判）』に対し、「女性問題を経済的な側面からしか扱っていない」と、批判を強めていったのである。

2　世紀転換期の女性運動

世紀転換期には女性運動の担い手が広がり、運動は全国的な広がりをみせる。そこには、信徒の社会活動を公認した回勅『レールム・ノワールム』の発表（一八九一年）やイタリア社会党の前身である勤労者党の結成により、カトリックと社会主義による民衆の組織化が緒に就いたことが背景にある。小学校教員や電信・電話交換手として社会に進出し始めていた中産階級の女性たちは、こうした活動にも積極的に加わっていた。

米国のファシズム研究家ヴィクトリア・デ・グラツィアは、ファシズム期の女性政策に関する著作のなかで、一九世紀末からジョリッティ時代［第8章を参照］にかけてのイタリア女性運動を、①「社会主義女性運動」、②「カトリック女性運動」、③「世俗的女性運動」の三つに分類している（De Grazia 1992）。当時のイタリアでは社会主義の理念や組織が民主主義的な思想や運動と明確に区別されていないことや、「世俗的女性運動」に含まれる諸組織の多様性を考えると、この分類には適切とはいえない面もある。しかし、女性運動に限らずイタリアの運動は、理念的整合性や確立された組織を欠いたまま人間関係をもとに進められる傾向が強く、ほかに有効な整理の仕方をみつけることもまた困難である。そこで以下では、世紀転換期の女性運動をデ・グラツィアの分類にしたがって整理し、それを補足する形で紹介を試みる。

まず、①社会主義女性運動について述べる。イタリアの社会党員には多くの事務職員や専門職業人、小生産者が含まれ、女性党員の主力は小学校教員であった（映画『一九〇〇年』［コラムⅢを参照］にもこうした女性教員が登場する）。結成当初の社会党は、綱領においても「男女労働者は等しく資本の搾取からの解放を目指す」として女性に固有の問題を認めていなかったため、一八九三年、社会党員でもある女性教員リンダ・マルナーティとカルロッタ・クレーリチが、ミラノで「女性の利益保護同盟」（以下「保護同盟」）を設立した。

保護同盟には、推進同盟の主要メンバーであったスキッフも加わっており、名称からもモッツォーニの運動を意識していることが明白である。一八九四年にはトリノにも保護同盟が設立され、その翌年以降、ヴェネツィア、ローマ、ナポリ、パレルモ、フィレンツェ、パヴィーアのほか、北部の中小都市にもつくられた。トリノで保護同盟を設立したエミリア・マリアーニも小学校教員であり、のちに社会党に加入している。トリノの保護同盟は、女性電信通信員の低賃金や結婚退職制への反対運動、男女教員の全国的組織化への支援、教員における男女同一賃金の要求運動、女性事務員のストライキ支援など、中産階級女性の労働問題に積極的に取り組み、雑誌『女性の生き方』を発行して各地の保護同盟の連携をはかった。各地の保護同盟は、女性の法的権利に関する講演会や連続講座を開催したほか、ミラノでは労働者を対象とする人民学校を開設し、フィレンツェではわら編み工芸の女性労働者に対する相互扶助制度を設置している。このように労働問題を重視する傾向から、各地の保護同盟では、社会党の女性党員が少なからぬ役割を果たしていたと推測される。

図7－2　電話交換手の女性たち

電話交換手は３カ月の研修後，夜勤もこなしつつ，女性としては恵まれた月30リラの月収を得た。当時は男性の熟練労働者が日給1.5～1.9リラであるのに対し，女性労働者の日給は１リラ未満であった。

出典：1901年の *Bollettino dell'Unione femminile* より AA. VV. (1983) p. 134

社会党の中心的イデオローグでもあるアンナ・クリショフは、こうした党外での活動には加わらず、女性労働者の問題を党の中心課題としてとりあげるべく奮闘した。とくに一八九七年の党大会（ボローニャ）では、女性労働者の保護立法要求を提起し、採択させた。機械化の遅れたイタリアでは二〇世紀初頭まで女性労働への依存度が高かったが、男性熟練労働者は組織化の進展により一〇時間労働が一般的であったのに対して、女性を中心とする非熟練労働者は一日に一五～一六時間の労働もめずらしくなく、産前産後休暇も認められていなかった。さらにクリショフは、党の公式見解や自身のパートナーでもあるトゥラーティが女性参政権を「時期尚早」とするのに対して強硬に反論し、一九一一年には「女性参政権を求める社会主義委員会」を結成している。

次に、②カトリック女性運動について述べる。一九〇二年には、女性信徒の組織化を意図する教会上層部により、信徒の全国組織である大会活動団のうちに女性セクションがつくられた。その機関誌『女性の行動』は女性信徒が編集にあたるが、そこでは、女性労働者の問題も論じられたものの、信仰とならんで家庭の大切さが説かれ、なによりも女性信徒は教会の認める枠内でのみ活動を許されたにすぎなかった。

やがて大会活動団のなかに、自由主義や民主主義、社会主義を否定せず、国政選挙にも積極的に関与しようとするロモロ・ムッリらカトリック民主派が台頭する。一九〇四年には、その影響下にミラノで「キリスト教民主主義女性ファッショ」が設立され、主要メンバーの小学校教員アデライデ・コアーリにより、新たに『思想と行動』が創刊された。『思想と行動』は、女性労働者の問題を積極的にとりあげ、女性参政権をまったく認めようとしない『女性の行動』に対し、女性は地方参政権をもつべきだと主張した。だが、一九〇九年、ムッリらカトリック民主派は教会上層部により活動を禁じられ、その余波で『思想と行動』も廃刊となる。

図7-3　アンナ・クリショフ
出典：AA. VV. (1983) p. 163

一方で同じく一九〇九年、貴族の娘マリア・クリスティーナ・ジュスティニアーニ・バンディーニにより、教皇庁公認の女性信徒団体「イタリア・カトリック女性連合」（UDCI）が設立される。バンディーニは一九〇八年、ローマの女性会議で「宗教教育廃止」決議が採択されたことに危機感を抱いて二万人以上の署名を集め、全国女性信徒の組織化を教皇ピウス一〇世に訴えていた。

カトリック女性連合はこれを契機に設立されたもので、その目的は女性の権利獲得ではなく、布教や奉仕などの教会活動であった。それでもバンディーニは、これを男性聖職者の管理から独立させ、カトリック運動内の他の組織と対等の位置を認めさせることに成功した。また、教区教会や青年集会所でカテキズムを教える女性カテキスト養成講座を開設し、公立小学校では父親の申請があれば宗教教育が開設されるという当時の政令の規定に対し、母親も申請者となるべきことを主張した。

最後に、③世俗的女性運動について述べる。デ・グラツィアは、女性労働者や困窮した女性のための慈善的活動をおこなう非宗教の運動を「世俗的運動」とし、社会主義やカトリック以外のさまざまな女性団体をここに含めている。

図7-4　1900年代初頭，女性連合の事務所にて（左の立っている女性がエルシリア・マイノ・ブロンツィーニ）

出典：AA. VV. (1990) *Città, fabbriche e nuove culture alle soglie della società di massa, 1850-1920,* Milano: Electa, p. 134

まず、その代表的組織である「女性連合」は、一八九九年、女性労働者の生活上の問題に対処することを目的としてミラノで設立された。創設者のエルシリア・マイノ・ブロンツィーニは夫が社会党員であり、産科診療所や相互扶助会の運営に携わるなかで、女性労働者の援助において関連諸団体が協力する必要性を痛感し、女性連合設立に至った。女性連合には、加盟諸団体の会員と個人会員あわせて三〇〇〇人以上が所属し、困窮者に行政利用の便宜をはかる案内・援助局の設置、世俗的孤児施設や看護婦養成講座の開設、労働者の労働条件や家庭生活に対する調査、家事使用人のための職業安定所の開設、女性や労働者の法的権利のための講演会や講座の開設、女性労働者の組織化支援など、広範な活動を展開した。その活動は、地域単位の労働組合組織である労働会議所や労働者組織と連携しておこなわれることも多かった。活動は他の都市にも広がり、一九〇五年にはミラノを中心に、各地の女性連合の全国組織が結成された。

マイノは、女性参政権や保護立法など女性の権利についても積極的に発言し、権利要求を中心とする従来の「政治的《ポリティコ》」運動に対して、社会活動に重点をおく自らの運動を「実践的《プラティコ》」女性運動と位置づけた。これは、困窮した女性に対する援助活動を通じて宗派・党派の違いをこえ、「すべての階層の女性が連帯する」ことを目指す運動であった。

次に、「イタリア女性評議会」が挙げられる。この組織は米国の女性参政権運動から生まれた国際女性評議会（ICW）のイタリア支部として結成され、設立者には貴族や大ブルジョワジーの女性が名を連ねていた。女性参政権をはじめとする女性の権利を求めて国際会議などに代表を派遣した。

また、一八九七年にローマで設立された「女性のための協会」は、徐々に他の都市にも広がり、一九〇七年には「女性のための全国協会」として組織された。女性の民法上の権利や離婚の権利といった女性の権利を要求するとともに、衛生講習会の実施など、女性労働者の教育・啓蒙活動もおこなった。ローマの女性協会には、モッツォーニや教育学者マリア・モンテッソーリ、小説家シビッラ・アレラーモも加わっていた。

3　女性労働の問題

デ・グラツィアによれば、世紀転換期のイタリア女性運動は、重要な政治課題であるべき女性参政権の意義を十分に認識していなかった。たしかに、女性参政権獲得運動は、他の先進諸国に比べて盛り上がりを欠いていた。一九〇四年にはロベルト・ミラベッリ共和党議員により男女普通選挙法案が提出され、カトリック系組織を除く各女性運動団体は知識人や会員の意識調査、署名運動などに取り組んだ。一九〇七年には「女性参政権推進委員会」が組織され、国政選挙の候補者名簿に女性を入れるよう各地の控訴院に働きかけるなど、さまざまな運動が展開された。しかし、署名運動を統一的におこなえないなど組織間の連携に欠ける面もみられた。また、社会党は女性の投票が保守派やカトリックを利することになるとして女性参政権に反対したため、一九一〇年に社会党に婦人部がつくられると女性社会党員は各地で参政権運動から脱落し、運動は後退した。

デ・グラツィアは、マイノによる「実践的」女性運動が、公的な場における女性の役割を認めさせようとした運動ではあるものの、女性の社会活動を伝統的な母親の役割になぞらえ、「市民権」を、権利ではなく「困難な義務の連続」として理解していたと評する。そして、自由主義政府が彼女たちの活動を活用することも、国家の福祉的制度に置き換えることもできなかったのに対して、ファシズムは、これを宗教的慈善や労働者階級の相互扶助活動とともに、国家に統合したのだという。実際、第一次世界大戦後、実践的女性運動家は戦災孤児の援助や戦後の生活難への対応などに従事して国の戦後処理の肩代わりをするに至り、思想面で国家主義に接近する者も現れる。

図7－5　1902年６月，ミラノで仕立てやアイロンがけの見習い女性労働者400人が，労働会議所の支援をうけてストライキに入った。女性連合は彼女たちに事務所を開放した。
出典：AA. VV. (1983) p. 137

しかし、イタリアでは、女性労働者の問題に対しては、他の先進諸国にはみられない広範な闘争が展開された。デ・グラツィアも述べているように、イタリアの女性運動には、女性の解放は労働者の解放と不可分であるとの認識が強くみられる。そうした傾向は、社会主義女性運動だけでなく、自分たちの活動は単なる慈善ではなく、女性同士が階層をこえて連帯を実現するための活動でもあるとしたマイノの運動にもみられる。また、統一国家の民主化と女性の地位の向上を重ねてとらえ、女性は労働に従事することによって家庭内の抑圧から解放されるとした、モッツォーニの思想にも通底するものである。

世紀転換期のイタリアでは、女性労働者は、男性以上に資本に対する激しい闘いを展開していた。たとえば、一八九七年に生じた一八六件のストライキ参加者は、男性労働者二万一八〇九人に対し、女性はこれをはるかに上回る三万八四三五人である。先述したクリショフの保護法案は、このように、とくに北部の繊維・衣料産業や農業部門で働く女性労働者の闘いを、政府に対する組織的闘争へと発展させようと意図していた。クリショフの提起に促された社会党や労働組合の運動により、一九〇二年には、クリショフ案よりも後退した内容ではあるが、イタリア初の産休制度を実現させたカルカノ法が成立する。そして一九一二年には、女性労働者や農民の女性たちが互いの状況を共有し、連帯を強める目的で、クリショフやマルナーティ、アンジェリカ・バラバーノフらにより『女性労働者の擁護』誌が創刊される。

イタリアの運動でさらに興味深い点は、「男女同一賃金」の要求が強くみられたことである。クリショフやマリアーニは、これを保護立法と並行して要求したが、男女同一賃金は、すでに一八八〇年代より、ロンバルディアの労働者組織の大会においてくり返し提起された要求でもあった。デ・グラツィアは、社会党の党組織が未確立で闘争が地域共同体を基盤に行われているあいだは労働運動における女性の発言権が強かった、と述べているが、男女同一賃金の要求は、まさに世紀末のイタリア労働運動における女性の存在の大きさを示している。しかし二〇世紀に入って産業別・職業別全国組合が増加し、社会党と労働組合の組織的関係が成立するにつれ、産業構造の転換による女性労働者の相対的減少もあいまって、こうした要求は影を潜めていくことになる。

冒頭で述べたように、イタリアの女性が参政権を手にするのは第二次世界大戦後のことである。ファシズム期には、女性に地方参政権を認める法が成立するが、中央集権化により地方選挙自体が廃止され、法は実効性を失った。一九四八年の共和国憲法では第三条に両性の平等が明記されるが、女性参政権は、それ以前の一九四六年、第二次世界大戦後の地方選挙や王制の存続を問う国民投票への参加という形ですでに行使され、憲法制定議会にも定員五五六人のうち二一人の女性が選ばれている。このように、戦後共和制の確立以前から女性が参政権を行使した背景には、レジスタンスに対する女性の参加が影響している。

イタリアの「第一波」女性運動は、参政権獲得は実現できなかったものの、女性労働の問題に関わる運動やその後のレジスタンスとの関わりなど、思想的にも運動においても独自の展開をみせた。それらが示唆するものは少なくない。

参考文献

尾本倫子（一九九八）「二〇世紀初頭のカトリック女性組織――イタリア・カトリック女性連合の成立」『女性史学』八号、三二－四三頁。

勝田由美（一九九三）「イタリア女性運動のパイオニア〈アンナ・マリア・モッツォーニ〉――その思想と活動」『日伊文化研究』三一号、一一五－一二八頁。

――――（一九九三）「一九世紀末から二〇世紀初頭のイタリア女性運動」『一橋論叢』一一〇（四）号、六〇〇－六一二頁。

――――（一九九三）「イタリアにおける女性労働者の保護立法（一八八三―一九〇二）」『イタリア学会誌』四三号、一二八－一四九頁。

菊川麻里（二〇〇八）「性差から歴史を語る――イタリアにおける女性史と〈ジェンダー〉」姫岡とし子・河村貞枝ほか著『近代ヨーロッパの探究11　ジェンダー』ミネルヴァ書房、二〇一－二四八頁。

武田好（一九九一）「一八九八年の女性保護論争について――モッツォーニとクリショフの女性解放思想」『イタリア学会誌』四一号、一八四－二〇四頁。

デ・グラツィア、V（一九九八）「ファシズムの家父長制――ムッソリーニとイタリアの女性たち（一九二二―四〇年）」川口陽子訳、F・テボー編『女の歴史V　二〇世紀　4』藤原書店、二〇〇－二四五頁。

AA. VV. (1983) *Esistere come donna,* Milano : Mazzotta.

Buttafuoco, A. (1988) *Cronache femminili, temi e momenti della stampa emancipazionista in Italia dall'Unità al Fascismo,* Arezzo-Siena : Università di Siena, Dipartimento di studi storico-sociali e filosofici.

Casalini, M. (2013) *Anna Kuliscioff, la Signora del socialismo italiano,* Roma : Riuniti.

De Biase, P. G. (2002) *Le origini del movimento cattolico femminile,* Brescia : Morcelliana.

De Grazia, V. (1992) *How Fascism Ruled Women, Italy 1922-1945,* University of California Press.

Mozzoni, A. M., a. cura di F. Pieroni Bortolotti (1975) *La liberazione della donna,* Milano : Mazzotta.

Pieroni Bortolotti, F. (1963) *Alle origini del movimento femminile in Italia 1848-1892,* Torino : Einaudi.

第8章　ジョリッティ時代からファシズム運動へ

藤岡寛己

ジョリッティは、イタリア王国初代首相カヴールとならぶ最も偉大な政治家（クローチェ）、現代イタリアの創始者などと称揚される一方、犯罪相（サルヴェーミニ）と酷評された。一八四二年、サルデーニャ王国のトリノ近郊モンドヴィに生まれ、一八歳でトリノ大学を卒業するとすぐにサルデーニャ王国の行政官となった、リソルジメント運動不参加の最初の首相である。会計院・国務院・財務省などでの上級官僚経験後、一八八二年に政界入りする。一八八九年にクリスピ内閣で国庫相として初入閣を果たすと、早くもその三年後には首相の座に就いた（第一次ジョリッティ内閣）。とりわけ、一九〇一年に成立したザナルデッリ内閣の内相時から第一次世界大戦の勃発まで、彼が実質的に自由主義イタリアの舵をとったので「ジョリッティ時代」と呼ばれる。

本章では、イタリアのベルエポックと称されるジョリッティ時代からリビア戦争、第一次世界大戦、ファシズム運動までを概観する。

1　ジョリッティ時代の政治・経済と工業労働者の組織化

ジョリッティ時代の特徴としてまず指摘できるのは、政治的にきわめて安定した時代であったという点である。五次

図8－1　ジョヴァンニ・ジョリッティ
出典：G. D'Autilia (1998) *L'età giolittiana 1900-1915,* Roma: Riuniti, p. 30

計一一年七カ月に及ぶジョリッティの首相在位期間は、王制から共和制の現在に至るまでを含め、ファシズム独裁期ムッソリーニの二〇年九カ月に次いで長い。

この政治的安定をもたらしたジョリッティの手法とは、トラスフォルミズモ、縁故的慣例《クリエンテリズモ》、非自由主義・反自由主義諸潮流にも閣外協力を促す総与党・万年与党主義、さらに三大野党（急進派・共和党・社会党）の取り込みであり、とくに社会党改良派（最小限綱領派）に働きかけた対政府協調《ミニステリアリズモ》への誘導などである。肥大する社会主義勢力の改良派を掌中に収め、社会党全体を自由主義体制内政党に封じ込める必要があった。これにより、ジョリッティ政権は階層横断政治が可能になるであろう。だが、一時期は党主流となった改良派も革命派の急進により、右派は小党の改良主義社会党として離脱してしまう。なお、共和党は、表8－1からもわかるように、一九〇四年のゼネスト後の一時的停滞を除き党勢拡大する他の二党派に挟まれて特色を打ち出せず、衰退していった。

ジョリッティ時代の特徴的な政治改革のひとつに一九一二年の男子普通選挙法の制定がある。表8－1のように有権者数は一挙に三倍近くになった。自由主義保守派は選挙権の拡大に反対したが、時代の形勢を熟知するジョリッティは、普選という大衆民主主義制度を導入することで大衆が革命思想や秩序破壊に走ることを防止して総与党化を実現し、ことに南部農民票による保守強化（南部農民の封建的人間関係と低い政治意識が票を政権党に向かわせるとの予測）を狙ったのだった。

ジョリッティは外政よりも内政を重視し、経済発展による政治的安定の実現を図った。簡単にいえば、地税を増税して南部から吸い上げた財貨を四大信用銀行（イタリア商業銀行、ローマ銀行、イタリア信用銀行、ミラノ・イタリア銀行協会）を通じて北部の工業化の資金とし、保護主義経済政策を採用してイタリア資本主義を強化した。また、主にドイツからの外資の積極的な導入も進めた。一方、困窮する南部の救済を目的とした社会立法は効果薄か計画倒れかに終わり、結

表8-1　下院総選挙結果

		1900年	1904年	1909年	1913年
有権者数（投票率）		225万人（58.3%）	254万人（62.7%）	293万人（65.0%）	844万人（60.4%）
政党・党派	自由主義系　合計	**412**	**415**	**372**	**310**
	政府系	296	339	328	253
	反政府系ほか	116	76	44	*57
	カトリック	—	**3**	**18**	**29**
	急進党	**34**	**37**	**48**	**73**
	共和党	**29**	**24**	**23**	**17**
	社会党	**33**	**29**	**41**	****79**

＊　ナショナリスト6名を含む
＊＊改良主義社会党19名，独立社会主義者8名を含む
出典：P. L. Ballini (1988) *Le elezioni nella storia d'Italia dall'Unità al fascismo,* Bologna: Il Mulino, pp. 130-178より作成

局、工業保護主義が農業市場を圧迫し、南北格差はさらに拡がった。この時代、工業総生産は倍増したが、南部からは国外への移民が急増する。移民者数は、一八九一年からの一〇年間は二八四万人だったが、一九〇一～一九一〇年には六〇三万人に上昇した。

工業の離陸期にあった時代にジョリッティは、自由主義的改良主義、新興工業ブルジョワジーの育成（製鉄など重化学工業）と労資の和合、小土地所有層への民主主義の浸透を国家運営の基礎とした。他方、金融界の反対にもかかわらず、鉄道の国有化と生命保険の国家独占を強行し、公共事業を推進し、生産に刺激を与えるとして賃上げを支持した。このような、国家社民主義ともいえる政策は保守勢力や自由経済主義者から批判を浴びるが、ジョリッティは経済への国家介入が国力を強め、集合利益の保護となり経済進展の基本要素となると反駁した。労働分野においても、労働組合運動を認めることで農民や労働者の過激化を阻もうとした。それは労働者のストライキ権、公共事業の労働者協同組合割り当て、協同組合への税制上の優遇措置、社会立法（女性および児童労働保護法、強制的労働保険の拡大、労働年金法、週休法、米作労働契約規制法、製パン夜間労働禁止法など）に見ることができる。

労資協調により国内政治の安定を図るジョリッティは、国家公務員や国有化した鉄道の争議には厳しく対応したが、国力の発展基軸であ

る工業分野での労働者の組織化は容認した。工業労働者の大規模な組織化は一九〇一年、冶金工組合をまとめた全国組織の金属労働者連盟（FIOM、結成時組合員一万九〇〇〇人）の設立となって現れ、労働条件の改善や最低賃金、八時間労働、夜間労働廃止、男女同一賃金、さらに労災法や全国共済基金法の法制化を求めた。また、各地では労働会議所の数が着実に増加し、休眠状態だった建設労働者連盟が再建され、繊維連合も生まれた。農業分野でも同年、全国土地勤労者同盟《フェデルテッラ》が、ポー平野の日雇農業労働者《ブラッチャンティ》や各地の労働会議所に属する各種農業組合を中心に一五万二〇〇〇人の組合員を擁して発足した。農業労働者の平均賃金は一九〇五年時で工業労働者の半額に満たなかった。労働紛争は増加をたどり、ジョリッティ時代を通じて年平均一〇〇〇件以上のストライキが発生し、参加者数も一九一三年には四六万人に迫った。

一九〇六年結成の労働総同盟（CGdL）は、改良派社会主義者や革命的サンディカリスト、共和主義者、政治的に無色の労働者も糾合し、全国七〇〇組合、組合員一九万を擁した（一九一一年には三八万人）。労資協調的な英国労働組合主義の傾向を帯び、憲兵が介入して死傷者を出したミラノのガス工争議ではゼネスト要求もあったが、総同盟運営評議会はこれを中止し、戦闘的労働者から批判を浴びた。一九〇八年には革命的サンディカリストのデ・アンブリスが指導するパルマ労働会議所によってブラッチャンティの大闘争が起こるが、政府から支援された地主・農業家の暴力的反動を前に敗北し、社会党と総同盟から孤立する。その後、デ・アンブリスやコッリドーニらは生産手段の奪取を目指す革命的サンディカリズム系の労働組合連合（USI、結成時組合員約一〇万人）を結成して総同盟を離れた。鉄道員組合も同連合の直接行動戦術を採用した。

他方、産業各界も組織化を速め、一九一〇年にピエモンテ、リグーリア、ミラノ地域の企業家たちが、工業総連盟《コンフィンドゥストリア》を創設した。労資対決は第一次世界大戦期の産業動員でいったん棚上げされるが、戦後、ロシア革命と全欧的な労働者攻勢が相乗化し、ジョリッティによる労働運動や労組の体制内化は失敗する。労働者による一九二〇年秋のトリノのフィアット工場占拠がその象徴的事件となるであろう。

2　カトリック情勢と南部問題

労働界に急速に浸透する社会主義に危機感を抱いたローマ・カトリック教会は、一八九一年の回勅『レールム・ノワールム』によって労働者層の取りこみと影響力の増大を狙った。それまでの「ローマ問題」に象徴される国家対教会の対立構図から、国家対教会対社会主義という三つ巴の対立構図へとイタリア社会が変化しつつあると認識し、それでもなお世俗的主導権を握ろうとした。教皇ピウス一〇世は一九〇四年、非妥協派の牙城だった「大会活動団」を廃止する一方で、活発化するキリスト教民主主義の抑制を図る。また『ノン・エクスペディト』を事実上解除し、キリスト教徒の国政選挙活動を公認した。経済社会連合や人民連合や選挙連合を発足させて階級協調主義による社会秩序を目指し、職業連合全国事務局でカトリック労働組合を指導し、有機的な職業代表・賃金防衛・経済的改善などを織り込んだ。ジョリッティは、カトリック勢力は政府に接近する以外に政治的選択肢がないと判断し、特別視せず争わず、深い関与を避けた。

カトリック民主主義運動の推進者であるマルケの司祭ムッリがキリスト教国民政党の結成に積極的に動くが、統制を強めるピウス一〇世はこれを批判し、ついにはムッリの聖職を剝奪する。他方、教権‐穏健主義勢力は自由主義陣営と選挙同盟を確立し、一九一三年総選挙で宗教の自由や離婚反対、カトリック系経済組織への公平な対応などを条件に与党系候補者を応援するという内容のジェンティローニ協定の締結で同盟関係が頂点に達する。このとき、カトリックの支持を受けた与党候補者二二八人が当選した。

カトリック民主主義運動のいまひとりの主役であるシチリアの司祭ストゥルツォは、『レールム・ノワールム』によって農民・労働者層のカトリック陣営への編入を確信し、シチリア・ファッシの乱に対するクリスピ政府の弾圧からジョリッティ政府まで続く国家統制主義的集権制の否定と地方分権制を主張した。ストゥルツォは、地元カルタジロー

図8-2　ルイージ・ストゥルツォ

ネで農民の連帯を促し、デモに参加し、ストライキを組織し、協同組合や農村金庫をつくった直接行動の司祭であり、小土地所有農民の増加によって南部問題を解決しようと考えた。地方議会議員、市長、県議を務め、名望家の縁故支配ではない政党政治を実践するストゥルツォは、第一次世界大戦後、イタリア史上初のカトリック政党となるイタリア人民党を結成する。

統一イタリア国家の成立と同時に、南部論は、〈未開・未開発・困窮の南部、啓蒙・文明化・富裕化すべき南部〉としての「南部問題」となって現れた。それは歴代の自由主義政府に突きつけられた大難問であり、政府はこの克服をつねに政策課題に掲げてきたが、ジョリッティ政府も含めことごとく不首尾に終わった。未解決の南部問題はある意味で、今日に至るイタリアの宿痾《しゅくあ》であり続けているといってよい。

一九〇四年に反保護主義同盟を結成した経済学者デ・ヴィーティ・デ・マルコは、生産調整を含めた南部の産業的・商業的農業化に必要な知的人材を育成する教育政策・学校建設の重要性や、保護関税の撤廃による自由貿易の復活を訴えた。他方で、南部救済手段としては経済的自由主義のもとで戦勝後のリビアへの移住と植民地化を提案する。

税制改革と自由貿易を唱えるフォルトゥナートは、旧サルデーニャ王国の税制、とくに地税が国家統一を機に南部に重税となってのしかかったと批判する。高額な地税の負担は地主ではなく小規模借地農に被さり、当然のごとくそれが農産物価格の高騰になって反発し、輸入農産物との競合でも敗北して南部農民の相対的貧困をもたらしたとの判断であった。

急進党の経済学者で第一次世界大戦直後に首相となるニッティは、南北格差の責任は北部ではなく政治的・歴史的条件の所産であるとみる一方、私的モラルの立派な南部だが買収や暴圧などによって公共的モラルは劣悪であると論じた。

著作『ナポリと南部問題』（一九〇二年）でナポリには工業都市となる条件が揃っていることを実証し、これによってジョリッティ政府はナポリの工業発展援助法を発表、イタリア信用銀行の斡旋で近郊のバニョーリに一貫製鉄所が誘致された。

南部プーリア出身の歴史学者サルヴェーミニは、一八八七年の保護関税が北部諸産業を潤して南部農業を破壊したと怒り、南北問題の解決にはインフラ整備や税制改革・国有地払い下げ・南北プロレタリアートの同盟などが必要であると説く。また、プロレタリア農民は統一以前には教会財産（地所）から日々の糧（農・畜産物）を得ていたが、新国家による教会財産の接収は国家と南部地主との卑劣な取引だった。この卑劣な取引を介して南部地主は安価に広大な面積の土地を入手し、貧乏人から土地を奪った。サルヴェーミニは、「ガリバルディも公共の土地は南部の無産者に無償で分配されることを望んでいただろう」と手厳しく政府と地主を論難した。

サルヴェーミニの真骨頂は、南部問題の解決のために普通選挙と連邦制を提起し、連邦制こそ南部問題解決の唯一の道であると主張するところにある。「それは地方分権主義ではない。地方分権主義はイタリアの北部と南部とのあいだの利益をめぐる闘争を前提とするが、それは真実ではない。存在するのは、南部の大衆と南部の反動とのあいだの、北部の大衆と北部の反動とのあいだの闘争である。連邦制を選び、住民投票・地方自治・人民主権を行使することで、すべての共通利益が各地の大衆のもとにおかれる」とサルヴェーミニは力説する。連邦制思想は民主主義諸党派の政治綱領とならねばならず、連邦主義的共和主義者は国家統一至上主義のマッツィーニ主義者との連帯を断ち、カッターネオ的連邦主義へと接近していくことになる。その最終的な形が南部政府の創設であった。

サルヴェーミニは、ジョリッティ体制下にあっても南部収奪の構造に変化がなく、イタリアはむしろいっそう肥大した行政国家＝中央集権国家となり、地方の自治・自由がさらに剝奪されていると非難した。事実、北部の工業化に比重をおくジョリッティは、南部の諸問題を根本的に解決することはできなかった。

3　文化

実証主義や自然主義が影響力を失ったあと、二〇世紀初頭に広まった新たな神話として、カルドゥッチ、ダンヌンツィオ、パスコリに代表されるデカダンス文学がフランス同様、一世を風靡した。とくにダンヌンツィオの耽美主義・官能主義・ニーチェ的「超人」志向や神話作用は、文学の枠を超え、政治的な影響を与えた。科学とカトリックとブルジョワジーの調和的可能性を描いたフォガッツァーロや、自然主義的散文の破壊者としてのズヴェーヴォも注目される。ピランデッロもジョリッティ時代に長編傑作『生きていたパスカル』を発表している。

二〇世紀を代表する自由主義哲学者クローチェはローマからナポリに戻り、ジェンティーレの協力も得て雑誌『クリティカ（批評）』を創刊して言論の拠点をつくった。また論理学や倫理学、言語学、美学、ヴィーコの哲学に関する著作を精力的に刊行したり、行動的観念論をめぐってジェンティーレと論争したりした。さらに、リビア戦争が国民的一体性の完成に有効であるなどの政治的発言もおこなっている。

映画やラジオが大衆に広まるのは第一次世界大戦後まで待たねばならない。この時代の文化とはもっぱら文学と芸術、音楽であり、文化思想的意味での牽引地はフィレンツェであった。作家で文芸評論家ボルジェーゼの『ヘルメス（オリンポス一二神の一人）』、辛辣な文明批評家プレッツォリーニと無頼派的評論家パピーニによる『レオナルド』とプレッツォリーニの『ヴォーチェ』、パピーニの『ラチェルバ』は当時のイタリア前衛文化を代表する雑誌であり、それらのモデルとなったのが文化総合雑誌『マルゾッコ』であった。一時期、この『マルゾッコ』の創刊者のひとりでもあるナショナリストのコッラディーニは、『レーニョ』『イデア・ナツィオナーレ』といった政治文化誌を発行した。各誌とも、重複しながらも多彩な執筆者を登壇させ、耽美的で反実証主義、ダンヌンツィオ主義、ベルクソン主義、ソレル主義、反ジョリッティ主義など多様な横顔を見せた。この雑誌群は、フィレンツェを一大文化文芸都市に押し上げた。

このほか、ジョリッティ時代にみられた主な文化的できごとを一覧しよう。一九〇二年、オペラで著名なテノール歌手のカルーゾがミラノでレコード録音（ドイツのグラモフォン社）して注目され、世界的に知名度を上げた。一九〇三年、ボードビルやレビューをはじめ、イタリアのコメディ・バラエティに多大な影響を与えたペトロリーニがローマで初舞台を踏んだ。一九〇四年、プッチーニのオペラ「蝶々夫人」がミラノのスカラ座で初演されたが、評価は散々だった。一九〇五年、最初の短編映画（サイレント）が制作された。タイトルは『ローマ占領』で、一八七〇年のローマ併合を描いたもの。一九〇六年、ミラノ万博が開催された。テーマは「輸送」で、四〇カ国が参加した。また、子ども向け週刊誌『日曜子ども新聞』が発刊、デ・アミーチスやデレッダらが寄稿した。さらに同年、医師ゴルジと詩人カルドゥッチがイタリア初のノーベル賞（各々、医学・生理学賞と文学賞）を受賞した。一九〇七年、医学者・幼児教育学者モンテッソーリがローマに「子どもの家」を開設。「子どもの家」はモンテッソーリ教育の拠点となり、世界中に広まった。一九〇九年、マリネッティが仏『フィガロ』紙に未来派宣言を掲載した［第10章を参照］。また、マルコーニが無線電信の発展に貢献したとしてノーベル物理学賞を受賞した。一九一〇年、ミラノでサッカー初の国際試合が開催され、イタリアは六対二でフランスに勝利した。

図8－3　エンリコ・カルーゾ
出典：G. D'Autilia (1998) *L'età giolittiana 1900-1915,* Roma : Riuniti, p. 169

4　リビア戦争から第一次世界大戦へ

イタリアがオスマン帝国と争ったリビア戦争（一九一一年九月～一九一二年一〇月）は第一次世界大戦の遠因となった。イタリアは一方で独墺伊三国同盟を締結し、とくにドイツとの経済関係は濃密であったが、他方でフランスとのあいだに、トリポリタニア・キレナイカでの伊の、モロッコでの仏の行動の自由と戦時の相互中立・不介入を約した秘密協定を結んでいた。北アフリカ地中海沿岸部に関する英（エジプト）、仏（チュニジア、モロッコ）、伊（リビア）の影響力配分状況に緊張が走ったのが、二度のモロッコ事件であった。結局、ドイツのモロッコへの野望は英仏によって潰えたが、フランスが秘密協定の内容を超えてモロッコを保護領としたことを機に、フランスあるいは敗北したドイツがリビアに標的を転換し、英仏もこれを黙許するかもしれなかった。リビアでの優先的支配に危機感をもったジョリッティ政府は、リビアの直接支配を要求してオスマン帝国に最後通牒を送った。

リビアへの植民という大義名分のもと、ナショナリストや南北のブルジョワジーも戦争に同意し、民衆煽動的な雰囲気がつくられた。労働組合は黙認するか、革命的サンディカリストたちのように公然と戦争支持を表明した。社会党も支持の可否をめぐって分裂した。バルカン半島やトルコ本土、リビアに重大な経済利害をもつローマ銀行からの開戦圧力を契機に、カトリシズムと愛国主義が国家統一以来初めて敵対せず、ひとつになった。だが、入手したリビアの地は、ナショナリストたちが喧伝したような沃土でもなく、容易に植民できる社会環境も経済環境も整っていなかった。

リビア戦争でのオスマン帝国の敗北により、バルカン半島で対峙するオーストリア＝ハンガリー帝国とオスマン帝国の二つの多民族・超民族国家の緊張関係にひずみが生じ（第一次・第二次バルカン戦争）、第一次世界大戦への道が地ならしされる。むろん、一九〇八年のオーストリアによるボスニア・ヘルツェゴヴィナ併合や、青年トルコ人革命以降のオスマン帝国自体の政情不安定・国力減退も戦争の予兆となった。

ジョリッティ後のサランドラ政権は、第一次世界大戦勃発後ただちに局外中立を宣言する。独墺は三国同盟を楯に自陣でのイタリアの参戦を要求するが、政府は介入義務はないとこれを拒否した。国内世論は、ハプスブルク帝国内に取り残された少数派のイタリア系住民の待遇や、トレント、トリエステ、ダルマツィア地域などの、いわゆる「未回収のイタリア」を要求し、反墺感情が高まっていた。また、イタリア政府もオーストリアの予告なきボスニア・ヘルツェゴヴィナ併合は三国同盟条約違反であり、占領がバルカン地域で改善を見せていた伊露関係を刺激していると難じた。地政学的に重要なアルバニアの優越的地位をめぐる伊墺間の勢力争いもあった。ドイツは、イタリアを引き込もうと、オーストリアに対伊譲歩を迫ったが、オーストリアはこれに同意しなかった。

参戦せず中立を継続すれば戦後の国際的地位が危ぶまれるとの声が政府内外で強くなった。サランドラは「イタリアのための神聖なるエゴイズム」と呼び、一転して参戦を表明する。ムッソリーニも論説「絶対的中立から能動的・効果的中立へ」を発表して参戦主義への転向を表明し、ほどなく社会党を追放される。

この頃はまだ国民にもジョリッティ派議員のあいだにも厭戦的雰囲気が支配していた。最大野党の社会党もヴァティカンも戦争不介入を叫び、軍にもリビア戦争後の疲弊感が漂っていた。「与せず、妨げず」の消極姿勢だが、イタリア社会党はヨーロッパの社会主義政党のなかで最後まで戦争に荷担しなかった唯一の政党であった。しかし、オーストリア側に八〇万のイタリア系住民が残っているとして国境線の変更を長年求めてきた急進主義者や、アルバニアの併合までも要求するナショナリスト、詩人ダンヌンツィオ、戦争を通して国の精神革命を叫ぶ未来派、戦争を革命誘発の好機とみる革命的サンディカリスト、さらに若干の改良派社会主義者やサルヴェーミニら民主主義参戦派・共和主義者が主戦論に転じた。

図8－4　イゾンツォ戦線の280 mm 臼砲（1917年）
出典：L. Fabi (1998) *La prima guerra mondiale. 1915-1918,* Roma: Riuniti, p. 172

サランドラは戦況を考慮しつつ、同盟国側・協商国側の双方と水面下での秘密交渉を続行する。未決定のイタリアを動かしたのは協商国側からの破格の提案、ロンドン秘密条約であった。同条約はイタリアに、トレントやトリエステなどの未回収地域や南チロル、ゴリツィア、イストリア半島、アルバニア沿岸部、トルコのアダリア州に至るまで、割譲や主権承認を約束していた。だが議会では、三二〇名の下院議員と一〇〇名の上院議員がジョリッティの中立路線に従ったため、サランドラは国王に辞表を提出した。ところが、この瞬間からおよそ一週間、暴力を交えた激しい参戦主義行動が各都市の広場や街頭で展開される。ダンヌンツィオがその象徴的存在であり、若者層が暴動の主役だった。ジョリッティから政府の瓦解は望まないとの言質を取りつけた国王は辞表の受領を拒否し、結局、議会はジョリッティ派も賛成し、サランドラ政府に戦時特権を与えることで政府続投を決めた。

条約締結から一カ月後の一九一五年五月二四日、イタリアはオーストリアとの交戦に入る。カドルナ将軍は伊墺国境のイゾンツォ川戦線を正面突破してスロヴェニア大地から一気にウィーン侵攻を図ったが叶わず、長く膠着状態が続いた。一九一七年一〇月、イゾンツォ川上流のカポレットでの大敗でヴェネツィア東方のピアーヴェ線まで後退するが、一九一八年一一月のヴィットーリオ・ヴェーネト戦の勝利で終戦を迎えた。

5 赤い二年

第一次世界大戦は一九一八年一一月に一応の終結をみるが、欧州全体で九〇〇万人を超える従軍戦死者、イタリアでは六五〜七〇万の従軍戦死者と四五〜五〇万の傷痍軍人、一〇〇万の負傷者を出した。卸売物価指数は、戦前に比べ四・五倍（一九一九年）、五・九倍（一九二〇年）に急上昇した。戦後イタリアの経済的帰結は、①戦時経済（軍需経済と産業動員体制）から平時経済への産業転換の停滞、②戦中の男子労働力喪失による農業生産の大幅減産とそれによる食糧の海外依存度の増大、③移民の急減と復員による労働力余剰、④戦時債権利払いの負担、軍人恩給、被災地域復旧作業など戦後処理費用の国家財政への圧迫、⑤観光収入と国外移民からの送金の激減、⑥資本の国外逃避によるリラ価値の急落、⑦危険性の高い投機熱の流行、にみてとれる。こうした要因が不況やインフレを倍加させ、高い失業率や経済混乱、生活苦、食糧暴動をもたらした。

加えてヴェルサイユ条約体制下で戦勝報賞の約束（ロンドン条約）が反故にされたことへの国民の不満が重なり、国政への全般的な不信が充満した。さらに、ロシア革命を発火点とするプロレタリア革命・社会主義革命の気運が戦後不安を倍加させ、労働者攻勢はいっそう激しさを増す。イタリア近現代史において一九一九〜一九二〇年が一般に「赤い二年」と呼ばれる理由はここにある。

このような政治的・経済的・社会的な不安定と混乱は、イタリアを両極に押しやった。つまり、一方における社会主義・労働者勢力の攻勢であり、他方でのムッソリーニ＝ファシズム運動の形成である。両者に共通する前提認識は、政権と議会の無策・無能力であった。第一次世界大戦後、それまでイタリアを掌握・運営してきた自由主義政治の終焉が露呈した。一九一九年一一月の総選挙において、自由主義諸派は五〇八議席中一九七議席と初めて過半数を割り、社会党は一五六議席、新たに結党したカトリックの人民党が一〇〇議席を占めた。イタリアの政局もまた大衆政党の時代に突入したのだった。だが、社会党と人民党の二つの大衆政党は、自由主義政府に対抗すべき革新政権の樹立を目指して連合するつもりはなかった。したがって、依然として自由主義諸派が政権に居座るものの、政治社会の混乱がもはや限界にきていることも自明であった。

表8-2　ストライキ（1917〜1922年）

年	工業スト件数	農業スト件数	総参加者数	延べ日数
1917	443	27	175,000	849,000
1918	303	10	159,000	1,000,000
1919	1,663	208	1,555,000	22,325,000
1920	1,881	189	2,314,000	30,569,000
1921	1,045	89	724,000	8,180,000
1922	552	23	448,000	6,917,000

出典：G.P. Cella, a cura di (1979) *Il movimento degli scioperi nel XX secolo,* Bologna : Il Mulino, pp. 188-189, 223 より作成

国家の中心的な工業は、大規模な重化学工業へと移行した。労働運動においても、労資対決的・ソヴィエト社会主義革命的方向にさらに舵が切られた。表8-2にみるように、ストライキ数・参加者数・日数の急増が労働運動の激しさを物語っているが、さらに中・南部では零細土地所有農民や農業労働者が未耕作地や微小耕作地を占拠する事態も頻発した。労働総同盟の加盟者数は、終戦時の二五万人から一九二〇年半ばには二〇〇万人に急増した。

図 8－5　工場占拠中の労働者（トリノ，1920年 9 月）
出典：M. Isnenghi (2002) *La grande guerra,* Giunti, p. 147

工業分野において、最も先鋭的で激しい労働運動を展開したのが、フィアット自動車を中心とするトリノの労働者であった。労働総同盟もその傘下の金属労働者連盟（FIOM）も、一部に過激分子を抱えていたが、ともに労資協調を指向する改良主義的労働組合だった。トリノの労働者は労資協約不履行問題について交渉を所属労働組合に要求するものの、幹部は御用組合的体質を露呈して現状維持を重視した。これに対し、労働者は自動車や印刷などの部門で一連の抗議集会・ストライキを打ち、さらに上級技術者・職員と現場労働者との連帯の可能性を模索し、職場活動の再編ならびに資格規定の刷新要求を提出する。経営側は工場の規律が保たれないとしてこれを拒否し、ロックアウトすらほのめかした。金属労働者連盟は技術者‐現場労働者との再編統合問題を棚上げして賃金問題のみを経営側と協議したが、両者の裏取引が発覚する。これを機に既成労働組合の統御範囲を突破しようという気運が生まれ、それは他の産業都市の労働運動にも波及する。こうして、ファシズム以前最後の労働者攻勢というべき「赤い二年」が開始される。なかでも、グラムシらが指導したトリノの工場評議会は、「分業から生まれた職業連合ではなく、生産統合にもとづく新しい型のプロレタリア組織」であり、一九一九年一〇月末にはトリノの一五の工場で五万人の労働者を擁する「金属労働者評議会」へと急成長を遂げた。

一九二〇年三月、工業資本家たちは、従来の協調相手である労働組合の統制力が評議会運動によって著しく低下してきたことに危機感を募らせ、評議会の壊滅に動く。フィアット社主のアニェッリは、同社での職場代表委員会（工場評議会）の認可を拒否する。工業家組合は「工場に二つの権力は存在しない」として工場評議会と対決し、これに工場労働者たちは四月、ゼネストで対抗した。ゼネストがピエモンテ全域に呼びかけられると、ノヴァーラの日雇農業労働者三万人やヴェルチェッリおよびパヴィーアの農民、ジェノヴァやリヴォルノの港湾労働者が同調ストに入った。フィレンツェやピサの鉄道員は、トリノへの原材料の輸送を拒否して支援した。だが、革命路線を主張する最大限綱領派が実権を握る社会党も、金属労働者連盟や労働総同盟も事態の収拾に走り、近代イタリア労働運動史上で最長の一〇日間のゼネストは敗北した。

急速に悪化する経済状況とそれにともなう物価高騰がいよいよ重症となった。労働側の賃上げを含む賃金体系の見直し要求はますます激化するが、工業家は既定の協定を損なうものであると拒絶し、反対にあからさまな労資対決を望む声を高めた。これに対し、金属労働者連盟と労働総同盟は生産妨害戦術とともに、もし資本家サイドがロックアウトに訴えた場合は工場の占拠によって防衛的に対抗すると提起した。労働組合連合（ＵＳＩ、このときはアナーキズム系が実権を掌握）や労働連合（ＵＩＬ、革命的サンディカリズム系）、勤労者総同盟（ＣＩＬ、カトリック系）も加わった。経営陣はこれに過敏に反応し、ついに八月末、ミラノのロメオ工場をロックアウトしてしまう。金属労働者連盟ミラノ支部は市内三〇〇の機械金属工場の占拠を指令し、他の企業経営陣がロメオ社に追随しないよう警告した。六月から首相に復帰していたジョリッティは、経営側が強く迫った公権力の介入による占拠労働者の排除は流血の事態を招くとして待機戦術をとった。工業総連盟《コンフィンドゥストリア》は加盟事業所のロックアウトを命令し、トリノでも工場の門が閉ざされようとした。金属労働者連盟と労働総同盟は決定どおりに占拠戦術を実行し、全国で四〇万以上の金属機械労働者が各地の作業所や製鋼所、造船所、工場を占拠した。

しかし、二週間に及んだこの九月の最大規模の占拠闘争も結局は四月ゼネスト時と同様、社会党と労組トップと経営側、それに今回はジョリッティ主宰の談合によって政治的解決が図られた。社会党は、自分たちだけでは工業経済を制御できないと判断した。ジョリッティは労資同数委員会の設置を経営側にのませ、賃上げほか一部の待遇改善措置とともに占拠闘争は終了した。トリノの工場では労働組合連合の組合員も積極的に関わり、自覚と規律を保った工場評議会労働者によって占拠が機能的に組織されたが、評議会運動は頂上の「和解」によってまたしても苦渋をなめさせられた。イタリアの評議会《ソヴィエト》の革命性に恐怖する資本家たちは直ちにその排除に乗り出す。

6　ファシズム運動

一九一九〜一九二〇年が社会主義的労働運動の極みをみた「赤い二年」として理解される一方、一九一九年三月にミラノでムッソリーニが結成した「イタリア戦闘ファッシ」はファシズム運動の起点となった。社会主義系以外の反体制不満分子を糾合しようとした戦闘ファッシの基本的な構成要素は、①第一次世界大戦中の軍人のなかで特異な存在であった攻撃性の強い突撃隊員《アルディーティ》、②未来派、③革命的サンディカリストや元社会主義者など左派参戦主義者であった。物理的な実行力として突撃隊員が、指導的イデオロギーとして未来派と革命的サンディカリズムが中核的要素となった。

ムッソリーニは、戦闘ファッシ結成大会で帝国主義は経済的・精神的に拡大する諸国民にとって生活基盤であること、社会党からのプロレタリアートの切り離し、ナショナル・サンディカリズムの立場、上院の廃止、男女普通選挙、比例代表制、共和主義、労働者の企業経営参加などを主張したが、これらは革命的サンディカリストや未来派がそれまでたびたび主張してきた内容をトーンダウンさせて繰り返したにすぎず、独自の政治思想や行動理論ではなかった。ムッソリーニは大会後に書いた「政治綱領の指針」で、議会主義指向を言明し、英国型労働組合主義的性質の国民評議会の創設を提案した。だが、一一月の下院選挙で戦闘ファッシは一議席も獲得できず、ムッソリーニも落選する。

他方、ファシズム運動は突撃隊員にも多大に依存しており、議会主義には収まらない暴力が発散する危険性があった。四月一五日、それは現実のものとなる。すなわち、社会党が実施したミラノのゼネストのさなか、短剣と手榴弾とリヴォルヴァーを携帯し、国旗と自隊旗を掲げた突撃隊員と未来派、ファシストがミラノ市街で社会主義系デモ隊と衝突し、三人を射殺するという事件が発生したのである。さらに彼らは、社会党機関紙『アヴァンティ!』ミラノ支部を襲い、警備兵一人を殺害、建物に放火した。組織的暴力に訴える新しい政治闘争が始まったのだった。まさに、ファシズム暴力を象徴するファシスト行動隊《スクワドラ》による武装行動主義《スクワドリズモ》の出発点であった。公安警察は黙認し、マリネッティは「ファシズム最初の勝利」と書いた。

よりナショナリスティックでファッショ運動以上に注目された事件は一九一九年九月のダンヌンツィオによるフィウーメ占領であった。ダンヌンツィオは一九二〇年末までの一五カ月間、在所のスラヴ系およびイタリア系住民の住む港町を独立都市（のち執政府）に変え、ナショナリストや未回収地併合主義者《イッレデンティスタ》、突撃隊員や革命的サンディカリストなど多種多彩な人々の雑多な集合体を形成した。フィウーメにおいてファシズム諸典礼のプロトタイプがつくられた。たとえば、突撃隊員の黒シャツを導入し、特別な式典や大衆集会での賛歌「青年《ジョヴィネッツァ》」、バルコニーからの大衆向け演説、右手を高々と挙げるローマ式敬礼などを創作した。しかし、フィウーメはニッティ政府の陸海封鎖で経済活動を断たれ、イタリア＝ユーゴスラヴィア間のラパッロ条約で自由都市が確定し、ついには伊海軍によって壊滅される（「血のクリスマス」）。

図8-6　演壇上のムッソリーニ（ミラノ）

1922年秋に政権を握ったファシズムは，古代ローマの執政官を護衛するリクトル（リットーリオ）が捧持した斧の束（ファスケス：ファッショ）を権力の象徴とした。

出典：F. Chicco／G. Livio (1970) *1922-1945 sintesi storica e documenti del fascismo e dell'antifascismo italiani,* Torino, p. 69

一九二〇年九月の工場占拠は終息したが、ポー平野など農村部では社会主義勢力が躍進を続け、農業ストに勝利して経営者に排他的契約を結ばせ、労働者の単一組合化を推進した。加えて、政府は各地で発生した農業労働者や小作人の私有地占拠後の農地を合法化した。農業経営者のあいだに、社会主義の恐怖と無力な政府への失望や怒りが浸透していった。直接行動によって取得した者も含め、小土地所有農民は二〇〇万人を超え、彼らはしだいに保守化した。各レベルの土地所有農民が最初に頼ったのは一九一九年六月にボローニャ労働会議所を襲ったナショナリズム勢力の青シャツ隊（センプレ・プロンティ）だったが、翌春まで

図8－7　労働総同盟事務所を破壊するファシスト行動隊《スクワドラ》（ローマ，1920年）

には戦闘ファッシも北部各地で行動隊を編制した。農地所有者からの信頼を得た戦闘ファッシは、ごく短期間に構成員を増やしていった。地方の社会党支部を破壊し、労働組合を粉砕する行動隊の「懲罰遠征」が多発した。三〇～四〇名からなる行動隊は元将校や退役軍人に指導されていた。一九二〇年一一月にボローニャで社会主義者との流血闘争が起きた頃には、戦闘ファッシの暴力行動をファシズム、その構成員をファシストと呼ぶようになる。戦闘ファッシ会員も一九二〇年末の二万人から翌年五月には一八万八〇〇〇人と激増した。新会員は主として下層中産階級だった。

　イタリア戦闘ファッシ結成時のファシズムは小規模、エリート主義的で都市に活動の中心をおいたが、一九二一年の大衆的ファシズムは主に農村部にあって、ラス（エチオピアの土侯を意味）と呼ばれる地元リーダーに率いられた。フェッラーラのバルボ、ボローニャのグランディ、クレモーナのファリナッチなどがその代表例であり、きわめて暴力的で強烈な反社会主義者だった。

　一九二一年五月の下院選挙時、首相ジョリッティは、革命路線を主張する最大限綱領派《マッシマリスタ》の支配的な社会党や反ジョリッティ的な人民党との提携をあきらめ、戦闘ファッシと「国民ブロック」を形成した。ファシズムを自由主義陣営に引き込み、これを議会政治の枠に押しとどめようと図ったのである。五三五議席中、自由主義政府は何とか過半数を占めた。ファシストは三五議席を得た。社会党は一二四、人民党は一〇八、一月に社会党から分派した共産党は一五だった。選挙期間中も社会主義者に対するファシストの暴力は続いた。軍も警察も政府役人も彼らに好意的だった。

　ムッソリーニは、社会党から労働総同盟の引き離しと、自派の暴力を制御するため、社会党との平和協定を提唱した。平和協定は八月に結ばれたものの、ラスたちはムッソリーニの議会主義偏向に怒り、協定締結を非難した。ファッシでは反ムッソリーニの秘密会議もあった。ダンヌンツィオを指導者にとの声も出たが、フィウーメ追放後、すでに隠棲していた。全体を率いる人材はムッソリーニをおいて他に見つけられなかった。ファッシ強硬派は左翼との戦闘を継続し、スト潰しにかかった。表8－2にみるように、一九二一年のストライキ数は、工業・農業領域ともに前年より半減する。政治的暴力による死者は、警察や軍による殺害も含め、一九一九～一九二二年に二〇〇〇人にのぼった。

ムッソリーニは、一九二一年一一月の全国大会で、ファシスト武闘派の暴力継続を受け入れる代わりに戦闘ファッシの組織政党化に成功する。国民ファシスト党（PNF）の誕生である。ムッソリーニはドゥーチェ（統領）となった。ファシスト党は秩序・規律・職階を政治指針とし、経済的自由主義と生産第一主義を唱え、かつ国家のための強い指導力を主張した。ムッソリーニは、イデオロギーに優先する行動力とダイナミズムを訴えた。ファシスト党は中間層だけでなく農・工業労働者を積極的に取り込み、一九二二年には社会党員が七万人に減る一方、ファシスト党員は二五万人に急増した。北・中部の主要都市に結集したファシストは各地元のラスに指揮されて市庁舎を襲い、地方政治を一気に破壊し掌握していった。一九二二年九月、ムッソリーニは共和主義という先決事項を放棄し、王制への忠誠を誓い、最終的に政権奪取へと至る。一〇月二八日にローマ進軍が始まる。

参考文献

桐生尚武（二〇〇二）『イタリア・ファシズムの生成と危機　一九一九―一九二五』御茶の水書房。

小林勝（一九九五）「パピーニとプレッツォリーニ――世紀転換期のフィレンツェ」『社会科学討究』一二〇号、一二一－一五六頁。

竹内啓一（一九九八）『地域問題の形成と展開――南イタリア研究』大明堂。

馬場康雄（一九八八）「イタリア議会政治における普通選挙権問題――第四次ジョリッティ内閣成立前史」『国家学会雑誌』一〇一（五・六）号、三七三－四四四頁。

藤岡寛己（二〇〇七）『原初的ファシズムの誕生――イタリア戦闘ファッシの結成』御茶の水書房。

Carocci, G. (1971) *Giolitti e l'età giolittiana*, Torino : Einaudi.

Columun

Ⅲ　一九〇〇年

土肥秀行

五時間超のオールスター映画である。『ゴッドファーザー』や『輝ける青春』にも通じる、イタリアの「家族」の年代記だが、かの地に典型的なメンタリティや、特定の社会・時代を知る手立てともなりうる。

二〇世紀のはじまりから第二次世界大戦終結までの北伊ポー平原を舞台に、資本家的大農経営に携わる人々を描く。中心となるのは農園主のアルフレードと小作人代表のオルモである。幼馴染である二人の人生は、社会の潮流と階級差に翻弄されながらも、絡み合いすれ違う。

この作品については、次の四点に留意したい。

原題「ノヴェチェント」とは〝九〇〇〟を意味し、一九〇〇年代すなわち二〇世紀を指す。「ノヴェチェント」の語自体は日本でも使われることがあり、一九二〇年代に興った、前衛でもなく擬古でもない、芸術におけるモダニズム運動を指す。この運動ではモダンの継承と終焉が意識されるが、同語がこの映画でも時代の分水嶺を意味する。

冒頭クレジットのバックに使われているのは、北伊の画家ジュゼッペ・ペッリッツァ・ダ・ヴォルペード作《第四身分》（ちょうど一九〇一年の作）である。映画同様、当時階級闘争を繰り広げていた、労働者や農民などの無産階級（聖職者・貴族・平民に次ぐ新興勢力）が、宗教画さながら、その存在を主張し力強く前進する様子を描いている。

長大な物語は、ヴェルディ逝去（一九〇一年一月）の報から始まる。リソルジメント運動の精神的支柱となった国民的音楽家の死と、前年の二代国王ウンベルト一世の暗殺により、運動の歴史化と、新たな時代（二〇世紀）の到来が示される。

ファシズムの勃興と崩壊を民衆の側から描いていることにも、この映画が作られた一九七〇年代という時代の、独裁の「二〇年」との距離感があらわれている。個々のドラマに盛り込まれている、階級の違いはあれど奇妙な共存が成立する矛盾もまた「イタリアらしさ」である。

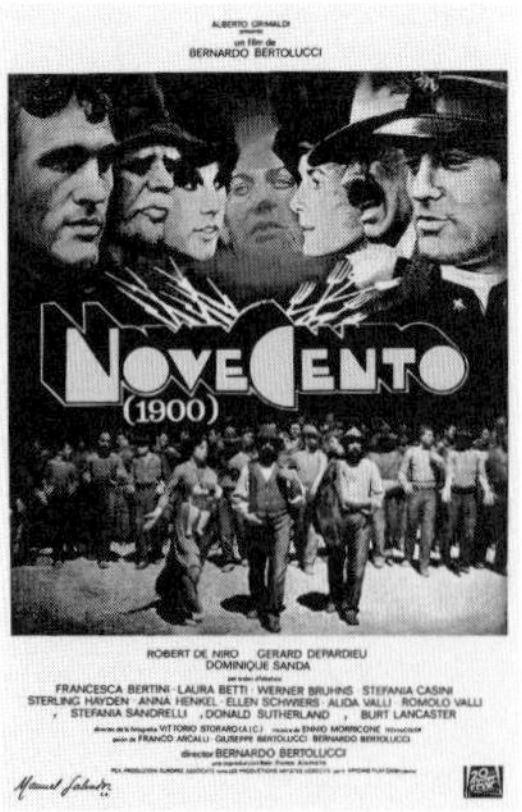

原題：Novecento
制作：1976年
監督：ベルナルド・ベルトルッチ
主演：ロバート・デ・ニーロ，
ジェラール・ドパルデュー，
ドミニク・サンダ

第9章　ナショナリズムの高揚

藤岡寛己

日本の明治維新にしても、イタリアのリソルジメントにしても近代的国民国家成立のための国民主義《ナショナリズム》（国民という内実をもつ統一国家の生成を志向する運動・姿勢）の発現であり、その結果が大日本国（王政復古宣言後の国璽）およびイタリア王国の誕生であった。

一般に、国民が自国への所属意識（ナショナル・アイデンティティ）を形成するのはまさに戦争においてであり、これが国家主義としてのナショナリズムの最も特徴的な表現となる。日本が国民総体として最初にナショナリズムの熱風に煽られたのは日清・日露の戦争であった。日露戦争では、会戦で勝利するたびに、国民は銃後の疲労を忘れるためでもあるかのように、東京の銀座をはじめ主要各都市で提灯行列を披露した。果ては、戦後のポーツマス条約の内容に怒った民衆が内務大臣官邸を襲い、警察署や交番に火をつける。この日比谷焼討事件とこれに続く一連の全国的な騒擾こそ、不健全な民衆的ナショナリズムの火薬がおそらくはわが国で初めて爆発した事件だったのであろう。

イタリアの国家主義《ナショナリズム》運動の高揚もリビア戦争と第一次世界大戦で表現される。それ以前、一九世紀末のクリスピ政権時にエチオピア侵略戦争があったが、国民的な了解はなかった。それでも、イタリアの知識人のなかにナショナリズム的危機意識を創出したという意味では、エチオピア戦での惨敗と一九〇八年のオーストリアによるボスニア・ヘルツェゴヴィナ併合は重要である。

以下、国家主義としてのイタリア・ナショナリズムを、文化・政治・運動の面から素描しよう。

1　文化的ナショナリズム

ヨーロッパのナショナリズムに共通する特徴としてエリート主義が指摘されるが、イタリアのナショナリズムについても同様である。抱卵期は二〇世紀初頭、コスモポリタニズムの芸術都市フィレンツェの文化的知識人のあいだにおいてであった。その最初の鼓吹者が作家で編集者のコッラディーニである。彼は、ダンヌンツィオら耽美主義・審美的貴族主義を掲げかつフランスのナショナリストであるバレスの思想的影響を受けた文芸誌『マルゾッコ（フィレンツェ共和国のシンボル「獅子」に由来）』を創刊して編集長を務めた（一八九六～一九〇〇年）。一八九六年のアドワ戦大敗により、エリトリアとソマリアそして内奥のエチオピアへと続いたイタリアの植民地主義の野望は挫折するが、コッラディーニはこれを契機に文学から政治の世界へと踏みだし、文学青年からナショナリストへと転向する。以後、祖国への熱情を論説や戯曲や小説で表現していく。

一九〇三年、コッラディーニはイタリアが大国として自覚するような政論誌としてナショナリズム誌『レーニョ（王国）』を創刊（～一九〇六年）、パピーニが編集に従事する。『レーニョ』は、社会におけるブルジョワジーの役割と必要性を主張し、社会ダーウィニズム、ロマン主義的帝国主義、ゲルマン人やアングロサクソン人に対するラテン人の劣等意識の払拭、民主主義蔑視、理性よりも意志の重視、抑制よりも暴力の強調などを提起して初期ナショナリズム・イデオロギーの基礎を提供した。

コッラディーニは国民団結を力説し、帝国主義の成功には大衆の支持が必要であり、ロシア帝国主義が新興日本の帝国主義に敗北したのは、まさにこの大衆の支持がなかったからであると分析する。このときのコッラディーニは独墺伊三国同盟の公然たる支持者で、反墺未回収地併合主義《イッレデンティズモ》（オーストリア領内にあるトレント、トリエステ、ダルマツィアといった地域のイタリアへの回復）との矛盾があった。そのため、トレントやトリエステに限定せず、バルカン半島や地中海への領土拡張を問題にした。

パピーニとともに『レオナルド』を創刊したプレッツォリーニも、自由主義哲学者クローチェの影響を受けながら、社会主義を批判するとともに、パレートやモスカの理論をもちいてジョリッティ自由主義政府の民主主義的側面が国の生産諸力を分離して腐敗を生むと批判した。二人は、コッラディーニの直接的で現実主義的な政治的ナショナリズムとは距離をおき、新たに『ヴォーチェ（声）』を発刊してクローチェ的自由主義も取り込みながら観念論的・文学的・審美的な芸術論を展開し、文化的・市民的革新を唱える一方、変革期に統治不能となった指導階級を批判した。『ヴォーチェ』は、二〇世紀初頭のイタリアを代表する総合誌となるが、ナショナリスティックな帝国主義的性格も帯びていた。その後、パピーニは作家で詩人のソッフィチとともに文芸誌『ラチェルバ（異端思想の天文学者で詩人チェッコ・ダスコリの詩集「アチェルバ」に由来）』を出すが、これは未来派と密接に結びついて苛烈な戦争賛美を繰り広げた。

図9-1　エンリコ・コッラディーニ

一九〇七年の不況と投資低迷、オスマン帝国領トリポリタニア、キレナイカへのイタリア進出の活発化、一九〇九年総選挙における社会主義勢力の伸長はナショナリストの活動に拍車をかけたが、とりわけ一九〇八年一〇月のオーストリアによるボスニア・ヘルツェゴヴィナ併合で、イタリア人居住地域の解放も同様に遠のいたように思われ、未回収地回復の実現に焦燥感と危機感が募った。コッラディーニの積極的な働きかけにより、一九〇八年以後、各地でナショナリズム運動が盛り上がり、『トリコローレ（三色旗）』（トリノ）、『グランデ・イタリア（偉大なるイタリア）』（ミラノ）、『カッロッチョ（牛戦車）』（ローマ）、『ナーヴェ（船）』（ナポリ）、『マーレ・ノストロ（我らの海）』（ヴェネツィア）といったナショナ

IL REGNO

Per coloro che risorgono

SOMMARIO

LEONARDO

L'IDEALE IMPERIALISTA

図９－２　『レーニョ』と『レオナルド』

リズム機関誌が現れるが、そのなかにはブルジョワ層と労働エリートとの同盟を指向したり、革命的サンディカリズムや保守的自由主義、帝国主義を融合したりするような論調もみられた。

ナショナリズムが帝国主義と同義でないことは当然だが、イタリアのナショナリズムの場合は、外地に新たな生活の本拠地を求めざるをえない絶望的な困窮の排出弁である移民の代替として、〈貧しき者の帝国主義〉と表裏の関係にあった。それは、他の列強の帝国主義とは本質においてかなりの相違が認められる、言うなれば、消極的な帝国主義であった。国民詩人カルドゥッチの弟子パスコリは階級闘争ではなく、国民団結による愛国的社会主義の構築を謳ったが、この国民団結こそナショナリズムだった。

イタリアの対外的文化戦略組織であるダンテ・アリギエーリ協会は、東部イタリアのイッレデンティズモから派生的に一八八九年に設立された経緯をもつが、活動を国外のイタリア人への伊語と伊文化の普及およびこの目的での諸施設・組織の形成に限定し、設立当初より一貫してナショナリスティックな政治目的はないとした。だが、南北アメリカ大陸訪問からの帰国後、小説『遠い祖国』で革命的サンディカリストのブラジル移民のナショナリズムを描いたコッラディーニが、一九〇九年にダンテ協会で南米移民の帝国主義的植民地精神の獲得について講演して以降、同協会の活動に深く関与することからもわかるように、ダンテ協会もある程度まで政治的であらざるをえなかった。

図9-3　ジュゼッペ・プレッツォリーニ
出典：Istituto della Enciclopedia italiana (1992) *Giuseppe Prezzolini Testimone della sua epoca (1882-1982)*, Roma, p. 36

2　ナショナリスト協会の誕生と矛盾

フィレンツェで二〇世紀の初頭に萌芽した文化教養主義的でエリート主義的な知識人ナショナリズムは、一九一〇年一二月三～五日、実践的な政治運動組織となって同じくフィレンツェで実体化する。「イタリア・ナショナリスト協会」の誕生である。その軸となったのがコッラディーニだった。大会への招請状には、リソルジメントに原形をもつ国家主権に自由な行動を認める政治組織の創設が掲げられ、精力的な植民地政策の推進、軍事力強化、イタリア市民形成のための教育などが列挙されていた。

結成大会となったフィレンツェ会議には、未回収地併合主義者《イッレデンティスタ》や元革命的サンディカリスト、共和主義者、右派自由主義者など、約三〇〇人の多様な政治傾向の人々が集まった。各地の併合主義組織や愛国団体、ダンテ協会、船舶協会も参加した。後年のファシズム体制でリーダーのひとりとなるフェデルツォーニは大会で熱弁をふるったし、パスコリの姿もあった。プレッツォリーニも客席から大会の様子を冷ややかに見ていた。併合主義者でピサ大学刑法学教授のシゲーレが大会議長の役に就いた。

大会最初のコッラディーニ報告は、①併合主義・移民・南部問題、②文化・学校・教育問題、③階級・国民原理といった諸問題のナショナリズムによる克服に関するものであった。報告のなかでコッラディーニは、「プロレタリア階級が存在するように、プロレタリア国家が存在する。イタリアは物質的・精神的にプロレタリア国家だ。社会主義がプロレタリアに闘争と勝利への意志とプライドをつくったよ

図9-4　シピオ・シゲーレ

うに、ナショナリズムはイタリアのために同種のことをしなければならない。社会主義が階級闘争の価値をプロレタリアートに教えたように、ナショナリズムは国際闘争の意義をイタリアに教えなければならない。戦争を通じて国家救済の方法を提示する」などと語った。

だが、結成大会は初日から荒れ模様となった。参加者はナショナリズム・併合主義・反自由主義・反ジョリッティ・反社会主義、それに帝国主義を共有していたはずだが、それぞれの項目の理解には各人のあいだでかなりの温度差があった。まず第一に、議長シゲーレの併合主義は「未回収地のイタリア性を守り、確実な運命によってわれわれのもとに戻るその日に、イタリアの言語と信仰をそこなうことなくその地域を取り戻せるようにイタリア国民性を守ること」であった。つまりそれは性急な領土欲求ではなく、きわめて文化論的なナショナリズム理解であった。彼にとってネイションとは所与の領域内で生き発展するひとつの有機体であり、ナショナリストとはその文化と知的形成とを自覚する者であった。ナショナリズムに良/不良の区別を許すならば、シゲーレのそれは良質のナショナリズムであり、伊墺国境における両国民の親和性の稀薄な関係を前提にするにせよ、排他的でない開かれたナショナリズム構築への可能性を予感させるものであった。

シゲーレ報告に対して好意的な発言がある一方、併合主義に代わるナショナリズムが必要との反対意見もみられた。大会は最初から、ナショナリズム＝併合主義の立場と、ナショナリズム＝帝国主義の立場とに分裂していた。前者の声から「帝国主義はわれわれの運動の外にあってほしい。ナショナリズムが帝国主義を隠しもっているのならば、同意できない」と聞こえると、コッラディーニが「ならば、なぜ参加したのか？」と突っぱねる場面もあった。結成大会三日目の最終日に承認された二一名の中央委員の大半は、〈すべてのうえに国家を置く〉ナショナリズムを土台に帝国主義への道を描く膨張主義的ナショナリストたちだった。また、対外政策において、英仏型民主主義国家を嫌うコッラディーニら中心的ナショナリストは独墺伊三国同盟を支持していた。この点、反墺を前提とする併合主義者とは相容れなかった。なぜなら、絶対主義を打倒して確立した国民主権が国政の第一義であるフランス共和国を範としてきたイタリアの併合主義には、本来的に共和主義や急進主義の人々によって担われてきた歴史があったからである。協会の始動時にはさらに共和主義排除・王制先決の矛盾もあった。そしてこのような矛盾はほどなく表面化する。

協会リーダーのひとりコッポラは、機関紙『イデア・ナツィオナーレ（国家理念）』（一九一一年創刊）に、民主主義的ナショナリズムなどはもはや存在せず、また反共和制・王制支持を唱える排外的ナショナリズム団体アクション・フランセーズの理念は正しく、その反セム主義も正しいと書いた。ユダヤ系ナショナリストのレーヴィとムサッティは、これに抗議して協会からの退会を申し出た。反セム主義は公式方針ではないとして協会がコッポラを幹部から外すことで二人は退会を撤回したものの、シゲーレは脱会する。コッラディーニ、フェデルツォーニら帝国主義者はローマを拠点にし、協会本部も機関紙（一九一四年には週刊から日刊へ。フィアット副社長フェッラーリスが経営者となった）の編集権も掌握した。

3　リビア戦争と第一次世界大戦

ジョリッティ政府が男子普通選挙制を選択したことで、議会制度に対する支配階級の不安と恐怖が増幅し、ナショナリズム運動の開花を許す。また、リビア戦争支持へのカトリック勢力の積極性をみたナショナリストは、教会の支援なくして強力な保守政党は望めないと捉えはじめた。国家主義的になってきたカトリック側も、ナショナリズムをかつての反教権主義過激派として否定せず、フリーメーソンや社会主義に対する強力な武器であるとみなすようになった。

リビア戦争への道程で、『イデア・ナツィオナーレ』はリビア関連記事を毎号掲載した。コッラディーニは単身トリポリ入りし、紙上で現地報告した。一九一一年六月、親ナショナリスト協会の上院議員デ・マルティーノ（イタリア植民協会）が在外イタリア人会議を開催した。併合主義者は、協会がバルカン半島やアドリア海に注目しなくなることを恐れ、帝国主義者と反目した。ナショナリストは、リビア戦へのめり込んだ。パスコリは「偉大なプロレタリアが歩きはじめた」と書き、ダンヌンツィオは「海の向こうの壮挙の詩」を謳って戦いを煽った。革命的サンディカリストのアルトゥーロ・ラブリオーラやオリヴェッティも主戦論を展開した。前者は『イデア・ナツィオナーレ』にリビア獲得がプロレタリアと国の双方の利益になると書き、後者は「戦争はプロレタリア革命の代替物」であると規定した。

一九一二年一二月の第二回ナショナリスト協会全国大会は、「民主主義・社会主義・国際主義の三つの悪魔」への公然たる非難動議を承認し、また宗教教育を国民統一の手段として容認した。政治的リーダーとしてフェデルツォーニが浮上した。翌年の総選挙では、自由主義とカトリックとのあいだで結ばれたジェンティローニ協定に似たフェデルツォーニ案が自由主義とナショナリスト協会とのあいだで採用された。すなわち、候補者が競合しない選挙区では、ナショナリズムに共鳴する自由主義候補者を協会が支持する代わりに、協会候補者を自由主義陣営も支持するという内容である。ローマ選挙区ではフェデルツォーニも含め二名のナショナリストが当選した。

一九一四年に保守派のサランドラが首相となってナショナリストは初めて友好的な政府をもつことになる。五月の第三回ナショナリスト協会全国大会では、フェデルツォーニとマラヴィッリャが独立したナショナリズム政党の必要性を報告し、新顔でパドヴァ大学教授ロッコと経済・社会学者カルリが「経済的ナショナリズムの基本原理」を提出した。これはナショナリズムが単なる政治的教義ではなく、新たなナショナリズムとして産業カルテルと生産統制を通じて自由主義を克服し、国家の全体的・総合的な展望を与えると書いた。ここにはファシズム期の協同体理念のひとつの萌芽がみえる。六月の補選でカトリックに敬遠されたコッラディーニは落選し、ベヴィオーネはトリノから当選した。保守・産業・宗教界からの支援を得て計三名のナショナリスト代議士が誕生した。

第一次世界大戦の開始当初、協会の過半は、君主国であるオーストリアに「スラヴ主義に対する西洋文明の前衛歩哨」を託して三国同盟を支持していたが、イタリアにアドリア海の制海権を渡さないオーストリアの頑迷さに意を翻して三国協商側に鞍替えする一方、イタリアの参戦を誘導するため工業界との関係を深めた。ナショナリストの帝国主義的な領土膨張欲求は、未回収地やアドリア海沿岸部・島嶼部のイタリア人居住地域の併呑《へいどん》を超え、ダルマツィアや地中海へと拡大していった。ダンヌンツィオ的参戦主義の代弁者となったナショナリスト協会の戦術は、サランドラ保守政府と、ジョリッティ派や社会党など非戦・厭戦派が圧倒する議会との溝を拡げることだった。国王にさえも参戦を迫った。社会主義を攻撃し、政府と参戦主義者との密接な関係を図り、イデオロギーや政策的対立を戦争終結まで棚上げして参戦支持勢力の結集を呼びかける一方、商工業金融全部門に戦争遂行のための組織的生産を要請した。戦争は、イタリアを内外に対して強化できるというナショナリズム理論の実験炉であり、リソルジメントの完成であり、新イタリア帝国への扉であった。

第一次世界大戦は、イタリアに軍事・民間・産業の三動員体制と国民連立内閣をもたらし、ナショナリズムの求める階級闘争の解消と挙国一致の生産者国家を実現させた。だが、ウィルソン米大統領が主唱した一四箇条はロンドン条約を実質的に反故にし、ヴェルサイユ講和体制のなかで「骨抜きにされた勝利」（ダンヌンツィオ）により、戦闘に臨んだ軍人にも、彼らを送り出した銃後の農民や一般市民にも、経済的・精神的な疲弊のみが残った。

大戦中に勃発したロシア革命は戦後のヨーロッパに波及し、一九一九～一九二〇年、イタリアでは「赤い二年」と呼ばれる、とくに北・中部の工業都市での未曾有の激しい工場労働者闘争と各地農村部での農業労働者闘争が繰り広げられ、ナショナリストの最も嫌う階級闘争が活発化する［第8章を参照］。戦後、ボローニャでは戦闘ファッシより早く、「センプレ・プロンティ（祖国と国王のためつねに準備のできた）」というナショナリストの部隊《スクワドラ》が結成された。ファシストより前、暴力こそ唯一の回答であることを確信していたのはナショナリストであり、一九一九年一一月総選挙後の下院で国王への一礼を拒否した社会党議員に対して暴力をふるったのはナショナリストだった。総選挙では社会党が空前の票を得て議席を三倍の一五六に増やし、史上初のカトリック政党の人民党も一〇〇議席を獲得した。自由主義勢力だけでは政権が維持できないことが明白になった。議会での活動をほぼ閉ざされたナショナリストは街頭に示威を集中する。ナショナリストの青シャツ隊とファシストの黒シャツ隊による暴力行動は協力し合いながら、一部では反目しつつ、社会主義勢力・労働闘争を撃退していった。

一九一九年九月から翌年末までダンヌンツィオによって挙行されたフィウーメ占領に対し、ムッソリーニは建前の支援ポーズとは裏腹に、自己とダンヌンツィオ、自己と政府との距離を慎重狡猾に測り、自らの生息可能性を探った。その点、ナショナリストたちはフィウーメ進軍と占領において、重要な役割を果たした。対照的に、ダンヌンツィオのカリスマ性を怖れるムッソリーニは、白紙の『イタリア人民』に寄せられたフィウーメ義捐金を着服したのではないかとの疑いがもたれた。コッラディーニはフィウーメに赴き、ダンヌンツィオによるローマ進軍を提言した。ロッコとコッポラもすぐあとにフィウーメ入りしている。同じくナショナリストのジャーナリスト、ペドラッツィは、ダンヌンツィオとローマ政府との仲裁を試みた。ダンヌンツィオに心酔する日本人、下位《しもい》春吉も突撃隊の軍服を着て滞在した。

協会はファシストの過剰な暴力をもてあましたが、自分たちの手足として単なる暴力の道具として、しばらくは楽観視していた。一九二一年総選挙でジョリッティは政権維持と、ファシストとナショナリストをブルジョワ圏域に囲い込むため、両者と手を組んで「国民ブロック」を形成して一〇五議席を獲得したが、そのうちファシスト三五名、ナショナリスト二〇名が議会に入り、約一〇名のファシスト議員はナショナリスト協会に加入した。議会外では社会主義陣営に対する「懲罰遠征」と誇称したファシストのテロが頻発していた。

4　ファシズムとの統合

ファシスト党の一保守派からナショナリスト協会との合併話が提起されるが、フェデルツォーニは合併よりも密接な

図9－6　ムッソリーニ（左）とフェデルツォーニ（右）

図9－5　左から2人目がデ・アンブリス，3人目がカルリ。右端はダンヌンツィオ。右端から2人目が下位春吉。下位の後ろが俳優のトープリッツ

出典：M. Franzinelli / P. Cavassini (2009) *Fiume. L'ultima impresa di D'Annunzio,* Milano : Mondadori

協力関係を示唆し、ムッソリーニも関心を示さなかった。有力ファシストのグランディは、「ナショナリストはファシズムの助力なしには国家変革をできないが、ファシストはナショナリストの手を借りずともうまくやれる」と言い放った。ナショナリストの多くは依然として、ファシズムを軽視したが、議会内外でもすでに実勢の差は歴然としていた。両者の論調を比べると、一九二二年に入る頃には、ナショナリズムの方からファシズムに接近していった印象が強い。ナショナリストたちは財界と大地主にますます擦り寄ったが、各地の支部も着実に増加してセンプレ・プロンティは八〇〇〇人に達した。

　ファシスト党は大衆の現状不満と社会主義への恐怖を利用し、支持基盤をいっそう強固なものとした。ナショナリストはファクタ政権後に再度のサランドラ保守体制を構想したが、ムッソリーニはサランドラからの次期内閣入りの誘いに乗らず、ミラノに陣取る持久戦でローマ進軍に勝利した。

　ファシスト政権が成立すると（協会からはフェデルツォーニが植民地相として唯一入閣）、協会とファシスト党との合併問題が再び浮上してきた。ムッソリーニは権力が確固たるものになるまで穏健主義的方向を遠ざけようとしたため、必然的に両者の関係を重要視することになった。ファシズム側では、ボッターイのようなファシズムの

図9－7　アルフレード・ロッコ

統治能力に疑問をもつ一部の若いファシストや、デ・ヴェッキのごときファシズム保守派が強い関心をもった。ファシズムにとっては協会との融合が教養ある専門家エリートに通じる窓であった。ナショナリストの方ではコッラディーニが合併の熱烈な擁護者だった。だが、各地の下部組織レベルでは主導権争いが起こった。両者の亀裂を拡げないよう、コッラディーニらは合併作業を急いだ。一九二三年一月のファシズム大評議会でファシズム体制が君主制への絶対的忠誠と反フリーメーソンを宣言したとき、合併にとって最大の障害が克服された。ナショナリストはイデオロギーを創造し、ファシストは大衆的基盤をつくることが決められた。要するにナショナリストは頭脳を担当し、ファシストは身体を築くということである。しかし、正式な合併後もファシストとナショナリストとの諍いは銃撃や殺人事件にまで発展し（バジリカータ地方）、協会の支部数・加盟者数はなお拡大していた。

一九二三年二月、ムッソリーニ、フェデルツォーニ、ジュリアーティ、ロッコは、融合協定に合意する。その内容は、協会は独自の政治活動を放棄する代わりにナショナリズム文化協会を設立する、ナショナリストは一括してファシスト党に移行する、ナショナリズム労働者組織はファシスト組合に併合される、ナショナリストに代表権を約束するがその決定権はムッソリーニにあるなどであった。ファシスト党によるナショナリスト協会の吸収あるいは併呑というべき内容だった。協会中央委員会は長時間の議論の末に同意し、フェデルツォーニとマラヴィッリャはファシズム大評議会議員となった。ファシズムは、協会を実質的に吸収したことで、南部に根強かった親ナショナリスト協会・反ファシスト党勢力を傘下に収めることができたし、大きな反ファシズム潮流であった保守層を取り込むことができ、政権の土台はいよいよ強固になった。

ムッソリーニが政権最大の危機となったマッテオッティ事件（一九二四年）を乗り越えられたのもナショナリストの

働きによるところが大きかった。その最大の功績者のフェデルツォーニは内相に昇任し、警察・治安機構を掌握した。ロッコは法相となり、独裁制の新たな法体系の構築を担当した。ムッソリーニは党権力よりも国家権力を強める道を選んだため、ナショナリストの存在はより比重を増すことになった。官僚機構を配下に置き、革命を経ずして国家を再構築しなければならなかった。ロッコは一九一四年の協会全国大会で提起した労働組織の国家管理化構想を労働関係規制法（一九二六年）で実現した。これは国家がプロレタリア組織の第一の保護管理者となったことを示していた。まさに、国家権力一点に収斂した協同体国家、階級なき理想国家ナショナル・ファシズムを目指す立法であった。

ナショナリズムの主要な論客たちは一九三〇年代前半で権力の表舞台から姿を消すが、教育・文化の領域では久しく影響を与えた。ダンテ・アリギエーリ協会の運営や文化的外交政策のための知的協同全国委員会の設置は、ナショナリストの采配によるものだった。

ナショナリズムは、ファシズムを制度的・イデオロギー的に保守化させる役割を果たしたといえよう。

参考文献

倉科岳志編（二〇〇八）『ファシズム前夜の市民意識と言論空間』慶應義塾大学出版会。
田之倉稔（二〇〇三）『ダヌンツィオの楽園』白水社。
藤岡寛己（二〇一五）「イタリアナショナリズム協会の結成（一九一〇年一二月）その一」福岡国際大学『紀要』三四号、一一－一九頁。
Gaeta, F. (1981) *Il nazionalismo italiano*, Roma-Bari：Laterza.

第10章　イタリア芸術の半世紀

巖谷睦月

ミラノの王宮の横に並ぶ、アレンガリオ宮と呼ばれる左右対称な二つの建物は、一九〇〇年代《ノヴェチェント》に建造された。このうち左の建物の内部が、二〇一〇年末よりノヴェチェント美術館として公開されている。

この美術館は、ミラノ市の二〇世紀イタリア芸術コレクションの一部を展示する施設だ。上階へ向かう螺旋の通路の途中には、開館時よりジュゼッペ・ペリッツァ・ダ・ヴォルペードの《第四身分》（図10－1）が置かれている。この絵の前を過ぎ、上階の入口にある国際的な前衛芸術を扱う小部屋を経ると、未来派のための一室があらわれる。これに続く展示によって、鑑賞者は二〇世紀のイタリア美術史を概観することになるだろう。

ペリッツァ・ダ・ヴォルペードの関わったディヴィジョニズモ（色彩分割主義）とともに一九世紀の終わりを迎えたイタリアの芸術は、未来主義の運動によって二〇世紀に突入した。この未来主義の最初の宣言がパリで発表されたことからもわかるとおり、当時のヨーロッパ芸術の主役はフランスであった。一九世紀後半の困難な国家統一の過程は、芸術においてイタリアが「後進国」かつ「周辺国」に甘んじる一因ともなり、独自の近現代美術の誕生の礎ともなった。この時期のイタリアの芸術は、統一国家が「イタリア的なるもの」を模索する道のりを反映している。本章では、二度の世界大戦とファシズムの支配に翻弄されてなお独創性を失わない、この国の二〇世紀前半の芸術を扱っていく。

図10－1　ジュゼッペ・ペリッツァ・ダ・ヴォルペード《第四身分》1901年，ミラノ，ノヴェチェント美術館所蔵
出典：Ferconzi / Negri / Pugliese (2010) p. 44

1　《第四身分》

一九〇一年に発表された絵画《第四身分》は、一九世紀末から画家たちに浸透する、ディヴィジョニズモの技法で描かれた。色彩分割主義という訳語からもわかるとおり、この動きに同調した画家たちは、パレットで色を混ぜることなく、ひと筆ごとに分割された色彩を理論に従ってカンヴァスに配置する技法で作品を制作する。この技法は原理的にフランスのジョルジュ・スーラらの新印象主義と似ていた。しかし、ディヴィジョニズモでは筆あとが点状の定型に限られず、多様に展開していく。

この動きが公になったのは、一八九一年のミラノにおいてであった。当時、この街は労働運動で活気づいており、ディヴィジョニズモの画家もしばしば、社会的主題をとりあげている。《第四身分》もそうした作品のひとつで、権利のために立ちあがる農民や労働者の姿がこの絵の主題だ。描かれた人々は、憐れみを誘うような姿でもなければ、怒りにふるえる好戦的な姿でもない。臆することなく自らの権利を主張する彼らの足どりは確かである。

二〇世紀最初の年に発表されたこの絵画は、ほとんどの場合「二〇世紀の芸術」と捉えられることはない。一九世紀イタリア美術史の末尾に花をそえたディヴィジョニズモの技法と、激動の社会状況が反映された主題からみて、この作品は「一九世紀最後の秀作」と考えるべきものだろう。

しかし、《第四身分》が二〇世紀のイタリアにおいて階級闘争のシンボル・イメージとなったことは間違いない。農業労働者の権利を擁護すべく、実際に活動もしていた画家の代表作にふさわしいこの作品は、労働者ストライキと農民蜂起を象徴する絵画となった。《第四身分》は、絵画としてはあくまで一九世紀的でありながら、イタリアという国の二〇世紀の状況を予見した作品といえる。

ディヴィジョニズモがしばしばフランスの新印象主義と比較され、その前身であったマッキアイオーリ（斑点派）が印象主義と比較されることからもうかがえるように、色を混ぜずに分割して扱う技法の根幹にあるのは、光の表現の探求であった。この探求はその後、未来派の運動にも受けつがれていく。

2　未来派誕生

一九〇九年二月二〇日、フィリッポ・トンマーゾ・マリネッティは、フランスの日刊紙『フィガロ』の第一面に、〈未来主義〉というタイトルで挑発的な宣言を発表した。戦争を「世界の唯一の健康法」と位置づけ、イタリアの偉大なる遺産の象徴たる美術館やアカデミー、図書館の破壊をうたう攻撃的な態度と、「散弾の上を走るように咆哮する自動車は《サモトラケのニケ》よりも美しい」という一節からうかがえる機械文明や速度の賛美は、現状に飽いて新たな何かを渇望する者を煽動し、伝統を尊ぶ者を憤激させる。詩人マリネッティは、自らが活動の初期に拠点としたパリという都市を、世界の文化の首都として正しく理解していた。この都において当時最も影響力のあった新聞を選び、その一面にスキャンダラスな宣言を公表したことで、彼の思想に共鳴する大胆な若者たちが詩人の下に集うことになる。

翌年二月に発表された〈未来派画家宣言〉には、創立宣言にもみられる、機械文明を礼賛し過去の様式を否定する姿

図10－2　ウンベルト・ボッチョーニ《アーケードの騒乱》1910年，ミラノ，ブレラ絵画館所蔵

出典：Carollo (2004) p. 37

勢が顕著だ。この傾向は、他の欧州諸国に比べてイタリアの近代化が遅れたことと無関係ではない。二〇世紀初頭、本格的な工業化を迎えたこの国の最先端の都市ミラノにマリネッティは居を構え、ウンベルト・ボッチョーニやカルロ・カッラ、のちに未来派音楽を拓いたルイージ・ルッソロらもミラノに集まった。自らの住まう都市の変容が、彼らにインスピレーションを与えたことは言うまでもない。マリネッティの言う「電気の月光」に照らされた夜の都会の喧噪を、ボッチョーニの《アーケードの騒乱》（図10－2）は巧みに描きだしている。

一九一〇年三月に発表された宣言以降、未来主義絵画の目指す到達点はしだいに具体的に語られはじめた。現実を動的なものと捉え、事物やその動きを連続したものとしてみる態度は、これまでの宣言が礼賛した速度や機械、そして工業化のなかで日々姿を変えていく都市のダイナミズムを実際に表現する術を彼らに与える。宣言の署名者のうち、最も年長だったジャコモ・バッラの《バルコニーを走る少女》（図10－3）などは、運動を分析し、かつ連続的に表す試みのひとつだった。

宣言の内容をみるかぎり、未来派はその誕生のときから「既成の概念を破壊せよ」と煽りたて、芸術の革命を叫んでいる。ところが、初期に制作された絵画の造形表現は既存のものだった。過去の芸術を否定した未来派は、アカデミズムに対抗する潮流としてディヴィジョニズモを肯定する。《アーケードの騒乱》や《バルコニーを走る少女》にも色彩分割の技法は見てとれるだろう。こののち、パリに移住していたジーノ・セヴェリーニの案内を得て、ボッチョーニとカッラがパブロ・ピカソらを訪ねると、未来派の芸術家たちはキュビスムの表現をとりいれることになる。これをきっかけに、ボッチョーニは絵画の枠を超えて彫刻の制作を開始し、いくつかの名作を残した。一九一二年二月には、未来派の最初の本格的な展覧会がパリで開かれている。その後、未来派はあらゆる分野において宣言を発表し、作品制作を展開していく。

美術の歴史において、「宣言」という形で先に打ちあげられたコンセプトを、実際の作品が後追いしながら展開する初めての運動が、未来主義のそれであった。未来派以降の前衛芸術運動は、メディアを巧みに使用するこの手法をよき先例としており、二〇世紀前半のダダや後半のフルクサスをはじめ、宣言形式を使用した運動を挙げればきりがない。

未来派の芸術運動としての先駆性は、この宣言という形式以外にもみられる。観客を傍観者のままにせず、自らの芸術の内部にとりこもうとする態度も、二〇世紀の芸術全般に通ずるものだ。この傾向は、さまざまな都市を巡回した「未来派の夕べ」と呼ばれる劇場でのパフォーマンスにも表れていた。これは演劇とも演奏会とも集会ともつかぬもので、また同時にそのすべてを含むものでもあった。既存の価値観に唾を吐くこの催しは、投獄される者も出るほどに激しく、多くの場合は乱闘で幕を閉じる。彼らの過激なパフォーマンスは、言うなれば観客参加型の演目であった。舞台に野次を飛ばし、ゴミを投げる者もまた、「未来派の夕べ」の演者のひとりとなるのだ。

つねに観客を巻きこみながら、芸術の改革を目指す未来派の勢いはひたすら増していくかに思えた。ところが、第一次世界大戦が勃発すると、彼らは自ら運動の停滞を呼びこむことになる。戦争を芸術の継続のひとつの手段として捉えたマリネッティを筆頭に、領土拡張主義を唱えた未来派は、しだいに運動から離れつつあったセヴェリーニをのぞくほとんどが対オーストリア戦に参じた。ボッチョーニなどの重要な芸術家の従軍と落命によって彼ら

図10－3　ジャコモ・バッラ《バルコニーを走る少女》1912年，ミラノ，ノヴェチェント美術館所蔵
出典：Ferconzi / Negri / Pugliese (2010) p. 88

は求心力を失うことになる。だが、それでもこの運動は終わらない。ローマに彼らの作品を常設する画廊が誕生すると、未来派の拠点もそちらへ移り、この街で活動していたバッラを中心に、なおも続いていく。

3 形而上絵画

第一次世界大戦に従軍した初期の未来派メンバーのうち、カッラはしだいに初期ルネサンス美術の研究に没頭するようになって方向転換し、未来派から離れていった。一九一〇年代後半に始まる彼の新しい挑戦は、フェッラーラにあった軍の精神病院において、形而上絵画の開拓者であったジョルジョ・デ・キリコと出会ったことがきっかけといわれる。デ・キリコはイタリア人の両親のもと、ギリシアに生まれた。のちにダダやシュルレアリスムの先駆者として評価されたこの画家は、青年期にミュンヘンで象徴主義のアルノルト・ベックリーンらの影響を受けたのち、ニーチェの哲学にふれている。一九一〇年代に、物質的・感覚的な世界（形而下）をこえた非物質的・精神的な世界（形而上）の絵画を志向し、形而上絵画を展開した。

《モンパルナス駅》（図10-4）にもみられるように、デ・キリコの形而上絵画においては、駅舎や汽車といった近代都市のモチーフがしばしば舞台装置のように描かれる。これらのモチーフが生む空間は実際の比例や遠近を失っており、汽車は駅に到着せず、駅舎は駅として機能しない。このほか、石膏像やマネキンといったモチーフもくりかえし扱われるが、それらはいずれも無機物でありながら人間を想起させる。象徴性を帯びたモチーフで構成される彼の形而上絵画は、鑑賞者を自然に思考へといざなっていく。のちにデ・キリコは伝統的なモチーフへの回帰をみせるものの、現実の物理的な外観ではなく深奥を追い求める姿勢は変わらなかった。

一九一八年、画家で美術評論家のマリオ・ブローリオによって、形而上絵画をはじめとする前衛芸術の発展を目指す雑誌、『ヴァローリ・プラスティチ（造形的価値）』が創刊される。こうした動きのなかで、ジョルジョ・モランディやフェリーチェ・カゾラーティ、フィリッポ・デ・ピシスなども一時期、形而上絵画に傾倒していく。なかでも、ボローニャのモランディによる静物の探究は興味深い。この芸術家はアトリエに多数の壜や壺といったモチーフを準備し、それを幾通りにも組みあわせて、独特の色調とタッチで描き続けた。モチーフとそれの置かれた空間とのあわいに視線を向ける孤独な探究は、単なる静物画ではなく、眼前にある静物の実存の肖像を生みだすことになる。

個々人の探求はこの後も続くが、『ヴァローリ・プラスティチ』はしだいに前衛性を鈍らせ、一九二二年になると終刊を迎える。それは、体制の求める芸術の保守化を予期させるできごとだった。

図10－4　ジョルジョ・デ・キリコ《モンパルナス駅》1914年，ニューヨーク，MoMA 所蔵
出典：J.-L. Chalumeau (1995) p. 17

4　ノヴェチェント

「ローマ進軍」によりベニート・ムッソリーニが首相となる一九二二年から、国王の命により逮捕される一九四三年まで、イタリアはファシズムの支配下に置かれた〔第12章を参照〕。第一次世界大戦期から始まる、マリネッティの戦闘ファッシ中央委員就任などの政治的な動きはしばしば、未来主義の芸術こそがファシズムの公認芸術であったかのように錯覚させる。

だが実際には、ファシスト政権下における明確な「ファシズムの芸術」の規範は存在しない。公的な形で芸術の規範が示されなかったイタリアにおいては、「ファシズム期の芸術」が存在するのみである。

とはいえ、ファシスト政権の樹立と足並をそろえるように誕生する「ノヴェチェント」は、この時期の芸術運動のなかで唯一、「ファシズムの芸術」となる可能性をもっていた。個人を国家に従属させようとする過程で、「イタリア性」の確立に腐心していたファシスト政権は、前衛と離れ伝統を重んじる姿勢に立ちかえる。ファシスト党の機関紙『ポーポロ・ディタリア（イタリア人民）』の文化・芸術欄を担当していた評論家マルゲリータ・サルファッティが先導し、一九二二年にグループが結成されたこの運動は、古代ローマからルネサンスにかけてのイタリア美術の伝統を現代に復興させようとするものだった。この動きは、当時のヨーロッパ全体に広がっていた、伝統を賛美する傾向にも同調している。ジャン・コクトーはこれを「秩序への回帰」と呼んだ。ファシストとして知られる画家マリオ・シローニ、アキッレ・フーニなどによる二年後のヴェネツィア・ビエンナーレでの展示を経て、ノヴェチェント派は公に認知されるようになる。

その後、一九二六年には、「第一回ノヴェチェント・イタリアーノ展」が大々的に開催された。シローニやフーニのみならず、デ・キリコや彫刻家アルトゥーロ・マルティーニなど、この展覧会には一〇〇名を優に超える芸術家が参加している。参加人数の多さが仇となり、あまりにも多様な芸術が一堂に会することになったこの展覧会は、全体としての統一感を欠いていた。官費を使った大規模な展覧会にもかかわらず、はっきりと「ファシズムの芸術」の方向を打ちだせなかったノヴェチェント派は、一九二九年に二度目の展覧会を開催して以降、下火となっていく。

ノヴェチェント派の展覧会に参加した芸術家のなかには、第一次世界大戦後の未来派を支えたフォルトゥナート・デペーロの姿もあった。彼は、まだ二〇代前半だった第一次世界大戦中、バッラとともに宣言を発表している。このデペーロや、舞台美術家および画家として活躍したエンリコ・プランポリーニなどのメンバーによって、未来派の運動はなおも支えられていた。マリネッティが一九二九年にイタリア・アカデミーの叙任を受け、かつて批判していたアカデミズムにとりこまれると、未来派は前衛芸術のグループとして転機を迎えるが、運動そのものはマリネッティの没する一九四四年まで続く。

5　体制と芸術

一九三〇年代の半ば頃から、ソヴィエトにおいては社会主義リアリズムが公式芸術とされ、ドイツでは前衛芸術を退けることを目的として頽廃芸術展が開かれるなど、全体主義国家はしだいに芸術への統制を強めていった。イタリアでは芸術についての統一見解が公式発表されなかったといえども、党の中枢部が体制の記念碑としての性質を芸術に求めるようになるのは同じである。

未来派はファシズムの公認芸術でないにせよ、体制側に近い芸術運動だった。若い世代のジェラルド・ドットーリによって描かれた《ドゥーチェの肖像》（図10－5）などは、体制の望む主題を扱った作品の一例といえる。イタリアではファシスト政権下においても前衛的な表現が排斥されないため、このように、体制に迎合した主題を扱っているにもか

図10－5　ジェラルド・ドットーリ《ドゥーチェの肖像》1933年，ミラノ，ノヴェチェント美術館所蔵

出典：Mazzocca (2013) p. 137

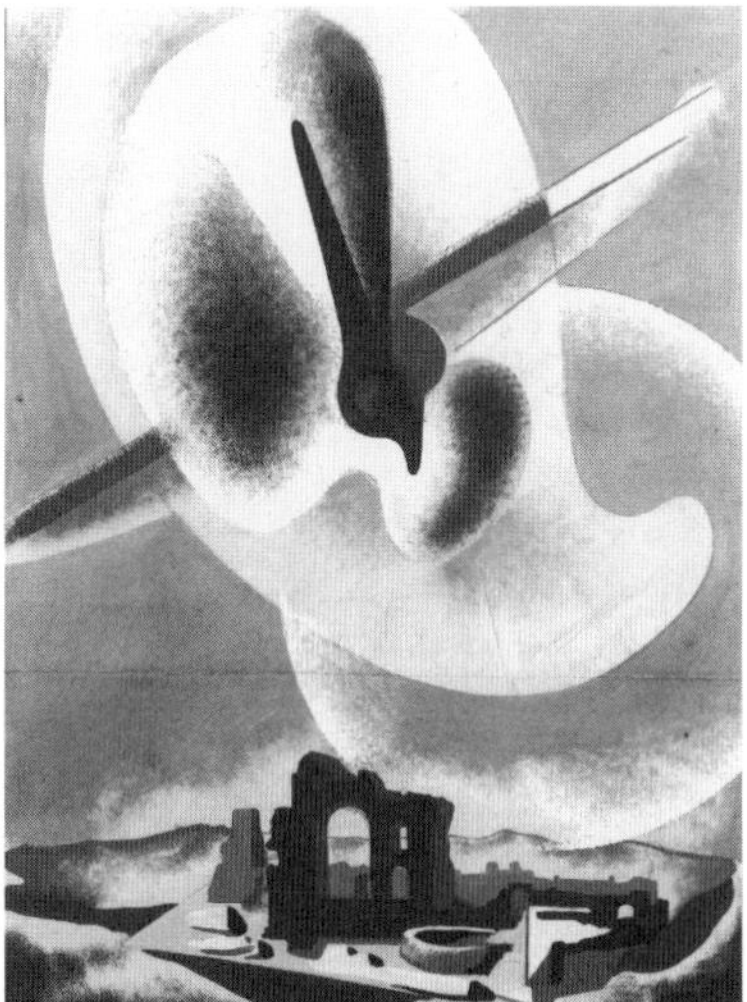

図10－6　エンリコ・プランポリーニ《航空絵画》1935年頃，モーデナ，プライベート・コレクション

出典：Mantura / Rosazza-Ferraris / Velani (1990) p. 141

かわらず、伝統的な手法とは異なる造形表現で描かれる作品も多い。

ただし、戦間期の政治的・社会的な状況が未来派の芸術に与えたのは、体制によって要請される主題だけではない。この時期の航空機の発達とアクロバット飛行の隆盛、空軍大将イタロ・バルボによるイタリア初の大西洋横断飛行などに影響を受け、空飛ぶ航空機を主題とする「航空絵画」もまた、花ひらく。この新しい動きを支えたのは《航空絵画》(図10-6)を描いたプランポリーニやドットーリなどであった。

第一次世界大戦中の一九一七年、プランポリーニは、未来派のなかでも特異な活動で知られるアントン・ジュリオ・ブラガーリアの映像作品『タイス』の舞台美術を担当した。それから一五年後の一九三二年、すでに著名であったブラガーリアは、若い舞台美術家たち九人がミラノの画廊で開いた展覧会のパンフレットに文章を寄せている。当時、まだ誕生して年月の浅かったこの画廊には、ノヴェチェント派の芸術思想から離反を求める「トリノの六人」を率いた反ファシズムの建築家兼批評家、エドアルド・ペルシコが関わっていた。ミリオーネ画廊と呼ばれたこのギャラリーは、のちにミラノにおける国際的な前衛芸術の受容の中心となり、マリオ・ラディーチェらによるコモのグループとともに、イタリアの抽象芸術運動において大きな役割を果たす。

ミリオーネ画廊では一九三四年、オレステ・ボリアルディらによるイタリア初の抽象芸術展が開かれ、翌年にはルーチョ・フォンターナによるイタリア初の抽象彫刻展が開催された。こうした新たな動きのなか、その後のイタリア抽象芸術のマニフェストとして扱われる著作が、一九三五年に画廊から刊行される。これが、青年期に同郷のデペーロに感化され、のちにドイツでバウハウスとワシリー・カンディンスキーに出会った批評家、カルロ・ベッリによる抽象芸術論『Kn』であった。ベッリと『Kn』に牽引されたミリオーネの抽象芸術グループは、一九三一年にパリで始まった「アプストラクシオン＝クレアシオン」の運動にも参加している。その後、一九三八年にいったん活動を休止するまで、この画廊はイタリアにおける抽象芸術の先導者でありつづけた。

ミリオーネのグループは、ノヴェチェント派や未来派とは体制下の立場が異なるものの、明確な反ファシズムの集団とはいえない。これに対し、反ファシズムの立場を強く打ちだしたのが、エルネスト・トレッカーニを中心とする雑誌『コッレンテ（現在）』に関わった芸術家たちだ。この雑誌は、ファシズムの政策による国際社会からの文化的な孤立を改善するため、一九三八年のミラノにおいて創刊された。

『コッレンテ』のメンバーでも、とくに、レナート・グットゥーゾは当時、共産主義の地下組織に所属して活動していた。彼は、第二次世界大戦後も社会問題を主題として作品制作をおこなっている。ほかにも、宗教彫刻の世界で新たな扉を開いたジャコモ・マンズーなどがこのグループに関わった。雑誌本体は一九四〇年に政府の圧力を受けて廃刊となったが、周辺の芸術家たちは、第二次世界大戦直後のイタリア美術界において主導的な役割を果たすことになる。

6　空間主義

第二次世界大戦終結からまもない一九四七年、ひとりの芸術家が母国アルゼンチンよりイタリアへ帰還した。ミラノで文筆家の仲間とともに最初の宣言を発表し、空間主義を創立するフォンターナである。一九三〇年代にミリオーネ画廊の抽象グループに加わっていたこの芸術家は、二〇世紀前半のイタリア美術史の締めくくりに再登場し、アルベルト・ブッリとともに二〇世紀後半のイタリアの芸術を先導することになった。

この芸術運動の核となったのは、「目に見えない空間に形を与えるための試み」と「空間をつらぬく形態、色彩を空中にとどめようとする試み」であった。全七篇の宣言によって示されるこの二つの試みは、フォンターナ自身の作品制作によって体現される。前者の実例は、一九四九年に最初のシリーズが発表される《空間概念》（図10-7）と呼ばれる作品群であり、後者の実例は一九五一年の《ネオンの構造体》（図10-8）などの作品群であった。この芸術家は、ルネサンス期にイタリアで生まれた伝統的な絵画の支持体であるカンヴァスと、二〇世紀初頭にフランスで生まれた当時最先端の素材であるネオン管という両極端の媒体を使用して、空間主義の代表作を生みだしたのである。

《空間概念》のカンヴァスシリーズは、先の尖った道具を使って画布の表面をつきやぶったり、鋭利な刃物で切りさいたりすることで、カンヴァスに「穴」をあけて作られた。このシリーズの作品に「伝統の破壊」を見る者は、しばしばそれを未来派と結びつける。実際、カンヴァスのシリーズの根底にある、「目に見えないものに形を与える」という発想は、第一次世界大戦後に未来派を支えたプランポリーニらが持っていたものから影響を受けたものだ。また、光を素材とするシリーズの根底にある「空中を動くものの軌道を表現する」という態度も、バッラによる鳥の飛行軌道の探求や、一九三〇年代の航空絵画からインスピレーションを得ている。これらのことをふまえれば、空間主義が未来主義の「再話」としての一面を持つことは否めない。

また、このシリーズにおいて、カンヴァスに穴を穿つ行為そのものが作品化されていると捉える者は、第二次世界大戦後のアンフォルメル（不定形の芸術）の亜種として空間主義を位置づけた。宣言のなかで「空間」の定義をあえて打ちださず、空間を不定形のままで扱うこの運動は事実、アンフォルメルとの親和性も強く感じさせる。このように空間

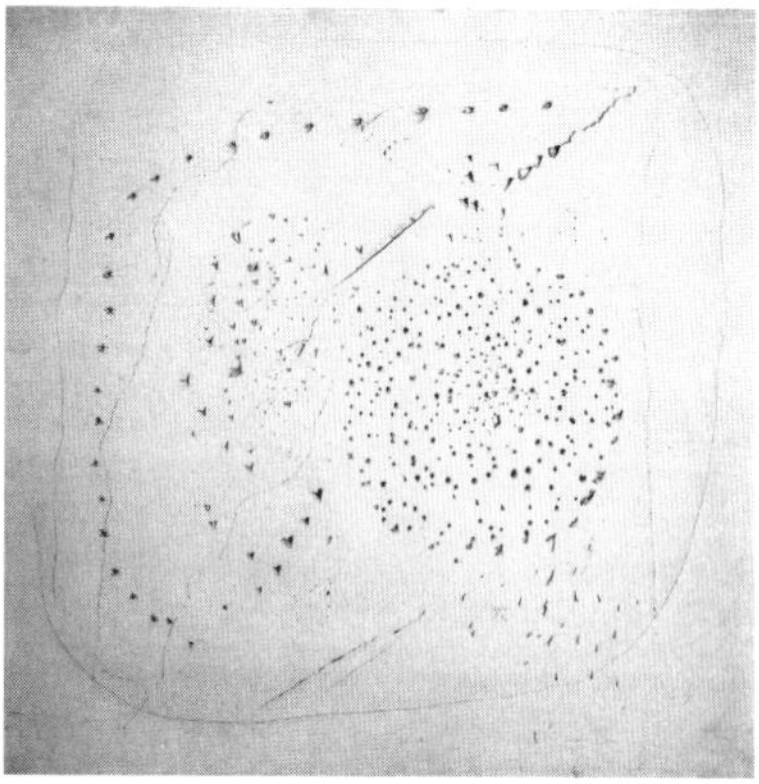

図 10－7　ルーチョ・フォンターナ《空間概念》1949年，ミラノ，ルーチョ・フォンターナ財団所蔵
出典：Crispolti / Siligato (1998) p. 182

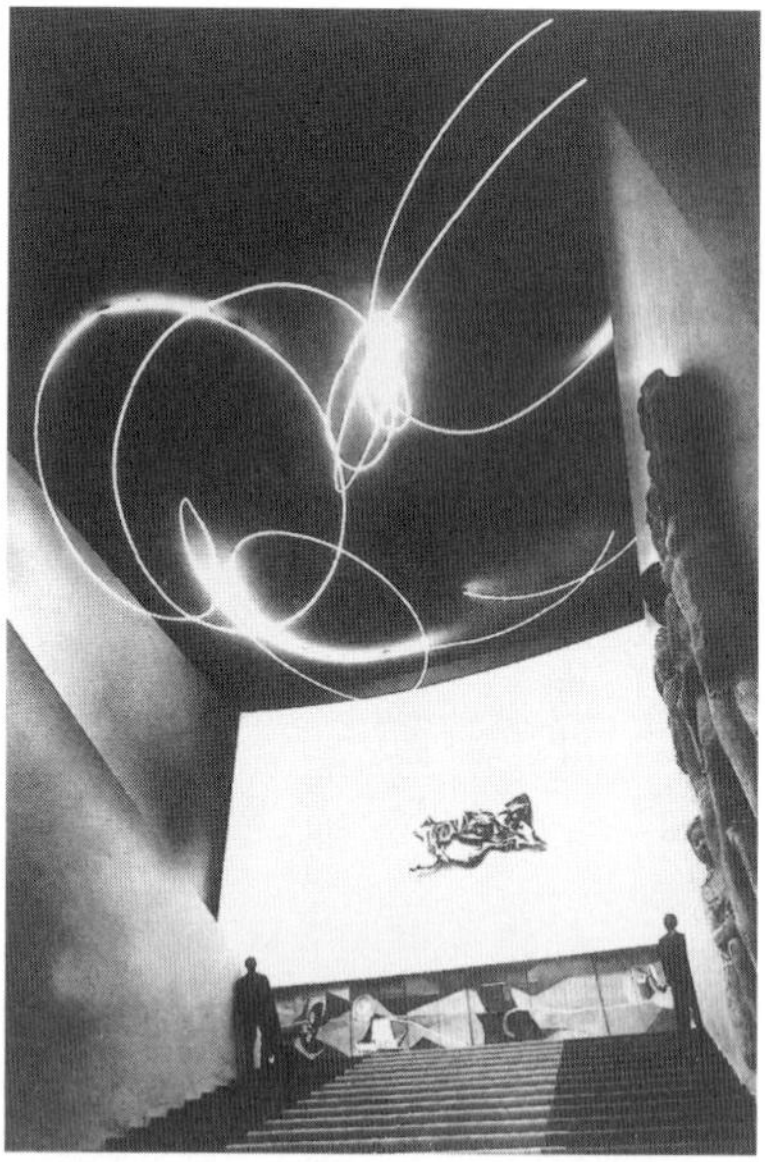

図 10－8　ルーチョ・フォンターナ《ネオンの構造体》1951年，第 9 回ミラノ・トリエンナーレ会場（アルテ宮）の正面階段ホール天井に設置，現存せず
出典：Crispolti / Siligato (1998) p. 166

主義は、二〇世紀前半の芸術運動の影響と、二〇世紀後半の芸術運動との同調という文脈において語られてきた。

とはいえ、フォンターナにとって、カンヴァスに穴をあける行為は、破壊的なものではなかった。画布を傷つける行為を暴力的なものと捉え、そこに戦争の影響を見る者もあるが、芸術家自身の認識において、これは「過去のものを新しい手法で現在のものに生みなおす行為」である。何かを放棄することで新しいものを手にするのではなく、新しい視点から事物を見ることで隠された真実に辿りつこうとする姿勢こそが、空間主義の基本的な在り方だった。「平面」である絵画の支持体に穴をあける行為は、カンヴァスが単なる素材であることを、また「立体」であることを暴く。木枠に張られた麻布のむこう側に、五〇〇年ものあいだ隠されていた「空間」という真実を、フォンターナは提示している。

この芸術家は、隠されている空間や認識されていない空間の存在を鑑賞者にも気づかせようとした。《空間概念》は、文字通り「空間の概念」を鑑賞者に捉えさせることを期待する装置でもある。空間主義は、「穴」のはらむ空間がそれの置かれた空間とつながっており、その空間が究極的には宇宙にすらつながっているのだと示そうとする。空間主義者は、未来派が戦争によって獲得しようとした領土とは比べものにならぬほどの拡がりを、闘うことなしに手に入れる方法を主張したのだ。

さらに、《ネオンの構造体》のような作品で「空中を動くものの軌道」を表現する際、その動きをする具体的な何かに注目するのでも、空中を動く行為自体に重きを置くのでもなく、あくまで「動きの軌道」そのものを主題とする点も独特である。フォンターナは、光源そのものを作品として提示することで、質量を感じさせない光という媒体の特性を最大限に引きだし、「空間をつらぬく形態、色彩」を空中にとどめることに成功した。こうした点に注目するだけでも、この運動がほかにはない独自の性質をもつことは明らかだ。

空間主義は、二〇世紀前半の抽象芸術を経験した芸術家によって、未来主義の影響下に生みだされ、二〇世紀後半のアンフォルメルと同調しながらも、独自性を失わなかった。二〇世紀前半の日没と二〇世紀後半の黎明の両方をその目に映しながら、新たな道を拓いた芸術運動といえるだろう。

二〇世紀の初め、工業化にともない刻々と変化しつつあったこの国で、未来派は伝統の破壊と前衛的な行為をもって芸術の革命を叫んだ。権力の簒奪を目指したムッソリーニは未来主義に同調し、その激しいエネルギーを利用する。しかし、政権をとったムッソリーニとファシスト党は、個人を国家に従属させる過程で、その旗印となるものを求めて伝統へと再び立ちかえった。「イタリア」という国家を示す芸術が模索されるなかで規制は強まるものの、公式見解を示すには至らない。この国の芸術は、困難な道のりのなかでからくも統一をなしとげた自らの歴史を体現するかのように、ファシズム支配下においても多様性を保ちつづけた。

第二次世界大戦が終わると、イデオロギーの抑圧から解放されたイタリアの芸術家たちは、新たな道を模索することとなる〔第二次世界大戦後の芸術については、第18章も参照〕。そのひとつの道しるべとなったのは、フォンターナによる空間主義の芸術であった。

参考文献

井関正昭（一九八九）『イタリアの近代美術：一八八〇〜一九八〇』小沢書店。

巖谷睦月（二〇一三）『ルーチョ・フォンターナの空間主義――一九四六年から一九五八年までを中心に』東京藝術大学大学院美術研究科博士学位論文。

――（二〇一四）「ルーチョ・フォンターナのネオン作品と未来派の記憶――エンリコ・プランポリーニによる展示装置との関係を中心に」『日伊文化研究』五二号、六二‐七六頁。

――（二〇一七）「原典史料翻訳・解題『空間芸術宣言』一九五一年一一月二六日」『東京芸術大学西洋美術史研究室紀要』一五号、一三一‐一四〇頁。

エーコ、U（一九九八）『永遠のファシズム』和田忠彦訳、岩波書店。

岡田温司監修（二〇一一）『ジョルジョ・モランディ』有限会社フォイル。

クリスポルティ、E（一九九二）『未来派　一九〇九―一九四四』井関正昭構成・監修、セゾン美術館ほか。

コラリーツィ、S（二〇一〇）『イタリア二〇世紀史』村上信一郎監訳、名古屋大学出版会。
佐藤康夫（一九九三）「イタリア分割主義」池上忠治編『後期印象派時代　世界美術大全集　西洋編23』小学館。
――（一九九六）「未来派――機械とスピードへの賛歌」高階秀爾著・乾由明、本江邦夫編『キュビスムと抽象美術　世界美術大全集　西洋編28』小学館。
鯖江秀樹（二〇一一）『イタリア・ファシズムの芸術政治』水声社。
重岡保郎・森田鉄郎（一九九八）『イタリア現代史（第三版）』山川出版社。
仙仁司編（一九九〇）『LUCIO FONTANA：Spatial Conception』多摩美術大学美術参考資料館。
田之倉稔（二〇〇四）『ファシズムと文化』山川出版社世界史リブレット。
ティズダル、C／ボッツォーラ、A（一九九二）『未来派』松田嘉子訳、PARCO出版。
フイエ、M（二〇一二）『イタリア美術』越川倫明・小林亜起子監訳、白水社。
Carollo, S. (2004) *I Futuristi : la storia, gli artisti, le opere*, Firenze-Milano : Giunti.
Crispolti, E. (1986) *Storia e critica del Futurismo*, Roma-Bari : Laterza.
―― (2006) *Lucio Fontana : Catalogo ragionato di sculture, dipirti, ambientazioni*, Milano : Skira.
Crispolti, E. / Siligato, R. ed. (1998) *Lucio Fontana*, Roma : Palazzo delle Esposizioni.
Ferconzi, F. / Negri, A. / Pugliese, M. a cura di (2010) *Museo del Novecento : La collezione*, Milano : Electa.
Greene, V. ed. (2014) *Italian Futurism 1909–1944*, New York : Gussenheim Museum.
Lista, G. / Masoero. A. (2009) *Futurismo 1909–2009 : Velocità+Arte+Azione*, Milano : Palazzo Reale.
Mantura, B. / Rosazza-Ferraris, P. / Velani, L. eds. (1990) *Futurism in flight : "Aeropittura" paintings and sculptures of Man's conquest of space (1913–1945)*, London : Academia Italiana delle Arti e delle Arti Applicate.
Mazzocca, F. a cura di (2013) *Novecento : Arte e vita in Italia tra le due guerre*, Forlì : Musei San Domenico.
Negri, A. a cura di (2012) *Anni '30 : arti in Italia oltre il fascismo*, Firenze : Palazzo Strozzi.
Pizziolo, M. (2003) *Ernesto Treccani e il movimento di Corrente*, Busto Arsizio : Fondazione Bandera per l'Arte.
Ponteggia, E. a cura di (1998) *Persico e gli artisti 1929–1936*, Milano : Padiglione d'Arte Contemporanea.

第11章　繊維工業とイタリアン・モード

日野真紀子

両次大戦間期は、現在われわれが目にするパリやニューヨークなどのファッションが盛んになった時期であると同時に、色鮮やかでデザイン性に優れたイタリアン・ファッションの萌芽期でもある。本章では、まず統一後のイタリア経済を概観したのち、戦間期にとくに重要な輸出品であった絹とレーヨンを中心に、繊維工業がおかれた経済状況と、戦後のイタリアン・ファッションを生み出すことになる歴史的背景を明らかにしていく。

1　自由主義期の経済政策

図11‐1は、一八六一～二〇一〇年のイタリアの一人当たり実質GDP（国内総生産）を示している。一人当たりGDPは、一定の期間にひとつの国がどれだけ価値あるモノやサービスを生み出したかを金額に換算したGDPを人口で割ったもので、国や地域の生産性の高さの目安となる。ここから、戦後の一九五〇～一九九〇年代に急速な成長があったことがわかる。しかし、表11‐1にある一年間で国民一人当たりGDPがどれだけ大きくなったかを示す経済成長率をみると、戦後ほどではないにせよ、一九二二年の七・三％のように戦前にも高い経済成長率がみられた。

第一次世界大戦前まで、イタリアは、ドイツやイギリスに比べると技術水準が低く、経済的にも遅れた途上国であっ

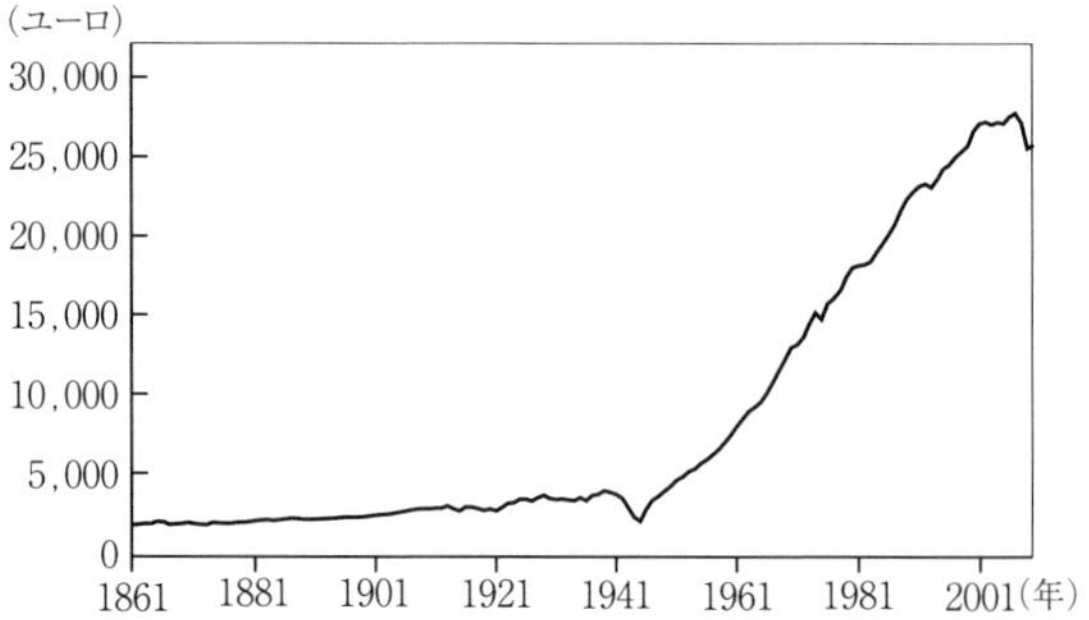

図11－1　イタリアの１人当たり GDP（2010年の貨幣価値）

注：現在の国境線で計算

出典：G. Vecchi (2011) *In ricchezza e in povertà,* Bologna : Il Mulino, p. 427より作成

表11－1　イタリアの１人当たり GDP と経済成長率

年	国民１人当たり GDP	
	ユーロ（2010年価格）	経済成長率（%）
1861	2,022	—
1896	2,498	1.5
1913	3,214	4.7
1922	3,111	7.3
1929	3,874	4.2
1938	3,947	2.1
1951	4,812	8.8
1963	9,097	5.3
1973	14,520	6.4
1988	21,610	4.2

注：年間成長率はデータより算出

出典：図11－1に同じ

た。比較のために図11－2をみると、イタリアの一人当たりGDPは、イギリス、ドイツ、フランスと比べて控えめな伸びに留まったとはいえ、それでも第一次世界大戦期に急激に増加し、その後一九二〇年代は緩やかに増加し続け、一九三〇年代後半にも増加したことがわかる。

統一から二〇世紀前半までのイタリアは、農業従事者が就業人口の半数以上を占める農業国であった。戦間期に国全体の農業人口が減少して工業とサービス部門が大きくなり、工業従事者が農業従事者の割合を超えるのは一九六一年のことである。

それでは自由主義期の経済政策をみてみよう。統一後のイタリアでは、旧諸国家間の関税障壁の撤廃やリラ通貨の採用など国内経済の統一が進められたが、財政運営には困難がともなった。全国一律の関税を新しく導入したため、脆弱な製造業が多数を占める南部経済は悪化した。また、新政府は、旧諸国が残した負債総額二四億リラを引き継いだため、税収入を増加させる必要から、増税を実行し、宗教団体の病院や図書館、教会の所有地を押収した。このような財源創

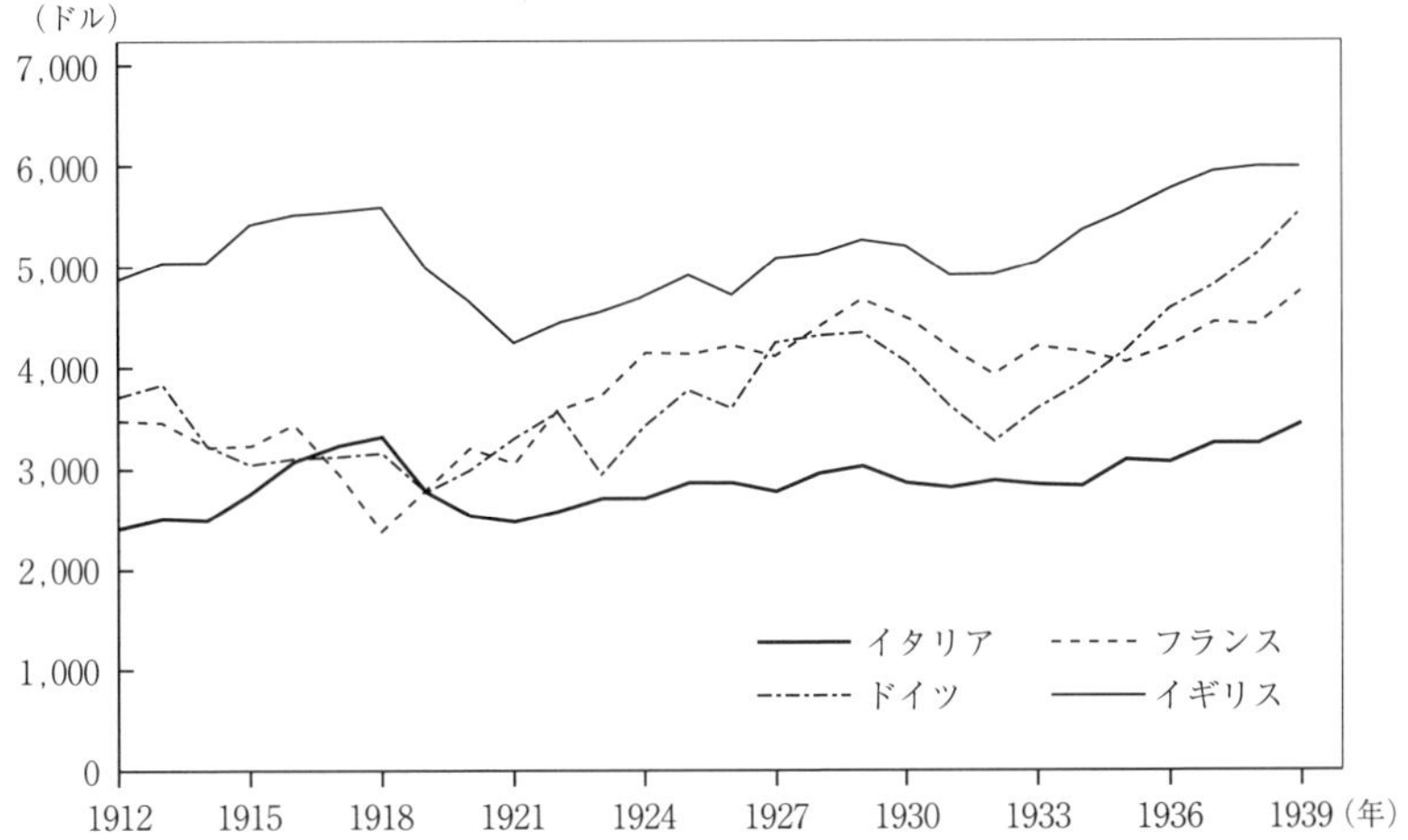

図11－2　1人当たりGDP，1912-1939年（1990 Geary-Khamis ドルで計算）
出典：A. Maddison (1995) *Monitoring the world economy 1820-1992,* OECD, pp. 194-197

出の努力により、ようやく一八七五年に収支均衡を実現した。

政府は、民間企業の成長のためにインフラ整備をおこない、主に鉄道を建設、経済的な統一を進めた［第3章を参照］。これらの建設を支える投資について、政府は外国、とりわけフランスの投資と経済関係に依存し続けた。財政状況が悪化していたフランスは、一八八七～一八九〇年代半ばの約一〇年間、イタリアと熾烈な通商戦争を繰り広げ、両国の関係が悪化した。その後、フランスに代わって一八九〇年代後半にドイツから資本が導入されると、ようやくイタリアで工業成長が始まった。

政府は統一後、農業に重点をおいていたが、一八八〇年代になると、しだいに工業を重視し始める。その理由としては、安いアメリカ産小麦がヨーロッパに上陸し、将来的に農業を基幹産業にすることが難しいと考えられ始めたことが挙げられる。また、フランスとの関係が悪化したことから、防衛のために国内で軍需産業を成長させなければならないという考えが生まれたことも、もうひとつの理由であった。

一八七三～一八九〇年代前半は、世界的に不況が続いた時期であったが、その後、世界経済は好景気となり、イタリア経済も、一八九六～一九一四年に目覚ましい成長を遂げた。とくにジョリッティ時代にフィアットのような自動車を中心とする機械工業や、硫酸、ゴムなどを中心とする化学工業の発展がみられた。また、このような新しい産業だけでなく、伝統的な繊維工業も成長を続けた。イタリアの絹製品は、第一次世界大戦までに世界市場全体の約三分の一を占めるまでになった。

この産業発展を支えたのが、イタリア商業銀行を代表とする、ドイツ資本主体の「兼営銀行」である。兼営銀行は、ドイツの銀行にならい、通常の銀行業務だけではなく、新規事業に融資をおこない、株式会社設立時にも株式発行を引き受けた。また取引企業を常に監視し、その企業に役員を派遣するという形態をとった。

イタリア商業銀行は、一八九〇年代に電力部門に積極的な投資をおこなった。イタリアは、石炭がほとんど採れないという悩みがあったが、この投資により、動力不足はほぼ解消された。ロンバルディア、ピエモンテ、リグーリア地方に新しく建設された工場の動力源は、多くの場合、水力で得られる電力であった。

2 ファシズムの経済政策

ここでは二〇世紀前半の経済について概観する。最初に、地域的な特徴を把握した後、戦間期にとられた経済政策をみていく。第1節でみたように、全体でみると高い一人当たりGDPも、地域別でみると、北西部の一人当たりGDPの高さと対照的に、南部におけるその低さが目立つ（表11-2）。一九一一〜一九五一年にその差は急激に開いた。一九三八年時点で北西部の成長と比較して、その他の地域の一人当たりGDPが低下し、戦間期の北西部は国内経済において重要性を増した。北西部が発展した理由として、イタリア商業銀行やクレディト・イタリアーノなど兼営銀行が、企業の資金調達を支えたことが挙げられる。その後、ロンバルディアの地方銀行でも、銀行から取引企業に対して役員を派遣する兼営銀行方式の普及が進み、その経営手法は中小企業経営にも影響を及ぼした。

実際、北西部に属するロンバルディア、ピエモンテ、リグーリアは、「工業三角地帯」と呼ばれ、統一前後から現在に至るまでイタリア工業をリードしている。一九一一年の地域別推計によると、国内製造業付加価値額の四〇・四％を生産し、うちロンバルディアは国内最高の二二・四%を占めた。一九一一年のロンバルディアにおける製造業生産額九億三〇〇万リラのうち、一億九九五〇万リラ（二二%）は繊維工業によるものである。繊維工業は、第一次世界大戦前から経済成長の牽引役として重要な役割を果たした。

繊維工業は大別すると羊毛、綿、絹、レーヨンなどに分類されるが、羊毛工業はトスカーナ、綿・絹・レーヨン工業は北西部が製造中心地として知られている。羊毛工業は、主に戦後、「第三のイタリア」［第17章を参照］で注目される発展があったが、それ以前における繊維工業の中心は北西部であった。絹織物産地はレーヨン工業と密接に関わっていたため、レーヨン製造企業の株式を大量に保有する銀行や産業復興機構は、レーヨンの消費を支える観点から絹織物業の役割を重要視した。

イタリアに限らず、戦間期の主要な工業国は、大恐慌が起こるまで関税など国家の介入や干渉を排して、生産者や商人が自由に貿易をおこなう自由主義的政策をとっていた。大恐慌後、高い関税をかけて自国の産業を守ろうとする、保護主義の貿易がおこなわれるようになった。第二次世界大戦後の世界は、一九三〇年代の保護主義がもたらした貿易の停滞を教訓に、自由貿易政策を原則としている。

この点を踏まえて、イタリアの戦間期の政策をおおまかに捉えると、一九二〇年代は自由主義、一九三〇年代は保護主義の貿易がおこなわれた。第一次世界大戦後、交戦国は、戦費など巨額の負債によって急激なインフレーションに悩まされ、貿易をおこなうために為替の安定化が急がれた。イタリアでは、一九一九～一九二〇年にかけて短期的な好況期を迎え、急激なインフレーションが起こり、賃金など物価が全般的に高騰したのち、一九二一年に一時的な不況

表11－2　地域別1人当たりGDP（全国=100）

年	北西部	北東部・中部	南部
1871	108	106	87
1891	113	106	86
1911	141	106	78
1938	152	92	66
1951	161	101	53
1971	132	105	69

注：北西部＝ピエモンテ，リグーリア，ロンバルディア
南部＝アブルッツォ，モリーゼ，カンパーニア，プーリア，バジリカータ，カラブリア，シチリア島，サルデーニャ島
北東部・中部＝上記の北西部と南部，ヴァッレ・ダオスタを除く地域
出典：Cohen / Federico (2001) p. 15

が訪れる。その後、ファシスト政権が誕生した一九二二年から一九二五年にかけては異例ともいえる活況を呈した。

経済活動を円滑におこなうためには、各国が協力して為替を安定させることが重要である。そのため、世界の主要な中央銀行は、イタリア政府に二つのことを求めた。ひとつは、それまでナポリ銀行とシチリア銀行ももっていた通貨発行権をイタリア銀行に移譲して、イタリア銀行が通貨供給を管理する近代的な中央銀行となることである。実際、一九二六年にイタリア銀行が唯一の発券銀行となった。

もうひとつは、インフレーションを抑制するため、物価を下落させるデフレ政策をおこなうことである。イタリアの場合、為替の安定には物価抑制だけでは不十分だったことから、ファシスト政府は企業に労働者の賃金や俸給を下げさせるために、協同体主義という労使協調のイデオロギーの下で、国民に賃下げを受け入れさせた。結果的に、これらの政策によって、為替の安定が実現した。

しかし、一九二九年一〇月にアメリカで株式市場が暴落し、大恐慌が発生する。その影響がヨーロッパ経済にも現れ、貿易相手国は高い輸入関税をかけ自国の産業を保護したため、企業は輸出が難しくなり、世界的に経済が悪化した。このため、一九三〇年代に入るとイタリアでは企業や銀行経営が悪化し、政府が果たす役割が重要となった。

大恐慌で経営状態が悪化した国内の企業と銀行を救済する必要がでてくると、それまでの銀行システムを改革することが求められた。それまでは、イタリア商業銀行やクレディト・イタリアーノなど、預金・短期信用と発起・長期信用をおこなう兼営銀行が、国内の取引企業の株式を保有する体制をとっていた。しかし、企業を支える銀行の経営が悪化したため、銀行の代わりに国家が最後のお金の貸し手となり、兼営銀行が保有していた企業の株式を、国が保有する体制へと移行した。この金融システムの再編の一環として、一九三三年に産業復興機構（ＩＲＩ）が新たに創設され、銀行と産業が分離した。産業復興機構は、それまで兼営銀行が保有していた国内主要企業の株式を引き受け、それらの企業経営を健全化させる役割を担った。

経済的に好況となったのは一九三四年からで、エチオピア侵攻のための再軍備の決定時期とおおよそ一致する。政府は景気の回復と軍事費の捻出のために、矢継ぎ早に金融・財政に関連する改革をおこない、第二次世界大戦参戦まで国による経済統制の色を強めていった。また、国内市場を拡大して輸入代替を進めるための自給自足政策《アウタルキー》は、一九二六〜一九二七年からすでに始まっていたが、再軍備と経済制裁によって英仏などへの反感が高まった一九三六年に、経済的自立を目指して本格化した。

3　レーヨンの登場とアウタルキー繊維

戦間期に、絹、綿、羊毛といった天然繊維は、絹の性質に似せ、木材や綿から化学的に取り出した植物性セルロースをつくりかえた再生繊維であるレーヨン（人造絹糸を略して「人絹」とも呼ばれる）にしだいに代替され、比較的短期間のうちにレーヨン製品が世界を席巻するに至る。イタリアは、日本と同じく外貨獲得のために生糸輸出に力を入れていた。しかし、一九二〇年代にレーヨン生産量が急増し、一九三〇年代を通じてその生産量は、世界生産量の平均約一四%を占めるほどになった。一九三〇年代後半の主要輸出商品（輸出額ベース）は絹・レーヨン製品であったが、その内訳はレーヨン製品が九〇%以上であった。

一九世紀半ばにフランスで開発されたレーヨンは、第一次世界大戦前後になるとイタリア国内でも生産が開始され、一九三〇年代に本格的に発展した。戦間期にはレーヨン製造企業が国内で相次いで設立された。一九二七年に一六社（うち七社が一九二五年に設立）が存在し、企業間で激しい競争と技術的な改良があり、レーヨンの品質が向上した。とくに重要な地位を占めたのは、トリノに拠点をおくイタリア最大のズニア・ヴィスコーザ社である。同社は、数種あるレーヨン製法のうちビスコース法の製造工程をもち、一日で一四トンを生産した。日産二〇トンの新工場建設の際の増資は、イタリアの金融グループとフランスのレーヨン製造グループ・ジレ社によっておこなわれた。また、国内第二位のレーヨン製造企業であるシャティヨン社は、イタリア商業銀行によって設立された。両社の生産量は、増加の一途を辿った。

一九二〇年代前半まで、イタリアは良質なレーヨンをベルギーやスイスからの輸入に頼った。輸入量は、一九二四年の六〇七・四トンが最大となったが、その後は減少した。この頃、シャティヨン社が、イタリア商業銀行を通じて絹織物産地であるコモの企業と資本関係を結んだ結果、レーヨン工業と絹織物産地は密接な関係となった。同時にイタリアの大口取引先であったイギリスが自国のレーヨン工業を守るために保護関税を設けたため、イタリア国内の在庫は増加し、国内でレーヨンの利用がいっそう進んだ。

レーヨン生産は一九二〇年代ほどの伸びではなかったにせよ、一九三〇年代にも増加がみられた。一方、一九三〇年代後半には短繊維であるレーヨンステープル・ファイバー（以下、スフと略す）の生産が急増し、一九三六年には世界第一位となり、世界生産量に占める割合は三八％に上った。輸出量は三六〇〇万キログラムのうち、レーヨン糸は二二〇〇万キログラム（イタリア生産高四〇〇〇万キログラムの五五％）、スフは一四〇〇万キログラム（イタリア生産高五〇〇〇万キログラムの二八％）で、国内需要はレーヨン糸一八〇〇万キログラム、スフ三六〇〇万キログラムであった。

一九三五年一〇月にイタリアがエチオピアに侵攻したことに対して決議された国際連盟による対イタリア経済制裁は、一〇月七日に決議され、同年一一月から翌年七月まで実施された。この結果、イタリアの全輸入額は、一九三五〜一九三六年に約二五％、全輸出額は約一五％減少した（表11-3）。エチオピアは、日本にとっても重要な人絹織物の輸出市場であり、エチオピア侵攻はイタリアと日本の緊張を高めた。

この経済制裁をきっかけに、国内で新しいタイプのレーヨンの開発が進んだ。レーヨン製造企業は、この時期を境に絹に似た性質のレーヨンを、綿や羊毛に似た手触りの糸に変化させた。その結果、レーヨンは生糸の代替品としてではなく、そのものが主役となった。なかでも一九三三年頃につや消し糸の発明があり、この発明によってレーヨンの利用幅が広がった。たとえば、ビスコース・スフと羊毛を混紡した「ラミセット」、羊毛と交織可能なスパンアセテートレーヨン「フィオッコ・アルベーネ」などがある。その他、一九三六年になると牛乳を原料とした新しい合成繊維「ラ

表11－3　イタリアの輸出入額と貿易収支1928-1939年

(単位：リラ)

年	輸出額		輸入額		貿易収支
	対非植民地	対植民地	対非植民地	対植民地	輸出－輸入
1928	30,522,891		45,133,285		－14,610,394
1929	31,053,675		43,909,343		－12,855,668
1930	24,629,018		35,224,210		－10,595,192
1931	20,707,210		23,677,810		－2,970,600
1932	6,811,900		8,267,600		－1,455,700
1933	5,752,000	239,000	7,354,000	78,000	－1,441,000
1934	4,965,000	259,000	7,582,000	93,000	－2,451,000
1935	4,488,000	750,000	7,673,000	117,000	－2,552,000
1936	3,824,000	1,718,000	5,883,000	156,000	－497,000
1937	7,864,000	2,580,000	13,593,000	350,000	－3,499,000
1938	8,041,000	2,435,000	11,056,000	209,000	－789,000
1939	8,472,000	2,351,000	10,034,000	275,000	514,000

注：金銀の輸出入を含まない。Commercio speciale の額

出典：*Annuario statistico italiano* (1933) p. 225；*ibid.* (1938) p. 130；*ibid.* (1941) p. 167

ニタル」が発表された。これは、羊毛、レーヨン、絹と交織可能であった。また、エニシダを原料とした「ジネストラ」は麻繊維で、レーヨンまたは絹と交織可能で、スポーツ素材やテント・粗布製造に適した。これらの繊維は「アウタルキー繊維」と呼ばれた。

レーヨン製造企業は一九二〇年代初めの早い段階から兼営銀行の傘下にあり、その後、産業復興機構が株式を管理することとなった。同機構が管理する株式のうち繊維工業が占める割合は一九三四年に七・九％であった。

4　化学工業と染料工業の発展

ここで、イタリアにおける合成染料の製造についてみてみよう。布を染めるために必要不可欠な製品が染料である。染料には、動物や植物から抽出する天然染料と、一九世紀半ばに開発された、石炭から抽出したコールタールを原料とする合成染料がある。現在、使用される染料のほとんどは石油から得られる合成染料である。

染料の製造自体は化学工業の一分野に属し、イタリア化学工業の成長は第一次世界大戦後に始まった。同大戦から一九三〇年代

にかけて世界的に化学製品生産額が増加したが、大戦前に関税の恩恵から除外されていたイタリアの化学企業も、大戦とその後の短いブームで大きな刺激を受けた。その多くは、大戦後も関税による保護を政府に求め、設備更新と再編の機会を得た。したがって、大戦直後の化学工業における需要の落ち込みは、繊維や機械などの部門と比較してそれほど深刻ではなく、レーヨンや電力の分野は一九二〇年代を通じてふたたび急速に拡大した。

イタリアの化学工業を牽引したのは、フィレンツェに拠点を置くモンテカティーニ社である。同社は、アウタルキー政策を転換点として、肥料以外にも目を向け、外国から技術を移転し応用研究を進め、多角化する過程でさまざまな部門を手中におさめた。こうして一九五〇年代になると、同社はイタリア最大の独占企業となった。

一九二七〜一九三五年に、モンテカティーニ社はイタリア商業銀行の支援を受けて急速に拡大した。同社の一九二一年に所有していた五五工場のうち三六工場が化学部門であったが、一九三六年には、全部で一六八工場に増加し、そのうち化学部門は八四工場であった。同社は、大理石、レーヨン、鉱山、金属、アルミ、黄麻、火力発電、水力発電、肥料、工業化学製品、合成窒素、工業用燃料・潤滑油製造、染料、火薬、医薬品を手がける巨大な企業体となった。

モンテカティーニ社の傘下企業ACNA社は、イタリアで最も重要な染料製造企業であった。染料と火薬は製造工程が共通しているため、戦間期の染料には色を染めるという本来の機能以外にも、軍需品の製造手段として一定の重要性があった。さらに、イタリアは大恐慌後に赤字続きの貿易収支を均衡させるため、外貨獲得手段として繊維製品の輸出が必要であり、そのための製造設備の拡大も並行して続いた。

5　流行を創る仕組み

イタリアン・モードの源流は戦間期にあり、一九三〇年代にレーヨンを含む繊維製品のデザイン性の向上がみられた。それに大きく関係したのが、絹とレーヨン工業である。第一次世界大戦直後から、イタリアは当時流行の最先端であったフランスの地位を奪うべく、流行発信地を目指した。絹織物販売促進のための新製品情報や流行の発信の動きが一九二〇年代半ばから目立つようになった。一九二〇年代には衰退し始めた養蚕と製糸業を再活性化させるために、一九三〇年代にはレーヨンの販売促進のために、流行創造に関する政策が経済的に重要となった。

フランスの高級製品に依存するイタリアは、一九二〇年代を通じてその状態を脱するためにデザインを改良し、デザイナーを育てることを試みた。コモではパリのオートクチュールの流行に対抗して、コモ国立絹織物専門学校「セティフィーチョ」と共同でデザイナーや芸術家を募り、イタリアから流行を発信しようと、デザインや新製品に関する企画を実行した。

デザインに関連して、染色・プリント工程は、製品の多様化や消費市場に合わせたカスタマイズ能力、品質面で役割が大きい。市場に合った製品として価値を高める必要があり、技術的に遅れていたこれらの工程を国内で成長させることが重要であった。一九二〇年代前半には、絹織物産地であるコモは、技術的に困難な染色とプリントの工程を外国、とくにスイスやフランスなどの企業に委託していた。この状況を改善するため、一九二〇年代半ばからファシスト工業総連盟を通じて染色・プリント、整理加工と製織の各工程を担う業者間会議が何度も開かれ、緊密な連携をとるため、価格や割引、労働条件など具体的な解決策が話し合われた。

一九三〇年代になると、ヨーロッパ市場向けに輸出するには、流行を考えなければ販売が難しかった。たとえば、経済制裁前の一九三五年には、パリで「イタリア芸術展示会」が開催され、冬のパリ・コレクションで「イタリア芸術」というライトモチーフが街のあらゆる仕立屋でみられ、流行となった。当時、絹・レーヨン製品の輸出で強力な競争相手で

図11－3　イタリアのレーヨン販売を促進する団体 Ital Rayon のポスター（1937年）

出典：M. Garofoli, a cura di (1991) *Le fibre intelligenti,* Milano：Electa, p. 36

あった日本は、一九三六年に実施したスイス市場における絹織物製品の販売調査で、「モードを考えて販売しなければならず、フランスからの輸入が多いのはそのためである」と記した。イタリアに向けたレーヨン織物市場の調査でも、イタリア製品は日本製品より糸が少し太く、品質にそれほど差はないが、イタリア製品は柄物のデザインで優位性があると報告されている。

プリント技術の向上と新商品の開発、さらにファッションに関する国家的な取り組みとして、政府が主体となり、繊維製品を宣伝する国内外の見本市や展示会が開催された。その目的は国産の原料を使用し、流行を創出する衣料部門を組織することにあった。一九三四年以降、アウタルキーを目指した統制経済を実現するため、ファシスト政府は繊維工業を重要な産業と考えた。

一九三〇年代半ばからイタリアのファッションにおける宣伝活動は、生糸消費よりも国産レーヨン糸を消費することが主な目的となった。また、商品のデザインを含めて繊維製品を管理しようとする「モード公社」が設立された。政府はテキスタイルとファッション産業のリンクの必要性を説き、レーヨン繊維を国内市場に販売するため、協力を要請したミラノ、トリノ、ローマ、フィレンツェの大規模な仕立屋と、レーヨン産業、ファッション機構を結びつけた。

このように繊維工業は戦間期から販売努力を怠らず、その勢いは戦後ますます増した。二〇一〇年時点のイタリアの製造業は、産業全体のなかで大きな割合を占め、中小企業が担う役割は大きい。中小企業が占める製造業の業種別就業者数では、多い順から金属、機械、食品、ファッション産業（繊維・皮革・毛皮を含む）と続く。グッチやプラダなどイタリアのブランドは、ハイファッションをリードする存在であり、その素材の加工を支える繊維工業は、現在もイタリア経済の中心を担う重要な産業である。

参考文献

アフタリオン、F（一九九三）『国際化学産業史』柳田博明訳、日経サイエンス社。

アマトーリ、F／コリー、A（二〇一四）『ビジネス・ヒストリー』西村成弘・伊藤健市訳、ミネルヴァ書房。

海野芳郎（一九八四）「第二次イタリア・エチオピア戦争と日本」『法政理論』一六（二）号、一八八－二四〇頁。

北原敦編（二〇〇八）『イタリア史』（新版世界各国史15）山川出版社。

キャメロン、R／ニール、L（二〇一三）『概説世界経済史Ⅱ』速水融監訳、東洋経済新報社。

ダガン、C（二〇〇五）『イタリアの歴史』（ケンブリッジ版世界各国史）河野肇訳、創土社。

トニオロ、G（一九九三）『イタリア・ファシズム経済』浅井良夫、C・モルテーニ訳、名古屋大学出版会。

日本貿易振興機構（ジェトロ）海外調査部（二〇一四）「イタリア産地の変容」。

日野真紀子（二〇一九）『シルクとイタリアン・ファッションの経済史』晃洋書房。

Boltho, A./Vercelli, A./Yoshikawa, H. (2001) *Comparing Economic Systems Italy and Japan*, Palgrave Macmillan.

Cohen, J./Federico, G. (2001) *The Growth of the Italian Economy 1820-1960*, Cambridge University Press.

Zamagni, V. (1993) *The Economic History of Italy 1860-1990*, Oxford University Press.

Columun

Ⅳ　ライフ・イズ・ビューティフル

髙橋春菜

一九三九年、ユダヤ人のグイードは、トスカーナの美しいアレッツォの町で小学校教師ドーラに出会い、やがて息子ジョズエを授かる。しかし幸福な日々も束の間、父子はナチスに連れ去られ、母のドーラも非ユダヤでありながら自ら収容所行きの同じ列車に乗り込んだ。

収容所に着くとグイードは、ある嘘をつく。これは「ゲーム」だと。お菓子を欲しがってはダメ、しゃべってはダメ、ママに会いたがってはダメ、人の気配がしなくなるまで絶対に見つかってはダメ……。ルールは少しずつ増えていくが、結局、この「ゲーム」がジョズエを守ることになる。映画の後半は、この収容所での「ゲーム」を描いたものである。

しばしば「グイードの嘘」として紹介される「ゲーム」のアイデアは、実はジョズエ本人の口をついて出た言葉に端を発していた。ジョズエは、収容所に着いて入所手続きを待つ長い列のなかで少しぐずりながら、「まるでゲームだよ」という。これを捉えたグイードが、救われたように「そうだ、これはゲームなんだ」と切り返すのである。とすれば、収容所を「ゲーム」として描く本作の後半は、丸ごと、ジョズエという幼い子どもの目線から捉えた世界として浮かび上がってくることになる。子どもの世界と、それを必死で守ろうとする懸命なグイードの姿が温かい余韻を残してくれるとき、かつて子どもを「平和の教師」あるいは「メシア」と呼んだ教育者モンテッソーリの言葉が思い起こされる。監督ベニーニは、ある場面で、ジョズエとドイツ人の子どもたちとを一緒に遊ばせ、一緒に食事もさせている。そして「敵・味方」に分かれた生活を「ゲーム」に見立てる。

本作は、過酷な史実を喜劇仕立てにしたことで批判も受けたが、そのユーモアによって豊かな人間性が描き出されたことも確かである。そして、何が「本当」で何が「ゲーム」だったのか、あらためて人種問題を問いかけるきっかけになった。

原題：La vita è bella
制作：1997年（第71回米国アカデミー賞３部門受賞）
監督・主演：ロベルト・ベニーニ

第12章　ファシズムの時代

山手昌樹

第一次世界大戦への参戦運動は、議会外の示威行動が政治を動かすことを明らかにした。支配者層は、戦後の赤い二年間に北・中部で高揚した社会主義運動を抑えこむため、ファシズム運動を利用した［第8章を参照］。だが、統制のとれないファシストの暴力は、支配者層にとって社会秩序を乱す厄災にほかならなかった。それはムッソリーニにとっても同じで、雑多なファシストを統制するため、彼は支配者層と妥協しながら国家権力を掌握し、社会党や共産党を弾圧するだけでなく、ファシスト党内の規律強化もはかって独裁体制を確立させていく。この章では、政権を獲得したファシズムが、どのようにして独裁体制を築き、どのように社会を変化させていったのかを見ていく。扱う時期は、一九二二年一〇月のムッソリーニ政権成立から一九四三年七月のムッソリーニ失脚までの「ファシズムの二〇年間」と、その後一九四五年四月までの「レジスタンス期」である。

1　すべては国家のうちに

一九二二年一〇月末に国王がローマ進軍を取り締まる戒厳令への署名を拒み、ムッソリーニを首相に任命したとき、ファシスト党は政権与党になった。しかし、政権についたファシズムには未だ議会内に確固とした基盤はなかった。行

図12－1　国王ヴィットーリオ・エマヌエーレ３世に頭を下げるムッソリーニ（1923年）
出典：G. Santomassimo (2000) *La marcia su Roma,* Firenze：Giunti, p. 92

政と経済に関して一時的に政府に白紙委任状が与えられたとはいえ、ムッソリーニが起用した閣僚一三名のうちファシスト党員は三名しかおらず、旧来の支配者層に配慮した政権運営を余儀なくされた。

　ムッソリーニは、党と政府の意見を調整する場として「ファシズム大評議会」を設置するかたわら、首相直属の「全国治安義勇隊（ＭＶＳＮ）」を創設し、無規律で社会秩序を乱してきたファシスト行動隊の統制を試みた。ファシスト党は、一九二三年二月には保守層に受けのいいイタリア・ナショナリスト協会と合併した［第９章を参照］。政府は経済政策では、自由主義を維持し、資本家を安心させた。教育政策では、宗教教育の復活やラテン語の重視がカトリック教会から歓迎された。

　一方、最多得票政党に下院定数の三分の二を付与する選挙法改正案は、社会党や人民党の躍進を快く思っていなかった自由主義諸派の賛成で可決した。この選挙法にもとづく一九二四年四月の下院選挙ではファシスト党が圧勝したが、とくにファシズム運動の弱かった南部では旧来の支配者層の協力が不可欠であった。このため、のちに提出された農民に土地を分配するための農地改革法案は、南部大土地所有者層の抵抗で否決され、法案起草者が更迭された。

　一九二四年六月、選挙中のファシストの暴力を議会で批判した統一社会党のジャコモ・マッテオッティ議員がファシストに殺害されるという事件が起こった。反ファシズム運動がにわかに盛り上がり、ムッソリーニは窮地に立たされた。この年、ファシスト党員は七八万人から六四万人にまで減少した。しかし、野党議員が議会審議の拒否以上の行動を取らず、国王も介入しなかったため、ムッソリーニは危機を乗り切ることができた。

　一九二五年一月、ファシスト革命の貫徹を望む強硬派に押されたムッソリーニは、マッテオッティ殺害の政治的・道義的責任がすべて自分にあることを認めたうえで、混乱を力による支配で解決すると宣言した。この議会演説が独裁への呼び水となり、反政府的な出版物や集会が厳しく取り締まられるようになった。この年の一二月に制定された政府首長法は、首相や行政府の権限を強化し、首相に対する悪口をも処罰の対象とした。

一九二六年になるとファシズムはますます独裁色を強めた。県知事の権限を強化し、二月には市町村長の選挙を廃止した。ムッソリーニ暗殺未遂事件をきっかけに、一一月には反体制的な組織や新聞を禁じ、政治犯を裁く国家防衛特別裁判所を設置し、死刑を復活させた。政治警察による取り締まりが強化され、アントニオ・グラムシをはじめとする多くの共産主義者が逮捕された［第13章を参照］。

弾圧は秘密結社フリーメーソンやシチリア島の犯罪組織マフィアにまで及んだ。ファシスト党以外の政党や労働組合は解散し、有力紙は存続するためファシズムに好意的な論調になった。ムッソリーニは、こうして一九二六年末までに一党独裁を完成させた。ただし、国家権力がすべてファシスト党員で独占されたというわけでもなかった。県知事は市町村長に地元の有力者を任命したし、行政機関ではキャリア官僚がなおも要職についていた。

ムッソリーニは「すべては国家のうちにあり、国家の外には何もなく、国家に反して何もない」というフレーズを好んで使い、国家機構である警察や県知事をうまく利用しながら、反体制活動家のみならず、自身の存在を脅かす有力ファシストも牽制した。彼は、旧来の支配者層と地方に基盤をおくファシストとの対立を調停するなかで権力を固めていった。彼だけが人事をつかさどる「調停者」として、さまざまな出自のファシストをまとめることができたのである。

一九二八年にはファシズム体制のなかで最大の二八〇万人を誇ったファシスト労働組合が産業部門別に分割され、組合活動家の影響力が削がれた。一九二九年二月、政府はローマ教皇庁とラテラーノ協定を結び、ヴァティカン市国を承認、いわゆる「ローマ問題」を解決した［第15章を参照］。国民全体が体制迎合的になるなか、国内での反体制活動は困難になり、活動の拠点は国外に移された。そのなかで重要なものとして、カルロ・ロッセッリら亡命者が一九二九年にパリで結成した「正義と自由」があった。

2　信じ、従い、闘え

一九二〇年代後半は反ファシズム運動が徹底的に弾圧されたことを特徴とするが、他方でのちにみられたファシズムに対する積極的な支持の強制は限定的であった。それは、ムッソリーニ自身が社会のファシスト化は世代交代とともに自然に達成できると考えていたことにもよる。その意味で体制にとって重要になるのが、青少年に対するファシスト教育であった。

一九二六年、ファシズム体制は「全国バリッラ事業団」を設立し、ファシスト的な「新しい人間」の創造を託した。ただちにすべての子どもが加入させられファシズムの思想を植え付けられたわけではないが、団員はスポーツ大会への参加や奨学金の給付などで優遇された。一九二九年以降、全国規模で学校教諭が入団を勧誘するようになると、とくに北・中部では小中高に通う半数以上の生徒が加入した。

バリッラ事業団は、青少年の健全な身体の育成を重要な課題とした。子どもたちは体操やスポーツ競技、遠足、キャンプ、夏休み中の臨海学校や林間学校を通じて身体を鍛えた。「信じ、従い、闘え」をモットーに、未来の兵士である男子団員は治安義勇隊の隊員から準軍事訓練を受け、未来の母親である女子団員は女性ファシスト党員から料理や裁縫などを教わった。団員はファシズムの思想にもとづく規律ある行動を求められたが、とくに貧しい家庭の子どもたちにとっては唯一の遠出できる機会であったことも否定できない。

バリッラは一九三〇年前後にはカトリック教会の青少年組織と競合し、少年少女のファシスト化は体制の思い通りにはいかなかった。けれども、一九三七年には六歳から二一歳までを対象とする各種ファシスト組織すべてが新設の「イタリア・リットーリオ青年団」に統合された。一九三九年には就学者の加入が義務づけられ、八〇〇万人を超える体制最大の組織へと成長した。第二次世界大戦中には軍事訓練を受けた兵役前の団員が北アフリカ戦線へ投入され、多くの命が失われた。

バリッラ事業団のように国民生活と密接な関わりをもった組織としては、一九二五年設立の「全国ドーポラヴォーロ事業団」や「全国母子事業団」もあった。「労働の後」を意味するドーポラヴォーロは、労働者の自由時間を管理して生産性を高めるという発想から生まれたものである。そこには、バリッラのようにファシスト的人間を創造するというよりは、労働者に娯楽を提供して政治から目を背けさせる狙いがあった。社会主義系の娯楽施設やスポーツ・サークルが閉鎖されるなか、ドーポラヴォーロはそれらに代わるはたらきをした。

ドーポラヴォーロの会員数は、ファシスト党員が三六〇万人であった一九四〇年に四〇〇万人を超え、ファシズム体制下で最も人気の事業となった。活動内容は、映画や演劇をはじめ、体操、スポーツ競技、遠足のほか、職業訓練や労働者住宅の建設など多岐にわたり、公的扶助の役割も担った［第14章を参照］。ドーポラヴォーロは、寄付金やボランティアに支えられ、元からあった各地の収穫祭などをうまく利用した点も見逃せない。

一方、全国母子事業団は、高い乳幼児死亡率の改善を目的として、妊婦や新生児の栄養管理、衛生管理、病気予防を事業内容とした。事業団の施設には託児所や無料の食堂、診察室が設けられ、女性ファシスト党員がボランティアで活動にあたった。

図12－2　母と子どもの日にプレゼントを贈られる児童（ミラノ，1938年）

出典：L. La Rovere (2004) *Giovinezza in marcia*, Novara, p. 63

ムッソリーニは、一九二七年五月の議会演説で母子事業団の活動を絶賛した。「数は力」という考えのもと、「人口戦争」と称して人口増加を国家目標に掲げ、都市部の少子家庭を非難し、子だくさんの農家を称賛した。良妻賢母が理想の女性像とされ、「父親でない者は男でない」といわれた。この年にはムッソリーニ自身にも第四子が生まれている。

出生率を上げるため、未婚男性に独身税が課されたほか、避妊方法の宣伝が禁止され、一九三一年制定の刑法では妊娠中絶が「人種の健全性」を損なう犯罪として処罰の対象になった。一方、子だくさんの家族にはさまざまな特典が用意された。たとえば、子だくさんの父親は出世や雇用のチャンスが広がった。一九三三年からは一二月二四日が「母と子どもの日」となり、子だくさんの母親がローマに招かれ表彰された。一九三七年にはドイツにならい、産まれた子どもの数に応じて返済額が軽減される結婚貸付金制度が始まった。

人口流出につながる移民についても議論の的になった。国外への移民は、フランスなど近隣諸国への短期間の出稼ぎを除き、禁止された。すでに国外で暮らす移民に対してはイタリア人コミュニティに「在外ファッシ」が設立され、ファシズムの宣伝拠点になるとともに帰国も促された。国内では農村から都市への転居が制限され、都市部に暮らす農村出身の失業者に帰郷が命じられた。

ムッソリーニ政権が一九二五年以降、独裁体制へ移行したことは、経済政策にも大きな影響を与えた。貿易赤字を解消するため、自由貿易から保護貿易へ政策が転換された［第11章を参照］。自給自足を達成するため、ムッソリーニは「小麦戦争」と称して開墾や転作を促した。これにより穀物の生産量は増加したが、一部の農作物や畜産が犠牲になった。さらに通貨安定のため誘導したリラ高が、中小輸出企業の不振と物価下落を招き、一九二七年以降、イタリアは不況に陥った。とくに労働者は、物価の下げ幅を超える賃下げに苦しめられた。

3　人民のなかへ

一九二九年一〇月、ニューヨークで株価が大暴落し、世界的な大不況を引き起こした。この世界恐慌は、景気回復の兆しをみせ始めていたイタリア経済を直撃した。失業者は公式統計でさえ一〇〇万人を超え、各地でストライキやデモが頻発した。亡命中の反体制活動家は、ファシズムを打倒する絶好の機会と考えた。だが、実際にはファシズム体制が経済界に介入し、民衆の組織化を進展させるきっかけになった。体制も国民の不満が反体制運動へと拡大することを懸念し、対策を講じたからである。

政府は、金融界を再編し、経営難に陥った企業を支援するなかで経営にも口をはさむようになった。賃下げや失業に苦しむ労働者に対しては、ファシスト党が寄付金を募り、炊き出しや生活必需品の配給をおこなった。社会福祉や公共事業の拡大は、国民の要求を満たすにはほど遠かったが、それでもそれまでのどの政権よりも規模が大きかった。なかでも一九二八年に開始されていた国土総合開発事業は、古来よりマラリアの温床として人を寄せ付けなかった湿地帯を都市や農地に改造する大型公共事業であった。

図12－3　ファシズムの計画都市「リットーリア」(1934年空撮)

一九三二年、ローマの南東およそ六〇キロメートルに位置する湿地帯に新都市リットーリア（現・ラティーナ）が完成した。これは、ヴェーネト地方の失業者を干拓事業に雇用し、干拓地の完成後は彼らを家族とともに移住させて農民を創り出すプロジェクトの一部であった。国土総合開発事業は全体としては順調に進まなかったが、リットーリアをはじめいくつかの町はファシズムの目に見える成果として大々的に宣伝された。

この時期、ファシズム体制は「人民のなかへ」というスローガンのもと、民衆の組織化と社会のファシスト化を本格化させた。ローマでは政権獲得一〇周年を記念するファシスト革命展が開幕し、来場者は二年間で二八〇万人に達した。全国各地のドーポラヴォーロがツアーを企画し、入場券と鉄道切符をセットにして割引価格で販売した。ツアー参加者は、革命展だけでなく、ローマの市内観光も楽しむことができた［第3章を参照］。

ローマ進軍一〇周年を記念した入党制限の緩和も社会のファシスト化を進展させるきっかけになった。ファシスト党はそれまで、党青年組織出身のファシスト精神に忠実な者だけに入党を許可していたが、公務員や教師などの採用条件として入党を義務づけた。その結果、党員数は一九二七年の一〇〇万人、総人口比二・五%から、一九三四年には一八五万人、総人口比四・四%へ増加した。ファシズムに対する忠誠からではなく、出世や就職のチャンスを増やすために入党した彼らは、古参ファシストから「パンのためのファシスト」と揶揄された。

ファシスト党附属組織の発展も目覚ましかった。プロパガンダと社会福祉を担った「女性ファッシ」の規模は、一九二九年の一〇万人から一九三五年には三〇万人に達した。中・上流階級の女性や小学校教諭はファシズム台頭以前から慈善事業で活躍していたが、女性ファッシの制服に身を包んだ彼女たちが貧困家庭を戸別訪問することで、民衆は日常生活のなかでファシズムの恩恵を意識づけられた。

図 12-4　小麦収穫祭を祝う上半身裸のムッソリーニ（アグロ・ポンティーノ，1935年）

女性ファッシの下に設けられた農村主婦団は、「人民のなかへ」を象徴する組織である。農家の場合、主婦といっても鶏やウサギの飼育に家庭菜園の管理も担ったので、講習会を開いて彼女たちに合理的な飼育法や農業技術を伝授することが農村主婦団の主な活動になった。そこでは、家政学や衛生学の知識も教えられたほか、ファシスト文化という講座もあった。会員は、食品、飼料、ミシンなどを割引価格で購入でき、技術コンテストの優勝者には賞金や実用品が授与された。実用品のなかには、ムッソリーニの肖像画もあった。

ムッソリーニは、首相として絶大な権力をふるっただけでなく、ファシズムの統領「ドゥーチェ」として、この時期に神格化されていく。彼自身がファシズムの「新しい人間」を体現し、彼のいかつい顔はファシズムのシンボルとして描かれた。彼の生地プレダッピオ村はファシズムの聖地となり、ドーポラヴォーロが聖地巡礼の旅を企画した。

ファシズム体制は、娯楽とプロパガンダをセットにすることで民衆からの支持を集めた。民衆は、ラジオを聴くため党関連施設に集まり、体制が整備した一般道でおこなわれる自転車や自動車レースにつめかけた。一九三〇年代にサッカー・ワールドカップでイタリア代表が二度優勝したことも国内外にファシズムを宣伝する絶好の機会になった。

だが、体制は民衆の自発的な支持にばかり頼っていたわけではない。一九三五年には「ファシストの土曜日」が制定された。労働者は、週四〇時間労働制の導入に伴い自由になった土曜日の午後、党主催の準軍事訓練やスポーツ、文化活動に参加することを強制された。

ムッソリーニが目指したものは、全体主義国家の建設であった。多くの国民が生きるためにファシズムに依存せざるをえなくなった世界恐慌の時期、党や党附属組織のメンバーであるか否かが生活を左右した。ファシズムと無縁に暮らすことはほとんど不可能になった。プライベートな空間がファシズムによって浸食され、日常生活のいたるところにファシズムが顔をのぞかせた。

「ファシズムの二〇年間」のなかで、ムッソリーニ崇拝が強まった一九三〇年代前半は「合意の時代」と呼ばれている。英国のチャーチル首相は、ムッソリーニを「偉大な立法者」と評した。ファシズムに懐疑的であった者たちが次々と「転向」していったのもこの時期のことである。

4　祖国に金を

一九三五年一〇月三日、イタリア軍はエチオピアへ侵攻した。国際連盟は、この軍事行動に対して一一月一八日、経済制裁を実行に移す。国際的孤立を深めたイタリアは、一二月一八日を「忠誠の日」と定めて国民に貴金属の供出を求めた。その狙いは戦費調達にくわえ、国民の一体感を高めることにあった。「祖国に金を」というスローガンのもと、とくに結婚指輪の寄贈が求められた。プロパガンダが国民の愛国主義に火をつけた。

図12－5　忠誠の日（1935年）
出典：P. Terhoeven (2006) *Oro alla patria*, Bologna : Il Mulino

家族の絆の証である結婚指輪の寄贈は、国民が国家と運命をともにすることを意味した。もちろん、戦争への熱狂から喜んで寄贈する者も大勢いた。だが、実施にあたっては王妃や高位聖職者を動員した大々的な演出がなされたほか、職場や地区ごとに寄贈数が割り当てられ、集団で受付会場へ向かうことが強制された。寄贈を拒んだ者がファシストから暴力を振るわれることもあった。

一九三六年五月九日、ムッソリーニはエチオピア戦争の勝利と「ファシスト帝国」の樹立を宣言する。エチオピア、エリトリア、ソマリアは併せてイタリア領東アフリカとなり、イタリア国王がエチオピア皇帝を兼ねた。イタリアは四〇年前のアドワでの敗北の雪辱を果たしたが、毒ガスの使用や、国際赤十字を含む民間人への無差別攻撃など、「野蛮な地を文明化する、平和のための戦争」という大義にはほど遠く、国際社会から非難された。孤立したイタリアは、エチオピア戦争を支持したナチ・ドイツに急接近することになる。

ファシズム体制は、帝国主義政策を進めるなかで、古代ローマ帝国の末裔としての意識を深めていった。握手の代わりに右手を斜め上に挙げるローマ式敬礼が推奨されたほか、一九四二年に開幕するはずだったローマ万国博覧会の目玉としてオスティア遺跡の発掘が進められた。一九三七年には初代ローマ皇帝アウグストゥス生誕二〇〇〇年を記念する展示会がローマで開催され、来場者は一〇〇万人を超えた。ローマを訪れることができない者には、ドーポラヴォーロが移動映画館を準備し、古代ローマの英雄スキピオを描いた『シピオネ』を屋外で上映した。

ムッソリーニは「映画は最強の武器である」と語り、プロパガンダとしての映画に大いに期待した。一九三二年に始まったヴェネツィア国際映画祭の最優秀賞は一九三四～一九四二年には「ムッソリーニ杯」と呼ばれた。一九三七年にはローマ郊外にハリウッドを模した巨大な映画撮影所「チネチッタ」が完成し、さっそく『シピオネ』やイタリア空軍を題材にした『空征かば』などの国策映画が制作された。いずれもエチオピア戦争をはじめとする帝国主義政策を正当化する目的があった。

エチオピア戦争をきっかけに軍国化が進んだイタリアは、三年間にわたるスペイン内戦に介入し、ドイツとともにフランコ将軍を支援するため、のべ七万人以上を派遣した。そのなかには軍人以外にも労働者や農民が多く含まれた。政府が手厚い生活保障を約束したからである。一方、亡命した反ファシズム活動家およそ四〇〇〇人もスペイン政府を支援するため現地入り、スペインの地でイタリア人同士が戦うことになった。

ドイツとの関係を深めたイタリアは、国際共産主義に対抗するため日本とドイツが結んだ日独防共協定に一九三七年に加わり、国際連盟から脱退した。ムッソリーニとヒトラーは、互いに両国を訪問しあい、ヨーロッパの秩序が「ローマ‐ベルリン枢軸」の周りを回るように形成されるべきだと国内外にアピールした。ドイツは一九三八年三月にオーストリアを併合したのに続き、九月にはチェコスロヴァキアのズデーテン地方を獲得する。

ナチ・ドイツへのイタリアの接近は国内政策にも影響を与えた。ファシスト政府は一九三八年の夏以降、反ユダヤ主義を煽り、ユダヤ人を公職や学校から追放する法的措置を講じた。だが、これは単なるナチ人種主義の模倣ではなかった。イタリアは、エチオピア戦争後まもなく、イタリア人が植民地の先住民と同棲することを「人種防衛」の観点から禁じ、すでに独自の人種隔離政策をとっていた。

5　レジスタンスから生まれた共和国

一九三九年になるとヨーロッパの領土再編が加速する。ドイツが三月にチェコスロヴァキアを解体してチェコを保護領にすると、イタリアは四月にアルバニアを併合し、五月にドイツと軍事同盟を結んだ。九月、ドイツがポーランドへ侵攻し、第二次世界大戦が始まった。当初、戦争の準備ができていないことを理由に静観する構えをみせたイタリアは、ドイツが破竹の勢いでパリに迫った一九四〇年六月一〇日、勝ち馬に乗るため英仏に宣戦布告した。九月には日独伊三国同盟を結んだ。しかし、国民のあいだに戦争への熱狂はなかった。

イタリア軍は、北アフリカ、ギリシア、ロシアに兵を進め、強力なドイツ軍の支援でなんとか一進一退の攻防を繰り広げたが、最終的にはいずれの地でも敗走したばかりか、植民地の東アフリカやリビアまでも失った。国内では一九四二年になると食糧事情の悪化や空襲で日常生活が困難になった。国民の心は急速にムッソリーニから離れていき、「正義と自由」の流れをくむ行動党など反ファシスト政党が密かに結成された。教皇ピウス一二世はクリスマスに平和を求めるメッセージを発し、国王はムッソリーニの排除を模索し始める。

一九四三年七月、米英を中心とする連合軍がシチリア島へ上陸し、ローマが初空襲を受けると、国王と通じたファシスト幹部のなかからムッソリーニを見限る動きが現れた。七月二五日、ムッソリーニはファシズム大評議会の議決で失脚したのち、国王の命令で逮捕される。「ファシズムの二〇年間」が幕を閉じた。国王は、後継の首相にピエトロ・バドーリョ元帥を任命した。バドーリョ政権はすべてのファシスト組織の解散を命じ、九月八日に連合軍に降伏したが、同盟国ドイツの報復を恐れ、国王とともに南イタリアへ逃れた。

イタリアは、ドイツ軍と連合軍がそれぞれ支配する二つの地域に分断された。ドイツ軍は「無防備都市」ローマをはじめ、ナポリから北の地域を占領した。ドイツ軍に救出されたムッソリーニは、北イタリアのサローにヒトラーの傀儡国家「イタリア社会共和国」(通称、サロー共和国)をつくった。南イタリアを占領した連合軍は、北上しながらナチ・ファシストの支配地域を徐々に攻略していった。この連合軍の動きに呼応して一般市民の抵抗闘争《レジスタンス》も活発になった。

レジスタンスは、キリスト教民主党や共産党など六政党から成る国民解放委員会によって指導された。レジスタンスのなかでもパルチザンと呼ばれる武装集団は、ゲリラ活動を展開し、ドイツ軍に脅威を与えた。これに対してナチ・ファシストは、パルチザン掃討作戦のなかで、武器を持たない数多くの住民を虐殺した。たとえば、ボローニャ近郊のマルツァボット村では一九四四年九月から一〇月にかけて、老若男女あわせて七七一人がパルチザンを支援したという名目で殺された。そのなかには生後二週間の赤子もいた。この虐殺は、映画『やがて来たる者へ』（二〇〇九年）の主題になっている。

ナチ・ドイツによる占領は、とりわけユダヤ人に苛酷な運命を強いた。逮捕されたユダヤ人はアウシュヴィッツ収容所などに送られ、少なくとも七〇〇〇人が犠牲になった。奇跡的に生還した化学者のプリーモ・レーヴィは、戦後まもなく著した『アウシュヴィッツは終わらない』のなかで、収容所が人間性を破壊していく様子を克明に描写している。

一九四五年四月二五日、パルチザンが北部の諸都市で一斉に蜂起し、イタリア全土がナチ・ファシストの恐怖支配から解放された。スイスへ逃げようとしたムッソリーニは、パルチザンに捕まり銃殺され、愛人とともにミラノの広場に吊るされた。国土解放は連合軍の圧倒的な軍事力に支えられた面が大きかったが、ドイツや日本と異なり、国民みずからファシズムを追放したことは、連合軍の占領政策やイタリア人のアイデンティティにとって重要な意味をもつことになった。

図12－6　イタリア社会共和国の補助部隊（ミラノ，1943年）
出典：M. Palla (1996) *Mussolini e il fascismo,* 3a ed., Firenze : Giunti, p. 137

一九四六年六月二日、女性が初めて国政選挙の投票所に足を踏み入れた。この国民投票の結果は、共和制支持が五四％、王制支持が四六％であった。王制が廃止され、イタリアは共和制に移行した。レジスタンスの六〇〇日は、反ナチ闘争のみならず、イタリア人同士の「兄弟殺し」の日々でもあった。だが戦後政治は国民解放委員会を構成した反ファシズム政党が担い、「レジスタンスから生まれた共和国」が建国神話になった。現在イタリアでは、四月二五日が「解放記念日」、六月二日が「建国記念日」として国民の祝日になっている。

参考文献

石田憲（二〇一一）『ファシストの戦争』千倉書房。

ヴェネ、G・F（一九九六）『ファシズム体制下のイタリア人の暮らし』柴野均訳、白水社。

上村忠男（二〇一〇）『カルロ・レーヴィ「キリストはエボリで止まってしまった」を読む』平凡社ライブラリー。

北原敦（二〇〇二）『イタリア現代史研究』岩波書店。

北原敦編（二〇〇八）『イタリア史』（新版世界各国史15）山川出版社。

北村暁夫・伊藤武編著（二〇一二）『近代イタリアの歴史――一六世紀から現代まで』ミネルヴァ書房。

コラリーツィ、S（二〇一〇）『イタリア二〇世紀史』村上信一郎監訳、橋本勝雄訳、名古屋大学出版会。

高橋進（一九九七）『イタリア・ファシズム体制の思想と構造』法律文化社。

田之倉稔（二〇〇四）『ファシズムと文化』山川出版社。

デ・グラツィア、V（一九八九）『柔らかいファシズム』豊下楢彦ほか訳、有斐閣。

トラヴェルソ、E（二〇一〇）『全体主義』柱本元彦訳、平凡社新書。

パスモア、K（二〇一六）『ファシズムとは何か』福井憲彦訳、岩波書店。

ファシズム研究会編（一九八五）『戦士の革命・生産者の国家』太陽出版。

藤澤房俊（二〇一六）『ムッソリーニの子どもたち――近現代イタリアの少国民形成』ミネルヴァ書房。

レーヴィ、P（一九八〇）『アウシュヴィッツは終わらない』竹山博英訳、朝日新聞社。

Dogliani, P. (2014) *Il fascismo degli italiani*, Torino : UTET.

第13章　グラムシの思想と行動

千野貴裕

イタリア人に出会ったら、アントニオ・グラムシのことを知っているか聞いてみるといい。たいていの人は、彼について知っていることを話してくれる。日刊紙『ウニタ（統一）』は、その題字の下に「アントニオ・グラムシにより一九二四年創刊」と今なお記しているし、遺著となった『獄中ノート』は広く一般にも知られている。たまには、「獄中でトイレットペーパーにノートを書いていたんだ」といった誤報を耳にすることもあるが、見栄を張ってでも知らないとは言えないということこそ、イタリア現代史においてグラムシが重要な思想家だと認知されている証左であろう。

だが、グラムシがなぜ重要な思想家なのかという問いに答えるのは難しい。というのも、あまりにも多様なグラムシ像が描かれており、グラムシの重要性とされるものもまた、各人が描くグラムシ像に応じて多様だからである。この章では、グラムシの生涯を簡潔に追いながら、グラムシの重要性という難問に挑戦するための補助線のひとつとして、まず彼の「南部問題」論に対する関心を確認し、それがリソルジメントにおける不完全な国民統合の問題へと展開されていったことを検討したい。

1　南部問題とロシア革命のあいだで

一八九一年、アントニオ・グラムシはサルデーニャ島中央部のアレースに七人兄弟の四番目として生まれた。「グラムシ」という変わった名字は、アルバニア系ギリシア人の移民を曾祖父にもつゆえである。彼は成人しても一五〇センチに満たない身長であったが、それは背中に大きなこぶがあり、背骨が前方に屈曲していたからである。これは、彼が幼児期に乳母の手から落とされた影響とも、脊椎カリエスの影響ともいわれている。父フランチェスコは、中級官吏を供給する家系の出身で、自身もソルゴノの登記局長を務めていたが、権力闘争のなかで横領の疑いをかけられて約六年間投獄されてしまう。この間、地元の小地主の家系に類する母ジュゼッピーナは、相続したわずかな土地を売り、下宿人を置き、裁縫の仕事をして家計を支えつつ、七人の子どもを一手に引き受ける生活を送った。グラムシは、小学校卒業後、父の逮捕によって困窮したために登記所で二年働いたあと、近隣の中学校を経て、島の中心都市カッリャリに出て高校に通う。そののち、奨学金を得てトリノ大学へ進学した。

若きグラムシは、ベネデット・クローチェとガエターノ・サルヴェーミニの著作を愛読していた。同時代のイタリアを代表する哲学者として知られるクローチェは、主宰する雑誌『クリティカ（批評／批判）』を拠点に、実証主義に反対して独自の観念論哲学の体系を構築していた。サルヴェーミニは、南北の経済的・政治的格差に端を発するいわゆる「南部問題」に取り組んでいた。一九世紀末から二〇世紀の初頭にかけて、南北の格差は南部人の惰弱な本性に起因するとする「科学的」説明が提出されていた。南部問題に取り組んだ初期の政治家や思想家たちもまた、こうした前提を共有したうえで、北部中心の政府が善意ある処置を施し、問題を解決することに期待していた（小田原 二〇一〇）。

サルヴェーミニの世代になると、南北の格差はむしろ統一以後のイタリア国家の政策によって形成されたことが明らかにされ、南部の人々の自律性に解決の糸口が求められた。彼によれば、競争力のない北部の工業を保護するための関税は、フランスの報復関税を招き、成長産業であった南部の果樹栽培に打撃を与えた。その一方で、保護関税は北部の工業のみならず、南部の大規模農業も対象にすることで、南北の資本家は利害を共有し、大多数の南部農業労働者を搾取してきた。これに対抗するためには、南北の農民・労働者の同盟こそが必要であるとサルヴェーミニは説くのであった（サルヴェーミニ 二〇〇七：三一-三四）。

グラムシの生まれ育ったサルデーニャもまた、イタリアの政治的・経済的な後進地であり、「南部」であった。のちにグラムシは、「『本土人を海に叩き込め』との言葉を何度繰り返したことか」と自身のサルデーニャ時代を述懐している（Gramsci 1992：271）。この言葉に象徴的なように、若きグラムシが触れたサルデーニャの地域主義は、本土と中央政府に対する反感の域を出なかった。そのなかで、南北の構造的格差が自然的なものというよりも人為的につくられたと論じるサルヴェーミニの議論は新鮮であっただろう。

図13-1　グラムシの家

グラムシが高校進学まで住んだギラルツァの家は，現在「グラムシの家博物館」として公開されている。

出典：著者撮影

トリノ大学へ進学したグラムシは、のちに社会党と共産党で行動をともにする友人たちと出会う。なかでも、グラムシが逮捕されたあとに共産党の指導者となったパルミーロ・トリアッティとの出会いは特筆に値する。トリアッティの回想によれば、二人の最初の会話は、南部問題の原因を南部人の惰弱さに求める言説への批判であったという（トリアッティ 一九六二：六四-六五）。健康と家計上の問題からグラムシは結局大学を卒業しなかったが、一九一三年末頃に社会党に入党したようである。一九一五年末には社会党の機関紙『アヴァンティ！』の記者となった。

この時期に注目すべきできごととして、一九一四年にトリノであった下院の補欠選挙が挙げられる。グラムシらは、南北大衆同盟の象徴として、前年の選挙で落選した、南部出身のサルヴェーミニをこの補選に社会党から擁立しようとした。この要請は、社会党の南部軽視などを理由にすでに脱党していたサルヴェーミニによって拒否されてしまうが、グラムシはのちの論文「南部問題についての覚え書」において、この擁立計画は、その後も続く南北同盟の企図の要諦をなすエピソードだったと回顧している（グラムシ 一九九九：九－一二）。しかし、このロシア革命とそれに続く工場評議会運動期には、グラムシの南部に対する関心はむしろ後退していたようにみえる。

一九一七年のロシア革命の直後、彼は「『資本論』に反する革命」という論稿を書いた。『資本論』の予告に反して、社会主義革命は資本主義の臨界点で起こったわけではなく、むしろその後進地で起こった。つまりロシア革命は、経済によって人間社会の形態は決まるとした決定論的なマルクス主義（経済決定論）が誤っており、人間が自律的に社会の形態を決める可能性をもつことを示したのであった（グラムシ 一九七九ｂ：一六－二〇）。一九一九年から翌年にかけての工場評議会運動期のグラムシもまた、こうしたロシア革命の相似型として、この運動の延長線上に来るべきイタリア革命を考えていたと思われる。この運動は、労働者自身がブルジョワの管理職抜きで工場を自主運営しようとして、トリノのフィアット工場で勃発した。占拠は瞬く間に広まり、一九一九年九月には三〇工場の五万人の労働者が参加した（スプリアーノ 一九八〇）。

この運動のなかで登場したのが、グラムシやトリアッティらの「オルディネ・ヌオーヴォ（新しい秩序）」グループである。彼らは、工場を新しい人間の生まれる場と捉えた。つまり、労働者が工場において幅広い技術を習得し、自発的組織をもつことで、資本家やホワイトカラー抜きで工場を運営する、自己規律的な「生産者」になると考えた（グラムシ 一九七九ａ：五－九、三七－四二、五〇－五四）。他方で、北部労働者と南部農民の同盟は主張されるものの、農民は個別的特徴をもつ集団としてよりも、むしろ労働者の補完勢力として捉えられており、サルヴェーミニの南北同盟論にあったような南部の自律性に関する含意はみられない（グラムシ 一九七九ａ：一七－二〇）。

2　統一戦線と南部問題

工場評議会運動は、首相ジョリッティが一部労働者と妥協を得たことで急速に収束した。一九二一年一月、グラムシら「オルディネ・ヌオーヴォ」グループは、改良主義者とサンディカリストが多数を占める社会党を離脱し、アマデーオ・ボルディーガらと共産党を結党する。ボルディーガの主導する党内の主流派は、最大限綱領派、つまり他勢力と妥協せずあくまで階級闘争を通じて革命を目指す立場であった。彼らは、基盤である北部を重視し南部を軽視する点で社会党と変わらなかった。他方でグラムシは、革命の主体を「労働者階級」としながらも、南部問題を「イタリア国民生活の中心的問題」と定義した（グラムシ 一九九五：一二六）。

国際共産主義運動の指導組織としてソ連が設置したコミンテルンは、ボルディーガの非妥協的な姿勢を批判し、急速に力をつけるファシズムに対抗して、社会党との「統一戦線」を結ぶことを主張した。両者の溝は埋まらず、一九二二年六月にグラムシはロシアに招聘される。消耗したグラムシはモスクワに着くや療養所に入るが、そこでイタリアで音楽を学んだジュリア・シュフトと出会い、のちに結婚し、二人の息子（二四年にデリオ、二六年にはジュリアーノ）を儲ける。グラムシはボルディーガとともに一一月のコミンテルン第四回大会に出席した。大会を終えたボルディーガが帰国すると、イタリアではファシストの支配が成立しており、彼は他の共産党指導者とともに逮捕されてしまった。

モスクワに残ったグラムシは、一九二三年の八月になって「統一戦線」を承認するようになる。その第一の理由は、彼はボルディーガのカリスマ性を理解しつつも、その非妥協性がかえって党を弱体化させていると考え、党の指導部をボルディーガから奪う決意をしたからである（グラムシ 一九七九b：一九八－二〇三）。第二には、統一戦線が社会党と共産党の再統一ではなく、労働者と農民の同盟として捉えられるようになったからである。彼はこれを多数の南部農民をもつイタリアに適した戦略だと考えた（Gramsci 1992 : 126、姜 一九九六：五四－五五）。こうして、グラムシのロシア滞

図13－2　ウィーンのグラムシ。右から４人目で笑顔をみせている。
出典：http://www.casagramscighilarza.org

在は、むしろ彼にイタリア独自の状況を検討するよう促したのであった。しかしグラムシにも逮捕状が出ていたため、イタリアに帰国せず、同年一二月からウィーンに滞在する（図13－2）。一九二四年二月に創刊された日刊紙『ウニタ』は、「労働者と農民の新聞」を看板に掲げることで、グラムシを中心とする新指導部がイタリア特有の問題としての南部問題を重視することを示した（Gramsci 1992：130）。

一九二四年四月の選挙でヴェーネト選挙区から下院議員に選出されたグラムシは、不逮捕特権によって帰国することができた。議会内の反ファシスト諸派は、この選挙直後に起きたマッテオッティ殺害事件に抗議し、アヴェンティーノ連合を結成して議会をボイコットした。しかし、寄せ集めにすぎない彼らは具体的な対抗策を提示できず、共産党は単独で議会に復帰することを決める。一九二五年五月一六日にはグラムシは最初で最後の議会演説をおこなった。南部問題を論じるグラムシに対して、「あなたは南部を知らないんだ」とのヤジが飛ぶが、彼は「私は南部の人間だ！」とやり返す（グラムシ　一九七八b：三三八）。

> イタリア資本主義の発展は、国家が農民大衆、とくに南部の大衆を押さえつけてきたからこそ可能であったのだ。〔中略〕諸君は、サルデーニャに対して一億リラ支出しようと約束しました。また南部全体に対して公共事業を起こすこと、数千万リラ出すことを約束しました。けれども諸君は毎年サルデーニャの住民から一億ないし一億五千万リラにのぼる税金をむしりとっているではないか。〔中略〕多額の税金を国家が毎年毎年南部諸地方からむしり

とっていること、これが問題なのだ。そしてそれを、どんな方法においても南部に返していない。〔中略〕国家が南部農民大衆からむしりとっている巨額の税金は、北部イタリアの資本主義に基礎を与えるために使われているのです。イタリア資本主義体制はこのような矛盾に満ちております。（グラムシ 一九七八b：三四一―三四三、一部改訳）

この演説からわかるように、グラムシにとって南部問題は中心的な問題のひとつになっていたのである。

こうした考察の頂点に位置するのが、論文「南部問題についての覚え書」である。この論文は、南部問題とカトリック教会問題に取り組むことが、イタリアにおける労働者と農民の同盟に取り組むうえでの重要課題だと指摘する（グラムシ 一九九九：七）。カトリック教会の問題は、グラムシが『獄中ノート』において集中して取り組む問題のひとつになった（千野 二〇一五）。さらに『獄中ノート』では、南部問題の根源としての、リソルジメントにおける不完全な国民統合の問題に取り組むことになる。グラムシは、この論文を執筆した直後、不逮捕特権をもっていたにもかかわらず、制定されたばかりの「国家防衛特別法」違反容疑で一九二六年一一月に逮捕された。

図13－3　1924年10月のサルデーニャでの党集会後，ギラルツァに帰郷した際の写真。前列右端がグラムシ。

姉のエンマが急逝した1920年の一時帰郷を除いて，帰郷するのは11年ぶりであり，これが最後となった。なお，この写真は1990年代になって発見された新しいもので，書籍への掲載はおそらくこれが初めてである。

出典：http://www.casagramscighilarza.org

3　囚われのグラムシ

逮捕されたグラムシは、シチリア島の北部にある小島ウスティカに流刑になる（二〇一六年にはグラムシのウスティカ流刑を

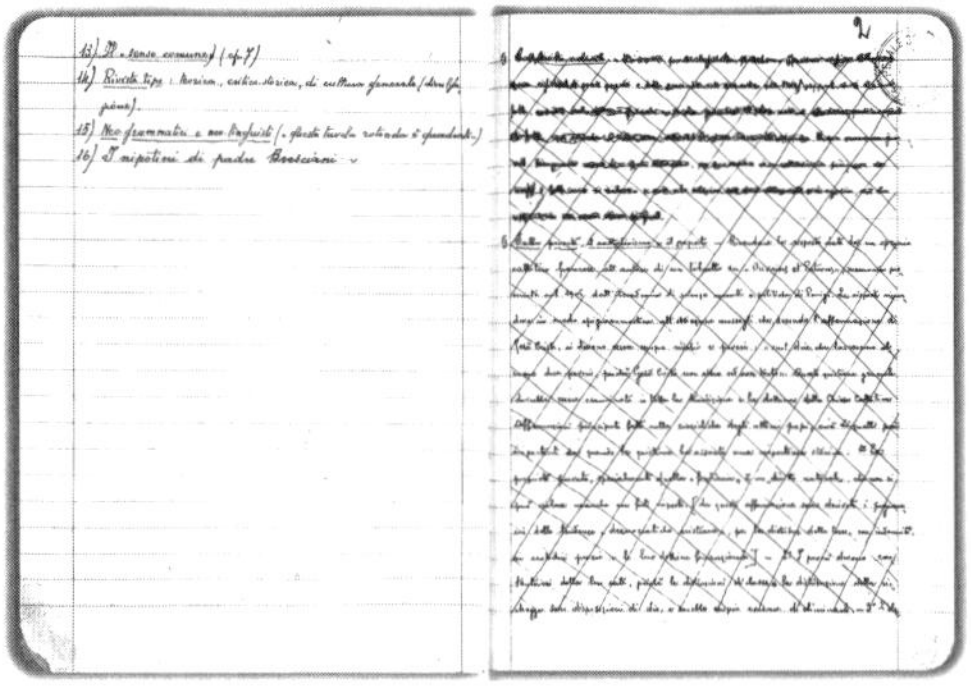

図13－4　『獄中ノート』

右ページは「第1ノート」の第1パラグラフ。大学ノートに奇麗な字で書かれている。斜線はこのA稿（第一次草稿）をC稿（修正稿）に書き直した際，あとから加えられたもの。

出典：Gramsci (2009) p. 11

描いた、エミリアーノ・バルブッチ監督の映画『グラムシ44（*Gramsci 44*）』が制作された）。彼がイタリア「南部」に赴いたのは、サルデーニャを除けばこれが最初で最後であった。ここでは、同じく流刑にされたボルディーガらとともに、流刑者のあいだで学校を組織する。だがこれも長くは続かず、ミラノの拘置所に移されたのち、特別法廷において懲役二〇年の判決を受け、最終的にバーリ近郊のトゥーリにある監獄へ収監される。グラムシの監房は看守詰め所の隣にあり、不眠に悩まされる。獄中の劣悪な環境で、ただでさえ病気がちな彼の身体は徐々に蝕まれていった。そんななか、一九二九年からは許可を得て、『獄中ノート』の執筆が開始される（図13－4）。

『獄中ノート』の執筆中、グラムシは変化する獄外の状況についてどれほど知っていたのだろうか。最も重要なできごとは、一九二八年の第六回コミンテルン大会であろう。スターリンが主導権を握ったこの大会では、資本主義は壊滅期に入ったとの認識のもと、直接的な革命を目指さない穏健な左派はむしろファシズムの補助勢力であるとして社会民主主義を排撃する「社会ファシズム論」への転換が決定された。この転換は、統一戦線をとるグラムシの立場とは相容れなかった。以下に述べるように、この路線転換のことをグラムシはかなりの程度知っていたと思われる。

グラムシの書簡の大部分は義姉タチャーナに宛てられているが、彼女は多くの関係者と連絡をとっていた。とりわけ、ロシアのシュフト家にいるグラムシの妻ジュリア、父アポロンとケンブリッジのピエーロ・スラッファとの通信は重要である（レプレ 二〇〇〇：四－五章、ナトーリ 一九九一）。スラッファはトリアッティと連絡をとっていたので、タチャーナとスラッファを介することで、グラムシとトリアッティの間接的な連絡が一時的にせよ成り立っていた。トリアッティは、『獄中ノート』で展開されていたダンテ論や知識人論に関心をもち、さらなる研究をグラムシに勧めるものの、このやり取りは一九三二年の検閲の強化で消滅したようだ。

タチャーナは、「家庭の問題」、つまり、病床にあったジュリアの音信が不通気味なことと、そこから生じるグラムシとジュリアの感情のもつれや、グラムシの息子の教育に介入する義姉ジェーニャのことなどを述べるなかで、獄外の状況をほのめかす暗号めいたメッセージを度々送っている。さらに、一九三〇年六月の兄ジェンナーロとの面会は、より直接的な情報源となった。ジェンナーロは、コミンテルンの社会ファシズム路線を受諾したトリアッティに派遣されて、グラムシに面会する。ここでジェンナーロはグラムシがこの方針に批判的である返答を聞くが、グラムシとその家族の状況を慮って、トリアッティには「ニーノは完全にあなたがたと同じ路線だ」と偽って報告したという。同年にグラムシは、ファシズムは崩壊には程遠いとの認識から、反ファシズム諸勢力の集結による憲法制定議会を構想し、獄中の同志たちと議論を始めるが、大方の反対に遭い孤立してしまう（フィオーリ 一九七二：三七八－三八五）。

グラムシを取り巻く人々のあいだで交わされた手紙には未発見のものも多く、また暗号めいたやり取りの意味をすべて明らかにはできないので、グラムシ獄中書簡の全貌を詳らかにすることは難しいだろう。だが、右に述べたように、グラムシはコミンテルンの方針転換について、正確な時期の確定はともかくとして、遅くともジェンナーロの訪問があった一九三〇年六月以降には十分知っていたと思われる。グラムシの『獄中ノート』の大部分がこうした認識のうえに書かれていることは軽視されてはならないだろう。

4　『獄中ノート』のリソルジメント解釈

労働者と農民の統一戦線や憲法制定議会を重視した獄中のグラムシは、イタリアの政治・社会状況をどのように分析していたのだろうか。『獄中ノート』では、包括的な国民統合の不在を示した南部問題の原因が、リソルジメントの過程に求められている。グラムシのリソルジメント解釈は、それを「失敗した革命」とみなすものとしばしば指摘される。だがグラムシは、カヴールら穏健派が当時の国内外の勢力関係を巧みに利用し当初は企図されていなかったイタリア統一を達成した、政治的成功としてリソルジメントを捉えていた。その反対に、マッツィーニら民主派は党派としての凝集力に欠けた結果、より組織だった穏健派の陣営に取り込まれていってしまった。

グラムシは、穏健派と民主派には、集団としての凝集性と自らの任務への自覚に大きな差があったと指摘する。穏健派は経済的意味でのブルジョワジーからなっており、サルデーニャ王国の利害を最大化するという明確な目的があった。一方で民主派は、学生や弁護士など、中小の文化的意味におけるブルジョワジーからなる雑多な集団であった。民主派の指導者のひとりマッツィーニが、宗教改革を説く「啓蒙の使徒」ではなく「現実主義的な政治家だったならば」、民主派と穏健派の「均衡はちがったものになり、もっとマッツィーニ主義に有利なものになっていただろう。すなわち、イタリア国家はもっと後進的でなく、もっと近代的な基盤のうえに建設されていただろう」と、グラムシのマッツィーニ批判は痛烈である（グラムシ 二〇〇八：二二一、一九七八a：一八七－一八九）。

グラムシの指摘によれば、民主派は農民大衆のもっていた「農業改革」の要求を政策に取り入れることで、より大衆運動的な基盤をもった政治勢力を結集しえたという。民主派は、大土地所有者がもつ土地を分配し個々の農民がその土地を用いて自立できるようにする政策を掲げることもできたのである。しかし、民主派は党派としての凝集力と大衆運動の二つを欠いていた。この意味で、リソルジメントは能動的であったとは言えず、「受動的革命」となったのである（グラムシ 一九九九：六三－九二、一九七八b：二一七）。グラムシが強調するには、民主派が「農民の基本的諸要求を反映した、一つの有機的な統治綱領」を穏健派に対置できたならば、リソルジメントはより民主的なものになりえた（グラムシ 一九九九：六八）。民主派の失敗の結果、南部の政治経済的な後進性は放置され、その原因は彼らが「野蛮」で「病的」であるという自然本性上の説明にすり替えられて、南部を構造的に劣位におく不完全な国民統合がなされたのである（グラムシ 一九九九：七七－七八、千野 二〇一六）。統一後のイタリアでは農民蜂起が各地で頻発するが、これらは反乱者たちの「病的」で「野蛮」な性質の発露として表象される。しかしグラムシはこうした農民蜂起の主張のうちに、農民たちの満たされざる要求を発見するのであった（グラムシ 一九九九：一一六－一一八）。

このように、南部問題への関心、統一戦線論、リソルジメント論を通じて、グラムシはイタリアの不完全な国民統合の在り方を問題化したのである。

5　グラムシの遺産

病状が悪化したことから、一九三五年八月にローマ近郊のフォルミア病院へと移送されたグラムシは、三七年四月には完全に自由な身分になる。彼はサルデーニャに隠棲することを考えて、実家近くの街に部屋の手配をすすめていた。しかし病状の悪化は止められず、同月二七日、脳溢血によって死去した。彼の遺骸はローマの非カトリック教徒墓地の一角に葬られている。

グラムシの遺産である『獄中ノート』は、タチャーナによってローマ商業銀行の金庫に保管された。そののち、スラッファの助言を得て、モスクワのコミンテルン・イタリア代表に送られる（Spriano 1988：105）。戦後まもなく、トリアッティの指示による『獄中ノート』のテーマ別編集版全六冊が出版された。しかしこの版では、編者の手によってさまざまなノートで書かれた断片的な内容が連結されるとともに、トロツキーへの言及や「テロル」といった重要なフレーズが削除されていた。一九七五年に出版されたジェルラターナ版（Gramsci 1975）は、グラムシが獄中で執筆したままのノートを復元したことで、現在の研究のスタンダードとなっている。近年も『獄中ノート』の実物を写真で複写した版（Gramsci 2009）が出版され、また国家版全集の刊行も進行中である。

しかし、こうした文献学的な成果とは裏腹に、『獄中ノート』を読む方法論の問題はなおざりにされているのではないだろうか。一般に、他人に向けてものを書くときは、他人が異なる前提や情報をもっていると想定したうえで、著者は自分の意図や議論の背景を説明しなければならない。しかし、グラムシが私的かつ断片的に著述した『獄中ノート』はそのような配慮を欠いている。少なくともグラムシは、この『獄中ノート』をそのまま出版しようという意図はなかったのである。このような特殊な性格をもつ『獄中ノート』を読むためには、著者の編集の下で出版された著作とは異なった取り扱いが必要であろう。つまり、グラムシとさまざまな前提を共有しないわれわれは、まず、当時の知的・政治的・社会的状況や彼の知っていた事実をふまえる必要がある。『獄中ノート』の前提を明らかにすることによって、グラムシの取り組んだ問題とそれに対する彼の姿勢が初めて姿を現すであろう。また、この作業を通じて、グラムシ思想における時代的制約を超えた「重要性」を初めて問うことができるのである。

6　読書案内

最後に、日本語で読めるグラムシの主要文献を紹介したい。グラムシの遺著であり主著と目される『獄中ノート』のスタンダードはジェルラターナ版である（Gramsci 1975）。その翻訳企画は、第一・二ノートの訳を所収した第一巻のみで中断されてしまった（グラムシ 一九八一）。しかし、重要なノートはアンソロジーとして文庫などの入手しやすい形で出版されているので、まずはこうした本を手に取ってもらいたい（グラムシ 一九九九、二〇〇八）。なお、トリアッティの指導のもとで、第二次世界大戦後まもなくテーマ別に編集された旧版『獄中ノート』の一部を訳出したものも出版されている。今日の観点からは翻訳上の問題もあるが、多くのテクストが日本語で読めるという点で有用である（グラムシ 一九七八a～d、f）。

逮捕以後にグラムシが書いた手紙の多くは邦訳されている（グラムシ 一九八二a～d）。また、上記翻訳書の底本出版後に発見されたグラムシの書簡の一部や、タチャーナやスラッファからグラムシへの書簡の一部も邦訳されている（ナトーリ 一九九一：三二六‐三四八、石堂ほか編 一九九二：四五〇‐五〇一）。

獄中以前のテクストに関しては、その量に比して訳出されているものは少ない。多量のテクストを所収しているのは、近刊の『革命論集』に加えて、『グラムシ選集五』と『グラムシ政治論文選集一～三』である（グラムシ 二〇一七、一九七八e、一九七九a～c）。また、『グラムシ・リーダー』は獄中以前の著作と『獄中ノート』の両方を含むアンソロジーであるし、『知識人と権力』と『革命論集』には逮捕される直前の著作「南部問題に関する覚え書」が所収されている（グラムシ 一九九五、一九九九、二〇一七）。

グラムシの伝記としては、本章でも引用した二冊を薦めたい。フィオーリ（一九七二）は、今では多くが故人となったグラムシの親族、知人、関係者への聞き取りなどを通じて、グラムシの人生の軌跡を明らかにした古典的文献である。レプレ（二〇〇〇）は、獄中期のグラムシに焦点を合わせており、タチャーナとスラッファを介したトリアッティとの連絡なども含めた、獄中のグラムシがおかれた環境についての詳しい情報を提供してくれる。グラムシの研究書としては、差し当たってベラミーとシェクターの共著（二〇一二）を薦めたい。彼らの議論はグラムシに対する辛辣な批判を含むが、こうした批判に十分応えることによってこそ、グラムシを読み続ける意義が明らかにされるだろう。

参考文献

石堂清倫・いいだもも・片桐薫編（一九九二）『生きているグラムシ』社会評論社。

小田原琳（二〇一〇）「南部とは何か?　南部問題論における国家と社会」北村暁夫・小谷眞男編『イタリア国民国家の形成——自由主義期の国家と社会』日本経済評論社。

姜玉楚（一九九六）「A．グラムシ思想における南部問題の位置」東京大学大学院総合文化研究科提出博士論文。

——（一九九九）「初期グラムシの思想とイタリア南部主義」『情況』一〇（三）号。

グラムシ、A（一九七八a～f）『グラムシ選集一～六』山崎功監修、合同出版。

——（一九七九a～c）『グラムシ政治論文選集一～三』石堂清倫編、河野穣・植村邦・上杉聰彦訳、五月社。

——（一九八一）『グラムシ獄中ノート1』V・ジェルラターナ編、獄中ノート翻訳委員会訳、大月書店。

――（一九八二a～d）『愛よ知よ永遠なれ――グラムシ獄中からの手紙1～4』大久保昭男・坂井信義訳、大月書店。

――（一九九五）『グラムシ・リーダー』D・フォーガチ編、東京グラムシ研究会監修・訳、御茶の水書房。

――（一九九九）『知識人と権力』上村忠男編訳、みすず書房。

――（二〇〇八）『新編　現代の君主』上村忠男編訳、筑摩書房。

――（二〇一七）『革命論集』上村忠男編訳、講談社学術文庫。

サルヴェーミニ、G（二〇〇七）「ガエターノ＝サルヴェーミニ『連邦制』『ジョリッティ体制』」藤岡寛己訳『福岡国際大学紀要』一七号、二九‐四六頁。

スプリアーノ、P（一九八〇）『工場占拠――イタリア一九二〇』桐生尚武訳、鹿砦社。

千野貴裕（二〇一五）「アントニオ・グラムシのカトリック教会論」『政治思想研究』一五号、二四八‐二七七頁。

――（二〇一六）「『自然』であるという表象」姜尚中・齋藤純一編『逆光の政治哲学――不正義からの問い直し』法律文化社。

トリアッティ、P（一九六二）『アントニオ・グラムシ――その思想と生涯』家里春治訳、青木書店。

ナトーリ、A（一九九一）『アンティゴネと囚われ人』上杉聰彦訳、御茶の水書房。

フィオーリ、G（一九七二）『グラムシの生涯』藤沢道郎訳、平凡社。

ベラミー、R／シェクター、D（二〇一二）『グラムシとイタリア国家』小池渉・奥西達也・中原隆幸訳、ミネルヴァ書房。

レプレ、A（二〇〇〇）『囚われ人アントニオ・グラムシ』小原耕一・森川辰文訳、青土社。

Gramsci, A. (1975) *Quaderni della carcere : Edizione critica dell'Istituto Gramsci*, a cura di V. Gerratana, Torino : Einaudi.

―― (1992) *Lettere 1908–1926*, a cura di A. Santucci, Torino : Einaudi.

―― (2009) *Quaderni del carcere 2 : Edizione anastatica dei manoscritti*, a cura di F. Francioni, Biblioteca Treccani.

Spriano, P. (1988) *Gramsci in carcere e il partito*, Roma : Unità.

第14章　ファシズムと建築

奥田耕一郎

一九二〇～三〇年代のイタリアでは、きわめて多くの建物が造られた。個人住宅や民間の集合住宅、企業の関連施設なども建てられたが、とりわけて注目されるのは公共建築である。政府機関や各種の地方行政庁舎、裁判所、郵便局、鉄道、駅舎、スポーツ施設、さらには都市そのものの建設など、無数の公共工事がファシズム体制によって強力に推進された。ムッソリーニはこれらの計画にほかならぬ関心をもち、建設現場へと足を運び、つるはしを振り下ろす写真を撮らせ、プロパガンダに利用した（図14-1）。それらの建築は、いったいどんなものであったのだろうか。

1　モダニズムの建築

一九世紀のヨーロッパにおいて、議事堂や博物館、劇場など、都市や国家の顔をつくる建築は、過去の様式の復古によって建てられていた。歴史のなかで残されてきた建築に対する科学的な調査やその成果にもとづく類型化は、各時代や地域における様式的特徴の客観的な整理、把握をもたらし、用途や意味に応じて、ときにはナショナリズムとも結びつきながら様式を選択的に扱うことが可能となっていた。またこれに並行して、建築は変革の時代を迎えてもいた。その要因として強調されるのは産業の発達で、鉄とガラスという素材がこれを象徴している。高温化に成功した溶鉱炉が

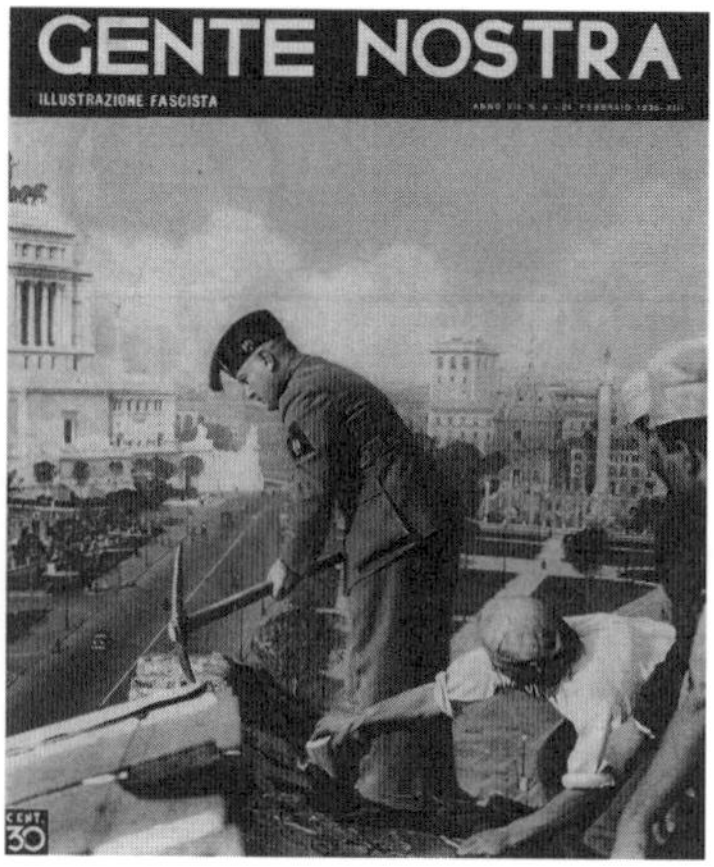

図14－1　つるはしを持つムッソリーニのモンタージュ写真
出典：ドーポラヴォーロ機関誌『ジェンテ・ノストラ』1935年２月24日号

図14－2　サンテリア《新都市》(1914年)
出典：L. Caramel／A. Longatti (1987) *Antonio Sant'Elia. L'opera completa,* Mondadori

生みだす強度の高い鉄骨と、滑らかで均質な透明度の高いガラス建材が量産されると、建物の主要な部分に用いられ始めた。レンガや石を積み上げて造られていた重厚な壁は、スレンダーな鉄骨のフレームに置き換えることが可能になり、これによって大きく空けられた窓には平板ガラスがはめこまれ、建物の内部に多くの日光が採り入れられた。その特徴から、これらは温室や博覧会場、市場、工場、駅舎など、大空間を必要とするものから導入されていく。さらに二〇世紀に入ると、棒状の鋼によってコンクリートを内部から補強する鉄筋コンクリート技術が実用化される。鉄筋コンクリートは、型枠によって一体的に成型するという独特の工法や特徴的な質感をもつことから、これを用いていかに建築を造形するかというテーマを建築家に与えることとなった。

　近代におけるこれら新素材、新技術の誕生と機械文明の発達は、当時の芸術家・建築家の想像力や美学的な関心を強く刺激した。一九〇九年にミラノで起こった前衛芸術運動である未来派は「速度の美学」を標榜し、人類がかつて体験したことのなかった、電力やエンジンが生み出すスピードや力強さ、動きをモチーフとして、新たな表現を切り拓いた［第10章を参照］。この前衛運動には建築家も参加し、アントニオ・サンテリアは、《新都市》と題した一連のドローイング作品を一九一四年に発表している（図14－

2)。そこで描かれたのは、エレベータや鉄道、飛行機などの機械化された交通システムと鉄筋コンクリート造の高層ビルが融合して林立する未来都市の風景であった。

一九二〇年代後半になると、ドイツやフランスを中心に、鉄、ガラス、鉄筋コンクリートの導入を構想の中核に据えた、モダニズムの建築が出現し始める。それは、歴史様式をこれら新技術に反するものとして拒否し、素材の特性にしたがった構造計画、果たすべき機能の分析から導き出された間取りや全体の形状などを重視するものだった。過去と決別し従来にない直線的な形態をもつこの新しい建築は、機能性、合理性、自由や平等などの概念と結びつき、さらには地域性も乗り越えた「国際建築」であるとも考えられた。たとえば、ニューヨーク近代美術館は、各国から類似の建築事例の写真や図面などを集め、「近代建築：国際建築展」を一九三二年に開催し、世界中で同じ傾向のものが同時多発的に建てられているという認識を打ち出してみせた。この展覧会をもとに同展の企画者らが出版した書物のタイトルから、モダニズムの建築を「インターナショナル・スタイル（国際様式）」の建築と呼ぶこともある。

図14－3　ファッショの家（コモ，1936年完成）
出典：著者撮影

このモダニズムのイタリアにおける旗手として世界的に知られるのが、ジュゼッペ・テッラーニである。彼はこの当時最新の建築動向に同調し、同世代の若い建築家たちとともに建築家グループ「グルッポ7」を一九二六年に結成した。一九二八年には「イタリア合理主義建築展」を開催、さらに「イタリア合理主義建築運動」を組織し、他国に遅れをとっていた建築の革新を牽引していく。

このテッラーニの代表作として、彼の出身地であるコモの「ファッショの家」（図14－3）がよく知られている。これは、一辺が三三・二メートルの立方体を半分にした直方体を全体の外形の基礎として、比例によって各部の寸法を決定するという設計方針にもとづいて造られた鉄筋コンクリート造の建築で、平滑な表面と鋭さにあふれた造形が特徴である。

冒頭で述べたように、この時代のイタリアでは建設ラッシュが起こっていた。つまり、モダニズムの建築が世界的に普及していく時期に、イタリアはファシズム体制下にあった。「ファッショの家」とは、その名に表れるように、ファシスト党の支部施設であり、ファシズム期を通じてイタリア全土の各行政区に整備されたものである。しかし、すべての「ファッショの家」のうち、テッラーニ設計のコモの事例が最も代表的かといえばそうではない。彼ら当時の若い建築家たちが普及に尽力したモダニズムの建築は、イタリアでは徐々に例外的な存在となっていく。ファシズム体制はモダニズムがもつ新しさを理解していたが、自らの建築に表れることを欲したのは国際性や普遍性ではなく、むしろイタリアという地の固有性や伝統であった。ファシズムは、その都市や建築に自身の革命性や先進性が表現されると同時に、偉大なる過去、すなわち古代ローマ帝国の威容が再現されることを望んだのである。

2　ファシズムの建築

ファシズム期に数多くの公共工事が実施されたのは、まず国土の近代化に必要とされたからであるが、それだけが理由ではない。「ファシスト革命」を経た新しいイタリアのイメージを具現化するために、人々を「国民」として統合するために、またファシズムの熱狂へと国民を駆り立てその支持を獲得するために、ムッソリーニとその体制が人々の日常生活のなかに実体として立ち現れる建築を積極的に利用したからでもある。

したがって、国民の身近な生活環境となる都市そのものが熱心な改造の対象となった。イタリアの多くの都市において、歴史的中心地区の内部やかつての市壁の一歩外側に出たエリアに、明らかにほかの街並みと様相を異にする一角を見つけることは難しくない。たとえば、ブレーシャの市街地中心に位置するヴィットーリア広場は、イタリア・アカデミーのメンバーでローマ大学教授であった建築家マルチェッロ・ピアチェンティーニの計画によって整備されたものである（図14-4）。その周囲を取り囲むのは独特の様式に統一された建築で、このような改造を受けた箇所には一般に郵便局やイタリア銀行の支店、商工会議所や「ファッショの家」など、国家機関の支所やファシスト党に関連する施設が新築された。体制下のイタリアでは、都市改造のために単体の建物だけでなくひとつないし複数の街区ごと一度に大きく取り壊すことが頻繁におこなわれた。このような工事はしばしば「摘出《ズヴェントラメント》」という比喩をもって表現されている。それは、都市の「患部」を取り除く外科手術であり、ファシズムの新しい時代を象徴させる戦略的事業であった。このファシズムの都市への熱意は改造にとどまることなく、アグロ・ポンティーノの湿地帯を土地改良し、リットーリア（一九三二年）、サバウディア（一九三四年）、ポンティーニア（一九三四年）などの計画都市も新規に造りあげていく。

図14-4　ヴィットーリア広場（ブレーシャ，1932年完成）
出典：著者撮影

　都市改造は、地方都市のみでおこなわれたのではない。首都ローマこそ最も積極的な対象であり、莫大な予算と労力が投じられた。このローマ改造の主要なものは、ヴァティカンとヴェネツィア広場に注目することで確認できる。ヴァティカンのほぼ真北にあるモンテ・マリオの丘では、スタジアムやテニスコート、水泳場などからなるスポーツ・センター「フォロ・ムッソリーニ（現・フォロ・イタリコ）」が一九三〇年から建設され始めた。そしてサン・ピエトロ大聖堂の正面では、一九三七年からコンチリアツィオーネ通りの建設が開始される。これは「ボルゴの棘」と呼ばれた大聖堂正面一帯の街区を取り壊して、サン・ピエトロ広場とサンタンジェロ城とを一直線に結ぶ大通りで、長年対立が続いたヴァティカンとイタリアとの「和解」のシンボルとなるものだった。

　ヴェネツィア広場に関連しては、一九三〇年のマスタープランに沿って次の二つの道が建設された。ひとつは「海の道（現・テアトロ・ディ・マルチェッロ通り）」

であり、ヴェネツィア広場の南からカンピドリオの丘を経て、市の中心部とオスティア方面とを結ぶものだった。もうひとつはインペーロ通り（現・フォリ・インペリアーリ通り）であり、これによってヴェネツィア広場およびヴェネツィア宮とコロッセオとが直線的に接続された。そしてこのインペーロ通りからコロッセオを経て約八キロメートル南に進んだ先には、一九三七年から新都心の建設が開始される。この新たな地区は、ローマ進軍二〇周年を記念し一九四二年に開催予定であった「ローマ万国博覧会（Esposizione Universale di Roma）」の会場として整備されたエリアで、現在はその頭文字をとってエウル（ＥＵＲ）と呼ばれている。この総合計画はピアチェンティーニが担当し、博物館や会議場、展示場などが一体的に建設された。

これらローマの改造において一貫して意識されていたのは、古代ローマ帝国である。ファシズム体制は自らのつくる国家とその首都にローマ文明を重ね合わせ、そのイメージを徹底して活用していった。「フォロ・ムッソリーニ」は「皇帝」ムッソリーニが建設する現代のフォルム（古代ローマにおける市民生活の中心となる広場）であった。「海の道」はローマを地中海へとつなぎ、沿岸湿地帯には先述の計画都市が建設されていく。そしてインペーロ通りは皇帝のフォルム跡を貫く「帝国の道」であり、そこでは八〇メートルという幅員を用いて盛大なパレードがおこなわれた。

では、個々の建築はどのようなものだったのか。建築を「国家の芸術」と位置づけた体制下では、建築が構想・実現されるプロセスのなかで、「ファシズムの様式」について熱心な議論と検討が重ねられた。ファシズム公式の美学にもとづくものとして次第につくりあげられていったその様式は、古代ローマの伝統そのものと革命的現代との直接的接続または折衷という姿で出現する。

このファシズムの建築の典型例のひとつが、新都心エウルの中心的施設「イタリア文明館」（図14－5）である。この建築では古代ローマ建築に特徴的な要素である半円アーチと列柱が、平滑な表面と箱形の外形に変換されており、「四角いコロッセオ」というニックネームがつけられている。このように、ファシズムの建築の「様式」は、古代ローマ建築をモダニズムと折衷させつつ簡略化・抽象化したものとして現れることとなった。

このような様式的特徴を有する建築がみられるのは、もちろんエウル地区に限ったことではない。たとえば、ローマではファシスト党本部「リットーリオ宮」（現・外務省庁舎、一九四三年）はとりわけて巨大な事例として知られている。また、一九三二年のローマ大学新キャンパス整備においては、ピアチェンティーニの主導のもと複数の建築家の手によって同種の校舎が建設された。先述した各地方都市で改造を受けた地区の建築も同様で、一般にこのような様式に整えられている。

他方、イタリア・モダニズムの旗手テッラーニも、ファシズムの新しいイタリアにふさわしい建築を探ったひとりであった。彼にとっては、理性にもとづく計画によって全体と内部が明瞭に構成され、ガラス窓を通して実際にも内部が透けて見えるモダニズムの建築こそが、ファシズムの目指す「透明」な社会を表現するものであった。しかし、ムッソリーニとその体制は、そうした理念や内容が建築に変換される際の整合性よりも、古代から文明を継ぐものとしての正統性に重きを置き、その直截的な表現を求めていった。このような文化的傾向は「ローマ性《ロマニタ》」という標語として掲げられ、建築以外の分野においても達成すべき重要な指針となっていく。

図14－5　イタリア文明館
（ローマ・エウル地区，1938～53年建設）
出典：著者撮影

このファシズムの建築の硬質な姿は、しばしば見るものに威圧感すら与える。それは、現代のわたしたちが抱くファシズム体制の強制力のイメージと重なるとともに、政治的演出を意図したものであることを感じさせる。

3　ドーポラヴォーロの建築

ファシズムと密接な関係をもつ建築は、一般にはこのようなものとして把握されるが、これらと趣を異にする建物も造られていた。その例のひとつが、レジャーやレクリエーションのための施設である。

ファシスト政府は、行政改革の一環としていくつかの「全国事業団」を設立した。青少年へのファシズム教育と軍事教練を担った全国バリッラ事業団、母子への福祉活動を担った全国母子事業団〔第12章を参照〕、労働者の余暇活動を支援・運営した全国ドーポラヴォーロ事業団がそれにあたる。これら事業団は、イタリアの各都市にその拠点施設を設置した。たとえば、バリッラ事業団は「バリッラの家」と呼ばれた施設を建設し、母子事業団も独自の施設を有していた。そしてドーポラヴォーロ事業団が整備したものが、余暇の施設である。この余暇の建築をみる前に、事業団の仕組みや初期の活動場所、活動内容について確認しておこう。

ドーポラヴォーロ事業団は、一九二五年のメーデーに設立された半官半民の行政機関である。その運営にあたっては、ローマの本部を頂点として、各県都に県ドーポラヴォーロ本部をおき、その配下に各都市の市町村ドーポラヴォーロ、地区ドーポラヴォーロというさらに下位組織をおいた。したがって余暇のための事務局と場所が、地方行政単位を基礎とする樹形状の指揮系統とともに、イタリアのすみずみにまで設置されていくことになる。

その設置においてはまず、各地にあった既存のサークルや労働者クラブの拠点、「人民の家」、「人民大学」などが事業団に強制的に編入され組織の一部となった。また「ファッショの家」に事業団の関連施設を入居させることもあった。「ファッショの家」は元来、党の事務所であったり、ファシズム運動のなかで殉死した同志を慰霊する施設であったりしたが、ファシスト政府が各種事業団を設立するなかで、それらの事務所などを収容しつつ、行政施設としての性格ももつようになっていった。

ドーポラヴォーロ事業団の余暇活動は、体育、芸術、教育、援助の四つに分類されていた。体育事業では各種のスポーツやエクスカーション、キャンプ、遠足などがおこなわれ、各地につくられたスポーツ施設では事業団が組織する各種の競技会が開催された。芸術事業ではアマチュア民衆演劇が奨励され、移動劇団や映画の野外上映がイタリア各地を巡回、コーラス・サークルやバンド演奏などの音楽活動やラジオの集団聴取などがおこなわれた。教育事業では識字率向上のための講座が開かれたり、イタリアの伝統文化が教え伝えられたりした。援助事業では鉄道、博物館、ショッピングにおける割引制度などが企画、運営された。

設立からこのように運営されていたドーポラヴォーロ事業団であったが、一九三〇年九月に事業団の長である「特別コミッサーリオ」に就任した党副書記長アキッレ・スタラーチェによって、全体の方針が大きく転じられた。事業団の運営はより楽しげで、軽快で、手に入れやすいレジャーの提供に特化したものとなった。気軽な娯楽の機会のさらなる増大を目指す事業団は、ドーポラヴォーロ専用の独立施設「ドーポラヴォーロの家」の整備を推進していく。財政的事情からそれは構想通りには達成されなかったが、一定の規模をもった専用施設が実際に建設されている。その現存例を三つ確認してみよう。

図14-6　イーモラ市ドーポラヴォーロ（1932年完成）
出典：絵葉書

図14-7　キエーティ県ドーポラヴォーロ（1934年完成）
出典：1942年の絵葉書

ボローニャ県のイーモラには「イーモラ市ドーポラヴォーロ」が現存している（図14-6）。この建築は、市中心部を南北に貫くアッピア通りの西、一三世紀に起源をもつ旧ドミニコ会修道院を改修した市立博物館に正面を向け、一九三二年に建設された。この施設の外観は、未来派の登場以前の二〇世紀初頭に流行した「リバティ様式」風のものとなっている。

アブルッツォ州の州都キエーティ旧市街の南端、一一月四日通り沿いに建つ

図14-8　ヴェルチェッリ県ドーポラヴォーロ（1936年完成）
出典：*Annuario dell'Opera Nazionale Dopolavoro 1938,* Roma: Società editrice di Novissima, p. 229

「キエーティ県ドーポラヴォーロ」は、一九三四年に竣工した（図14-7）。この建築は、傾斜地に建つ鉄筋コンクリート造二階建で、しだいに地下となる下層階と上層階からなる。ここには県ドーポラヴォーロ本部のほか、四〇〇人を収容する劇場兼上映室、運動場、図書室などが収められていた。この施設で最も特徴的な部分は、広場に向けられた北側正面の外観である。劇場兼上映室の入口となる広場側玄関の左右に階段を配し、これを上ったテラスを、ファシズムのシンボル「ファッショ・リットーリオ」にかたどられた高さ約一七メートルの二本の柱が対をなして貫き、これを軸に屋上テラスへのアプローチとなる螺旋階段が取り付けられている。現在は国立キエーティ・ペスカーラ大学自然史博物館として利用されており、外観においては正面のファッショ・リットーリオから斧の部分が取り外されている。このシンボルの大胆な使用は外観に強烈な印象を与えているが、斧のない現況からは全体としてはこれ以外に体制との関係を示す要素に乏しいことがみてとれる。

ノヴァーラ県から分離して一九二七年に発足したピエモンテのヴェルチェッリ県には、一九三六年にドーポラヴォーロの専用施設が設置された。この「ヴェルチェッリ県ドーポラヴォーロ」は、ヴェルチェッリ市の歴史的中心地区の南西外縁部、現在のチェーザレ・バッティスティ広場に面し現存している。その内部には、事業団の県本部、市ドーポラヴォーロの事務所、図書室、ダンスと集会のためのホール、バール、カードゲーム室、座席数七〇〇の劇場兼映画館などがあったと伝えられている（図14-8）。建築全体はL字型の平面形をもち、その外部にはボッチェ（事業団が普及を推進したボール・ゲームの一種）場、バスケットボールとバレーボールの兼用コート、ローラースケート場、野外プールがあり、このうちプールは現在も利用されている。突出した中央部によって対称性が強調され、半円アーチをともなう開口部が反復されたファサードは、抽象化されたバロック建築のような外観を有するとともに、どこか穏和な表情を携えている（図14－9）。

これら「ドーポラヴォーロの家」もまた、ファシズムがつくった建築である。この建築は、前節でみたような、古典主義とモダニズムとが折衷した新しい「帝国」のための建築に比べ、政治的主張や緊張感に著しく乏しい。ドーポラヴォーロの建築にみられるこのような意匠上の方向性は、一九二七年から三三年の約七年間という限定的な期間ではあるが、事業団が試みた労働者の住宅問題への関与においても色濃く現れている。

図14－9　旧ヴェルチェッリ県ドーポラヴォーロ
出典：著者撮影

事業団は一九二七年からの約三年間に、労働者住宅に適した家具と室内装飾の開発を促す全国規模のデザイン・コンクールを開催した。その目的は「（工場）労働者とつつましい事務労働者の住宅に向けられた、美しさ、耐久性、実用性と良き趣味の基準に応えつつ、控えめな価格をともなった家具一式の量産を促進すること」とされた。つまり、ドーポラヴォーロ事業団の主たる受け手である労働者にふさわしい「良き趣味」を、コンクールを通じて開発、具体化しようというものであった。その審査では、装飾に富んだ豪華な様式家具はもちろん否定され、その一方でモダニズムの先鋭的な造形感覚にも抵抗感が示された。この結果、ほどよく簡素でかつ好感をもたらすような、先進的すぎない新しさという趣味が、彼ら国民にふさわしいものとして定義される。この成果をもとに、事業団は一九三〇年にモンツァで、三三年にミラノで開催されたトリエンナーレにおいて、事業団会員のためのモデル住宅「ドーポラヴォリスタの家」を出展した。そこで事業団は、自身が労働者の生

図14－10　1930年のモンツァ・トリエンナーレに出展された「ドーポラヴォリスタの家」
出典：『ジェンテ・ノストラ』1930年8月30日号

活改善に向けて真剣に取り組んでいると主張した（図14－10）。

これまで述べてきたように、イタリア・ファシズムの建築は、モダニズムという当時の国際的な潮流のなかで、それを基礎としながら独自の展開をみせた。体制の意図が反映されたその歩みには、一定の厳密な傾向があるようにも想像されるが、実際には建築の種類や性格に従って、いくつかの形式が併存していた。ローマをよりどころにつくりあげられた「国家の様式」をまとう建築は、新しいイタリアを対外的にも主張しうる規模の大きなプロジェクトで顕著に確認される。他方、柔らかな表情の建築たちは、むしろ非政治的な国民の生活に資するものとして出現した。そのどちらも、革新的国家の建設というイメージ創出に貢献し、共同体意識の高揚を演出することが期待されたものであった。

この前者である「帝国」の建築は、ファシズムの攻撃的で威圧的な性格を、一定の視覚的なわかりやすさとともにいまに伝える。それらは、その形態や活用の是非について問われながらも、中央官庁や各種の警察署、市町村庁舎、また企業の施設などとして現在も利用されている。これに対して、ほどほどのモダン・デザインが与えられた余暇のための建築には、個人の所有となったものもあれば、市町村の管理の下、他の用途へと転用されたものや、ただ放置されたままのものもある。だがそれらは、かたちそれ自体をみただけでは理解できない、ファシズムのもうひとつの顔をわたしたちに伝えている。

参考文献

奥田耕一郎（二〇一二）『ファシズム期イタリアの全国ドーポラヴォーロ事業団に関連する建築の研究』早稲田大学大学院創造理工学研究科博士学位論文。

コルバン、Ａ（二〇一〇）『レジャーの誕生〈新版〉上・下』渡辺響子訳、藤原書店。

タフーリ、Ｍ／ダル・コ、Ｆ（二〇〇二・二〇〇三）『図説世界建築史 第一五・一六巻 近代建築一・二』片木篤訳、本の友社。

チュッチ、Ｇ（二〇一四）『建築家とファシズム』鹿野正樹訳、鹿島出版会。

デ・グラツィア、Ｖ（一九八九）『柔らかいファシズム』豊下楢彦・高橋進・後房雄・森川貞夫訳、有斐閣。

ニコローゾ、Ｐ（二〇一〇）『建築家ムッソリーニ』桑木野幸司訳、白水社。

パクストン、Ｒ（二〇〇九）『ファシズムの解剖学』瀬戸岡紘訳、櫻井書店。

藤澤房俊（二〇〇一）『第三のローマ』新書館。

ベネーヴォロ、Ｌ（一九七八・一九七九）『近代建築の歴史 上・下』武藤章訳、鹿島出版会。

Capomolla, R. / Mulazzani, M. / Vittorini, R. (2008) *Case del Balilla. Architettura e fascismo*, Milano : Electa.

Ciucci, G. (2008) "Stile estetici nel regime fascista," in E. Gentile, a cura di, *Modernità totalitaria. Il fascismo italiano*, Roma-Bari : Laterza, pp. 100-111.

Ghiringhelli, O. (2004) *Camillo Guerra 1889-1960. Tra neoeclettismo e modernismo*, Napoli : Electa.

Mangione, F. (2003) *Le case del Fascio in Italia e nelle terre d'oltremare*, Roma : Ministero per i beni e le attività culturali. Direzione generale per gli archivi.

第15章　ファシズムとカトリック教会

新谷　崇

イタリアは、首都ローマの内部に、カトリック教会の最高指導者であるローマ教皇が居住し、教会組織の中枢「ローマ教皇庁」と教皇を元首とする世界最小（約四四ヘクタール）の国家「ヴァティカン市国」が存在する特異な国である（図15－1・2）。国民の大多数が信仰するカトリックは、単なる宗教としてではなく文化、慣習、経済関係のレベルにまで浸透している。教会権力とどう向き合うかは、時々の政治権力にとっては避けられない課題であり続けたし、今日でも新聞やテレビで教皇の姿を見かけない日はない。

本章では、イタリア半島の長い政教関係史においてファシズム期が大きな転換点となったことを、①国家と教会に関わる法制度、②ファシズム体制と教会の利害・戦略、③イタリアの日常、の三つの次元で概説する。そして、ファシズム期に起きた転換が、第二次世界大戦後のイタリア社会にも影響を及ぼし続けていることに触れる。

本章で押さえるべきポイントは、ヴァティカン市国誕生の経緯、イタリアがリソルジメント以来の原則であった世俗主義を捨てカトリック国教主義に立つ国民国家へと変貌を遂げたこと、カトリック教会が近代社会とどう向き合ったか、カトリックがイタリアの公的領域と社会に再浸透した流れと影響、ファシズム体制とカトリック教会が共生した理由と意味、である。

1　ローマ問題から和解へ

一九世紀の国家統一事業は、カトリック教会の側からすれば、領有する教皇国家を奪われ、教皇が住む「永遠の都」ローマを武力占領されるできごとであった。一方のイタリア王国の政治指導者たちはローマへの遷都を譲れない大原則と位置づけていた。ローマは単なる一都市ではなく、西洋文明発祥の地でローマ帝国を象徴し、新国家への正統性の付与、国民の精神的統合、外国への存在誇示のために欠かせない要素と考えていたからである。

イタリア王国は、普仏戦争の影響でフランス軍が撤退した隙に、教皇ピウス九世（在位：一八四六～一八七八年）の拒絶を無視する形で、一八七〇年九月二〇日にピーア門からローマ市内に軍を進める。そして、一〇月二日の人民投票の結果、ローマを編入し、首都とした。

一方的な軍事占領に憤激したピウス九世は、イタリア王国の指導者たちを破門にする。抗議の意味を込めて「ヴァティカンの囚人」と称し、以後ヴァティカン内部に閉じこもる。教皇国家の簒奪に正当性を与えないため、イタリア王国の存在自体を否定しようと、信徒に向け国政選挙への参加を禁止する宣言『ノン・エクスペディト（ふさわしくない）』を出した。

イタリア王国の世俗主義的政策は教会との溝をさらに深める。公共空間からの十字架の撤去、大学の神学部の廃止、市民的義務の聖職者への適用、教会財産の接収などが実施された。

王国の首都と教皇の二つのローマが衝突する対立は「ローマ問題」と呼ばれ、政治的懸案事項となる。真のイタリア統一には象徴的な意味合いからもカトリック教会との合意が必要とみなされるようになった。

両者の関係を劇的に変えたのはファシスト政権であった。ムッソリーニは元来、反教権的な社会主義者であったが、権力を掌握するにつれ方針を変え、教会に接近する。政権の座に就くと、教皇ピウス一一世（在位：一九二二～一九三九

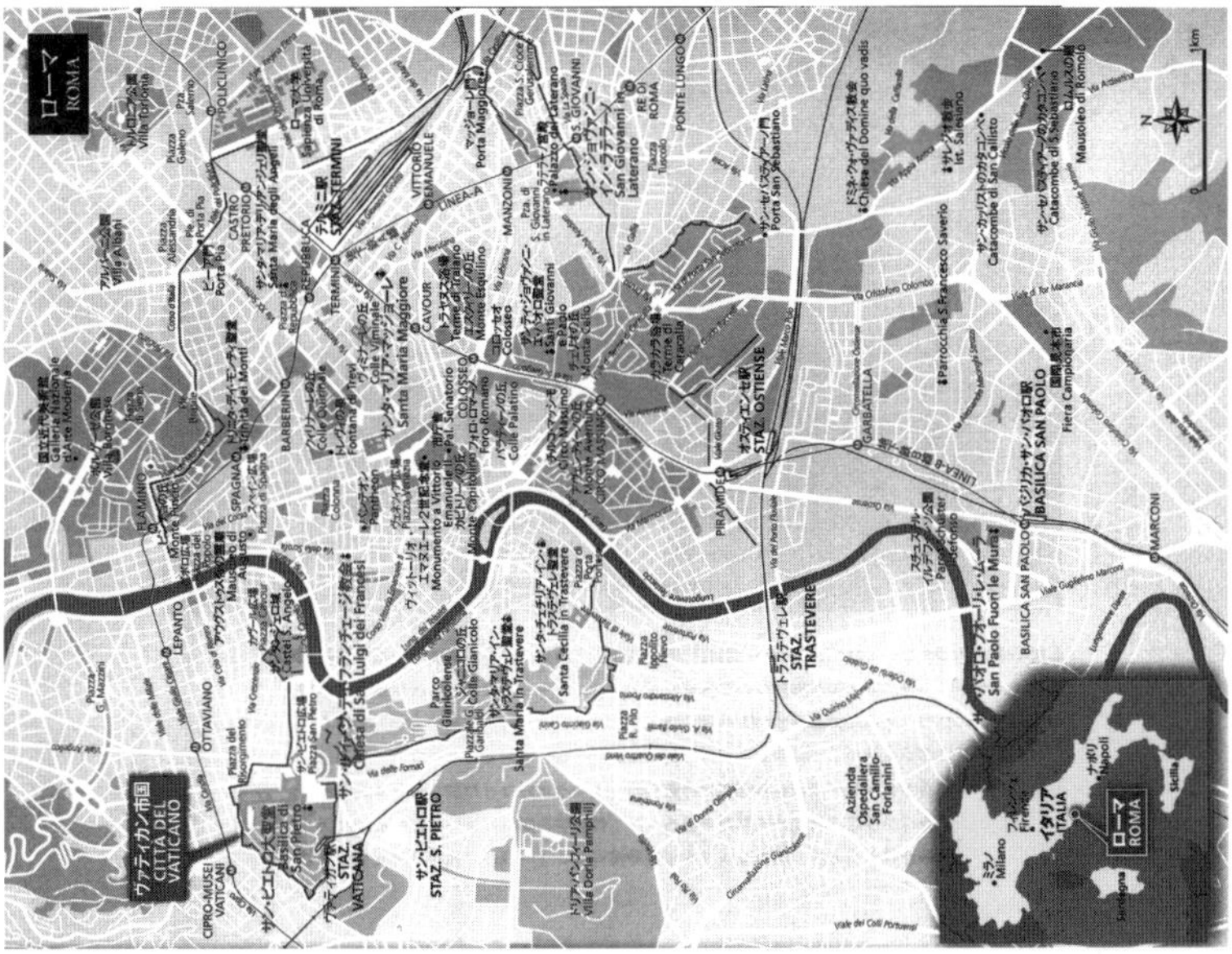

図15-1　ローマ市内の地図

出典：塩野・石鍋ほか（2011）24頁より作成

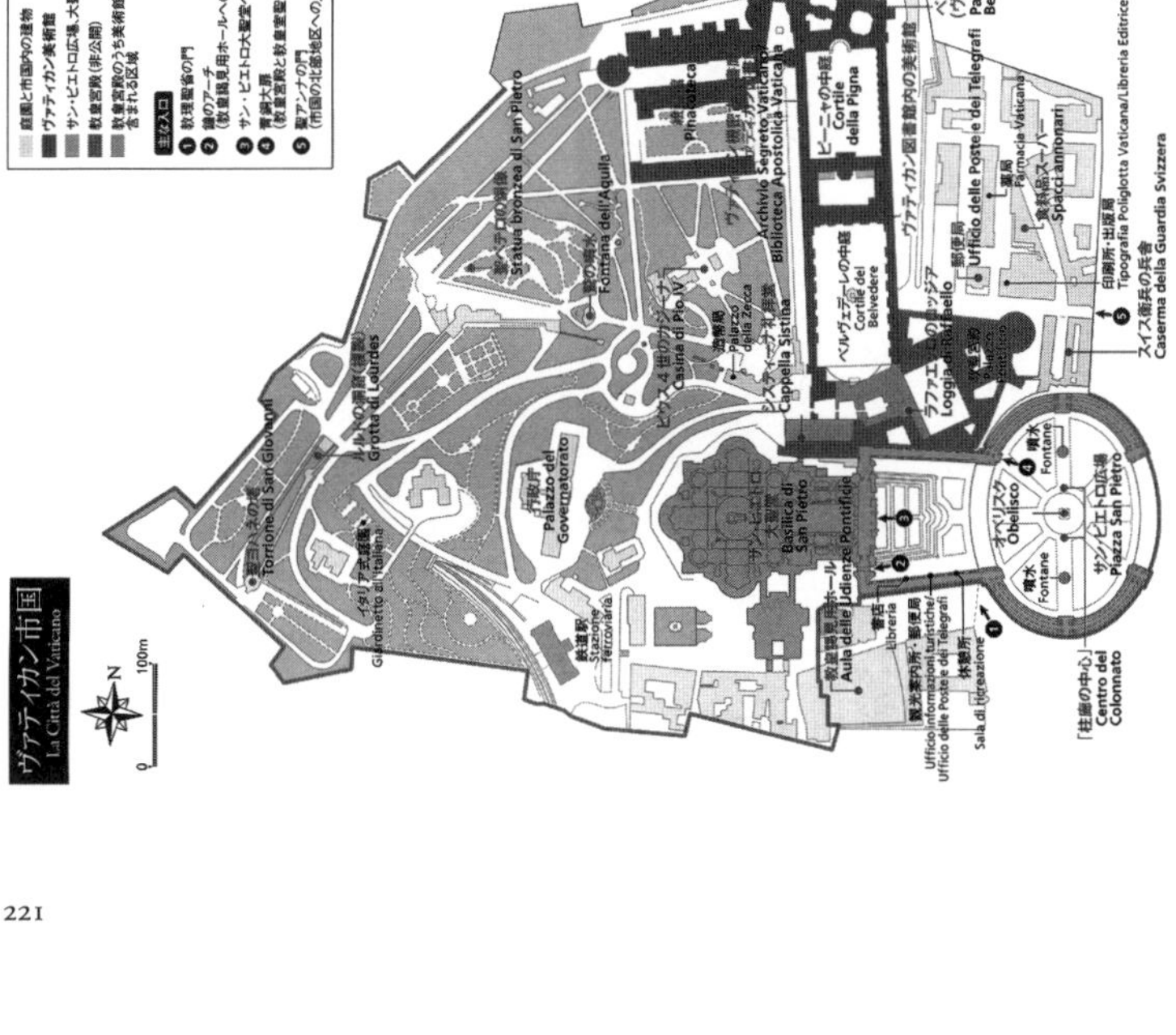

図15-2　ヴァティカン市国の地図

出典：塩野・石鍋ほか（2011）25頁より作成

年）の関心を引く政策を実行する。

たとえば、学校の教室など公的な場所での十字架配置、公立小学校での宗教教育の導入、教皇が愛着を抱くキジャーナ図書館の寄贈、戦争で被害を受けた教会施設の補修と再建、ミラノのカトリック聖心大学の設立許可、聖職禄の増額、カトリック系金融機関の頂点に位置し教皇庁と関係が深いローマ銀行の救済、フリーメーソン団体の解散、離婚の不許可が実施された。

ローマ問題解決への意欲を示すムッソリーニの政策が功を奏し、秘密交渉が一九二六年夏から本格的に始まる。実務担当者として、政府側から国務院参事官ドメニコ・バローネ、教会側から弁護士のフランチェスコ・パチェッリ（のちのピウス一二世の兄）が参加した。途中からムッソリーニ本人が交渉の席につくことで、二年以上の難しい交渉が妥結に至り、「ラテラーノ協定」が結ばれることになった。ここに、六〇年にも及んだ衝突に終止符が打たれ、イタリア国家とカトリック教会の関係は「和解」に至る。

ラテラーノ協定の調印式は一九二九年二月一一日、ローマ市内のサン・ジョヴァンニ・イン・ラテラーノ宮殿でおこなわれた。教皇ピウス一一世とイタリア国王ヴィットーリオ・エマヌエーレ三世に代わり、教皇庁国務省長官ピエトロ・ガスパッリ枢機卿とイタリア王国首相ムッソリーニが全権大使として署名した（図15-3）。

同協定は、「聖座・イタリア間条約」（全文訳は、文化庁 二〇一〇を参照）、「財務協定」、「聖座・イタリア間政教協約」の三部分で構成されている。あまり聞きなれない言葉であろう「聖座」とは、教皇および教皇庁を総称的に指す概念で、国際法上の法人格を有する主体である。欧米では一般的な呼称として用いられている。

まず聖座・イタリア間条約は、前文と全二七条から成り、国家間の取り決めという性格をもつ。聖座がイタリア国家の首都ローマとともにイタリア王国を承認することでローマ問題が最終的に解決されたと謳う。イタリア側も聖座の独立と主権、領土を有するヴァティカン市国の樹立を認める。つまり本条約を根拠に現在のヴァティカン市国が誕生したのである。

城壁で囲まれたヴァティカンのほか、カステル・ガンドルフォにある教皇の別荘、ローマ市内の三つの大聖堂なども飛び地としてヴァティカン市国の領土となり、教皇庁立グレゴリアーナ大学などの建物に排他的管轄権が認められた（三条）。聖座は実質的にヴァティカンという最低限度の領土に留まることを受け入れたわけである。これは八世紀の「ピピンの寄進」以来の世俗権・教皇領の放棄を意味したが、世俗権力や軍事力ではなく宗教権力に特化したことで、道徳的・精神的地位の正当性と強化、さらに中立性による国際社会での独特の立場と発言力が聖座にもたらされた。今日われわれが目にする、平和や社会問題で積極的に発言し存在感を示す「ヴァティカン外交」は、聖座が世俗権力を大幅に捨てたことの代償によって成り立っているといえる。

図15－3　ラテラーノ協定の調印式

出典：D. Menozzi (2000) *I Papi del'900,* Firenze：Giunti, p. 24

話を条文の検討に戻そう。第一条は、カトリックがイタリア国家の唯一の宗教と規定する。これはアルベルト憲章一条を再確認したもので、イタリアにおけるカトリック教会の特権的地位を保障する［第5章を参照］。

条約では国境、外交主権、警察権、裁判権、教会財産・不動産に関する取り決めがなされているほか、聖職者が兵役などの市民的義務から免除され（一〇条）、イタリア国内での教皇への侮辱行為が国王と同等の罰則対象となり（八条）、ヴァティカン市国における水道の提供、電話や郵便といった通信の接続、鉄道敷設（一九三四年開通、ヴァティカン駅）をすべてイタリアの負担で実施すること（六条）などが決まった。

続く財務協定は、教皇国家併合によって教会が受けた損害を補償するもので、イタリアが七億五〇〇〇万リラを現金で、一〇億リラ分を債権で支払うとされた。このとき莫大な補償金を管理するために教会が設立した一部局は、のちに「宗教活動協会」（通称、ヴァティカン銀行）に再編され、戦後共和制下では資金洗浄の舞台として噂されるようになる（ヌッツィ 二〇一〇）。

政教協約は、前文と全四五条から成り、教会組織と関連団体の法的地位、教会財産・不動産、聖職禄、霊的活動の保障など、宗教面でイタリア国家とカトリック教会が取り決めたものである。

礼拝その他の宗教活動の自由（一条）、聖職者間の通信の自由、司教の活動と出版の自由（二条）、国家による聖職禄の不足分の補充（三〇条）、宗教法人によって運営される中学校への国家試験の資格付与（三五条）などが定められた。教会側が重視したのは、教会法にもとづく婚姻に民法上の効力を認定（三四条）、カトリック要理の指導を公教育の基本と認定し、公立小学校にくわえ公立中学校にも要理教育を拡大すること（三六条）であった。

国民の日常生活の変化としては、教会の祝祭日が国民の休日として暦に導入された（一一条）。全日曜日と一月一日（聖マリア）のほか、①主の公現（一月六日）、②聖ヨセフ（三月一九日）、③主の昇天（移動祭日）、④キリストの聖体（移動祭日）、⑤聖ペトロと聖パオロ（六月二九日）、⑥聖母マリアの被昇天（八月一五日）、⑦諸聖人（一一月一日）、⑧聖母マリアの無原罪御宿り（一二月八日）、⑨主の降誕（一二月二五日）が休日となった。①、⑥、⑦、⑧、⑨は現在でも国民の休日である。

一見すると教会側に有利な同協約だが、体制側も戦利品を得ている。司教の国家指定はないものの、司教任命前に聖座は候補者の氏名を政府に通告すること（一九条）、司教は着任前に国家元首の前で国家への忠誠、政府の尊重、国家と公共秩序を害さない、それらを司祭にも順守させると宣誓すること（二〇条）が定められた。国内の教会は県に対応する形で約三〇〇の司教区（現在は約二三〇）に分かれ、司教は司教区内の小教区で活動する司祭たちを管轄する。第二条で司教の活動への国家介入を禁じているが、この第一九・二〇条によって、間接的とはいえ新司教選定に体制側の意向が反映される余地ができた。体制側は内務省と県知事を通じて司教の動向を常に監視していた。

ラテラーノ協定は教皇にとって満足のいくものだった。締結直後、カトリック聖心大学で教員と学生を前に演説した教皇は、神の意志が出会わせた人物ムッソリーニのおかげで自由主義国家の無秩序を取り除くことができたと語り、

「大きな喜びとともに、神が再びイタリアに与えられ、イタリアが再び神に与えられる」と協定を祝福した。ヴァティカンのサン・ピエトロ広場には六〇年ぶりに教皇が信徒の前に姿を現すようになった。

ラテラーノ協定は、カトリック教会に突出した特権を与え、イタリア王国の諸制度にカトリック的特徴を刻印したが、それは国教制、宗教教育、公的空間での十字架配置、聖職者の市民的義務の免除など、法の下の平等や信仰の自由に反する性格をもつものだった。このような繊細な問題を含む同協定は、第二次世界大戦後に制定されたイタリア共和国憲法でも効力が確認され（七条）、一九八四年のいわゆる「ヴィッラ・マダーマ合意」で改定されるまで維持された。

2　ファシズム体制とカトリック教会の思惑

ラテラーノ協定によって、ファシズム体制下のイタリアでは、国王とムッソリーニとピウス一一世という三人の権力者が並立する構図が生まれた（図15－4）。

カトリックとファシズムが結びついた理由としては、①性質の類似、②共通の敵、③キリスト教精神の尊重、④利用し合う具体的な目的、などを挙げることができる。

ファシズムとカトリック教会は思想的に一致していたわけではないが、秩序、規律、権威、ヒエラルキー、反民主主義、人間個人を指導し矯正すべき存在とみる発想など、両者がともに有する傾向は親和性があった。

自由主義、社会主義、共産主義という共通の敵もいた。反教権的な自由主義者や社会主義者、無神論の共産主義はカトリック教会にとって脅威であると同時に、ファシズムにとっては政敵であった。教会は敵を倒し秩序を回復させてくれる道具としてファシズムを見た。さらに、ムッソリーニがカトリックへの理解を表明したことから、教会は、社会党の伸張に歯止めをかけ教会に都合のよい国家を実現するという、本来はカトリック系政党のイタリア人民党に期待していた役割を、ファシスト党に託すことにした。

図 15－4　ファシズム時代の絵葉書

出典：N. Tranfaglia et al. (2005) *La Storia d'Italia 20: l'avvento del fascismo e il regime,* Roma: La Biblioteca di Repubblica, p. 366

それぞれの具体的な思惑も存在した。ファシズム側は締結内容よりも聖座と政教協約を結ぶ象徴的効果を重視した。自由主義政権ではなしえなかった教会との和解を実現したことで、ムッソリーニは自身の存在価値を国内外に示すことができた。国内では、国民の体制への支持拡大と強化の道具をカトリックに見出していた。教会との和解は信徒と聖職者の国家への統合もすすめた。領土内の人的・物的資源を最大限に動員することをもくろんだ体制にとって、国家内国家的な存在である教会関連の人材と土地の活用は課題であった。国際的な威信という点で、教皇からの承認はムッソリーニのイタリアに正統性をもたらした。さらに、対外拡張を構想するムッソリーニにとって、カトリックが有する普遍性の威光は事業の正当化に利用したいものだった。

一方のカトリック教会側は、キリスト教社会再建のための提携相手を、ファシズムという新しい独裁体制に見出した。一九一〇年代後半のイタリアでは、フランス革命に由来する国家の非宗教化の流れ、国民国家形成の運動、産業社会の進展による都市化、自由主義的ブルジョワが独占していた政治への大衆参加、第一次世界大戦による混乱、それらが複合的に結びつき人々の教会離れが加速していた。教会はそうしたものへの対抗手段を模索していたところにファシズムと出会ったのである。

カトリック教会は、近代世界の受け入れを拒否し、キリストの教えから人々を離れさせるような思想への敵対心を隠さなかった。政教分離、教会の規則と一致しない法の制定、市民婚と離婚容認、全宗教に等しいかたちでの信仰の自由の保障、教育からの宗教色の排除などの近代的制度を導入する際に、国家や社会の側は教会を打倒する意思などなかったが、教会側はそうは捉えなかった。

教会は、宗教改革以来の近代の歴史を逸脱と考え、キリスト教社会の完璧さが存在した中世という神話をそこに対置した。中世においては、社会関係の調整に教皇の至高権力が認められ、全体秩序は教皇の指示への服従によって保たれ、司祭の指導に人々が従い、秩序立ち、平穏で幸福な農村社会が存在したとし、それを理想化した。

モデル化したキリスト教社会の実現、もしくはカトリックの教義を法的に尊重した国家を構想するピウス一一世は、二つの回勅（回勅は基本的にラテン語で書かれ、冒頭の数語がその題名となる）、『ウビ・アルカノ・デイ・コンスィリオ（神の摂理において）』（一九二二年）と『クアス・プリマス（最初の回勅において）』（一九二五年）を通じて、近代社会と世俗化への対抗を表明した。教皇の方針のなかで、ラテラーノ協定は法的・制度的な基盤をなし、とりわけ一般信徒の組織である「カトリック行動団」、教会婚の効力の保障、学校での宗教教育が柱とされた。

ファシズム期の政教関係について以上の説明だけでは十分でない。ラテラーノ協定はあくまで法制度上の関係修復を意味しただけで、両者は思想的な違いを認識し特定の分野では衝突も辞さなかった。人々が全面的に教えに従うキリスト教社会の復活を目指す教会、国内の人的・物的資源の総動員を志向するファシズム、二つの「全体主義」の不一致はとりわけ大衆動員と教育の分野で表出する。カトリック行動団の青少年教育をめぐり、両者の関係は断絶寸前にまで至る。この衝突は、裏を返せば、イタリア人の精神の掌握争いであった。

社会不安が人々のキリスト教離れに起因すると考えた教会は、子どもから大人まで信徒を再教育する必要性を感じていた。そこで結成されたのがカトリック行動団で、一九世紀から発展してきたアソシエーションを、ピウス一一世の時代に、より垂直的な組織（中央委員会―司教区委員会―小教区委員会）へと再編した。その活動は年齢、性別、職種によって分かれ、人事も含め聖職者の統制におかれた。行動団の規模は拡大し、若者の組織加入者数は一九三〇年代に二五万人から四〇万人に増加した。

一方の体制側も、次世代のファシスト育成を重視し、バリッラ事業団を設立する。子どもへの教育分野で競合するカトリック系のボーイスカウト団体などは一九三〇年までに廃止させ、バリッラに一元化した。それによって、バリッラの軍事教練で銃の使い方を学ぶ子どもたちが、日曜日には教区教会で平和や人類愛について学ぶという、ファシズム体制下ならではの日常ができあがった。

体制側がカトリック行動団を警戒したのは、政治的代替組織になる可能性をみたからでもある。一九二六年一一月の特別法でカトリック系も含む政治結社や労働組合が禁止された後、旧イタリア人民党の指導者たちは活動の場を行動団に移していた。ファシストはそれを見逃さず、カトリック系組織への暴力行為と言論攻撃を繰り返した。それに対し教皇は、一九三一年に回勅『ノン・アッビアーモ・ビゾンニョ（われわれは必要としていない）』を発し、ファシストの行動を厳しく批判した。

緊張の高まりを受けた体制と教会は、交渉に入り、一九三一年秋、政治活動の禁止と司教への従属を条件にカトリック行動団の存続を決めた。ピウス一一世にとって、信徒を教会につなぐために自身のイニシアティブで組織化した行動団は、何物にも代えがたいものだった。そのため、行動団の存続は、「人種法」導入など他の懸案事項で教皇に揺さぶりをかける取引材料として体制側から使われることになる。

カトリック行動団は、圧力や攻撃にさらされながらもファシズム期を生き抜く。教会側はそのあいだ、大学生や大卒者の団体を通じ、将来の指導者養成に取り組んだ。その結果、この世代からアルド・モーロやジュリオ・アンドレオッティなど戦後のイタリア政治を担うカトリック系政治家が生まれることになる。

3　カトリシズム、ナショナリズム、ファシズムの一体化

国家の精神的一体化には宗教や伝統の力が有効である。ファシズム体制も例外ではなく、イタリア国民を構成する基本的要素としてカトリックを称揚し、伝統的な宗教心と愛国心を混合しながら、国民のファシズム支持を醸成しようとした。

カトリックとナショナリズムの結合は、戦死者の弔いと従軍司祭の活動を通じて第一次世界大戦時から始まっていた。戦地に招集された司祭と神学生は、二万五〇〇〇人にのぼった。この戦争の記憶と結びついた層は、第一次世界大戦の参戦運動に起源をもつファシズムを支持した。ファシスト政権下の一九二六年にはイタリア軍内に司教区が設置され、軍人の階級も有する従軍司教と司祭たちが軍事教練のカトリック化とカトリックの軍事化を進めていく。その後のエチオピア戦争やスペイン内戦を経ながら、聖職者の内面でのカトリシズム、ナショナリズム、ファシズムの一体化は加速していった（図15－5）。

図15－5　ローマ式敬礼をするムッソリーニと高位聖職者（グイドーニア，1937年）

出典：M. Palla (1996) *Mussolini e il fascismo,* 3a ed., Firenze : Giunti, p. 61

ラテラーノ協定以降、聖職者たちは、体制が実施する大衆動員に表立って協力するようになる。協定直後の一九二九年三月の人民投票では、体制への賛成を信徒に呼びかけるだけでなく、投票所に赴く人々にファシストとともに付き添った。

聖職者のファシズム支持の動機として、体制がカトリックの価値を認め、教会の守護者を名乗ったことが大きい。教会に利益をもたらす体制を支持することで、信仰心と愛国心を同時に満たせるようになった。さらに、公的活動に携われるようになったことは、聖職者に社会的尊厳の回復をもたらした。ファシズムは集会や祭典を頻繁に開催したが、そこには聖職者も参列するようになった。非宗教主義をとった自由主義時代にはありえない光景であった。公的行事は、聖職者と地方の指導層との結びつきを深める機能を果たした。

ファシズムとカトリック教会には社会的な一致点もあった。それは健康で勤勉な農民生活を称揚する農本主義である。第12章で見たように、人口増加のためのキャンペーンを実施したファシズム体制は、多産な農村家族を称賛していた。

農村の重視はピウス一一世も同様であった。一九三〇年の回勅『カスティ・コンヌビ（貞潔なる婚姻）』では、男女平等、離婚、産児制限、人工妊娠中絶、優生学にもとづく諸行為を断罪し、司祭と家長の指導に従う農村家父長制社会を理想視した。ただし、多産を称賛した理由は、ファシズムと異なり、教会の子を増やす神の贈り物と考えたからである。厳密な違いはさておき、多産と農村生活の礼賛という曖昧な一致が、聖職者の人口増加政策への協力や、小麦戦争への積極的な参加を後押しした。その他の事業でも聖職者の体制協力はみられたが、特筆すべきものとしては、エチオピア侵攻への支持や、経済制裁後の「忠誠の日」にナショナリズムを煽られ、貴金属を自ら国家に提供しただけでなく、信徒にも結婚指輪の供出を呼びかけた事例を挙げることができる。

ファシズムのカトリック利用戦略では聖人の表象も動員された。プロパガンダを効果的に機能させるために、聖人の国民化やイタリア人的要素が強調された。「ヌルシアの聖ベネディクト」がアウタルキー政策の先駆者、「シエナの聖カテリーナ」がイタリア統一の先駆者、「モーロ人のベネデット」が植民地化したイタリア領エチオピアの聖人として称揚されたのはその一例である。

こうした聖人崇敬を通じたカトリシズムとファシズムの混用の最たるものは、清貧の聖者「アッシジのフランチェスコ」である。この聖人はラテラーノ協定前にファシズムと教会を接近させる役目を果たす。聖フランチェスコの死後七〇〇周年の祭典が一九二六年一〇月四日にアッシジで開催された。これはアッシジ市長がムッソリーニとカトリック教会に働きかけて実現したもので、教皇代理使節のメリー・デル・ヴァル枢機卿とピエトロ・フェデーレ公教育相が同地を訪れた。関係修復の交渉を同年夏に開始していた国家と教会の上層部が公的な場で同席したことは、和解実現に向けて大きな意味をもった。祭典の日は国民の祝日となり各地で関連行事が開催され、ファシスト政権のカトリックへの理解を示すものとして世界中に発信された。

祭典を契機に、ムッソリーニは、イタリアの聖人崇敬で最も流布し人気のあった聖フランチェスコをファシズム・イデオロギーに接続し始める。イタリア人の血統の偉大さ、祖国への貢献の見本、拡張主義の先駆けをこの聖人に見出そうとした。

ムッソリーニは、イタリアの知的・道徳的・文明的優越性を訴えるために、人類最高の偉人として、詩人ダンテ、航海士コロンブス、芸術家で科学者ガリレオとともに聖人フランチェスコを挙げた。そして、聖人のイタリア性を強調するために、詩人ダンヌンツィオのフランチェスコ評に由来する、「聖人のなかで最もイタリア人で、イタリア人のなかで最も聖なる人」のフレーズを繰り返した。

フランチェスコは清貧の聖者として知られる。彼が実践した禁欲・節制・献身は、キリスト教や人類愛のためだったはずだが、祖国のための行為にすり替えられた。聖人はプロパガンダ上でいつの間にか「愛国的イタリア人」、ファシズム農本主義の象徴となり、インフレの悪化やアウタルキー政策のなかで耐乏生活の手本とされた。

ムッソリーニは政権獲得以来「新しいイタリア人」の形成を論じていた。そこで目指されたのは、労を惜しまず、闘争心に溢れ、国家のために命を犠牲にする覚悟のある人間像であった。その思想に沿う形で、エジプトに赴きスルタンに改宗を勧めた宣教の逸話が、自己犠牲を厭わない英雄的行為として、ファシズムの軍国主義と一緒くたにされてしまう。死を恐れず東方に赴いた聖フランチェスコはファシズムの帝国主義の象徴となり、兵士は彼を見習い自らも祖国の英雄になるよう呼びかけられた。

体制の意向通りの聖人像を構築するため、歴史家たちは競って史実の再解釈や歪曲をおこなった。聖フランチェスコとムッソリーニを並べて称賛する記事や書籍が溢れ、聖人崇敬は人気を博すことになった。しだいにフランチェスコをイタリアの守護聖人にすべきとの声が上がるようになり、アッシジ司教が一九三八年、一六六人の高位聖職者の賛同とともに要望書を教皇に提出する。教皇庁での検討を経て、新教皇ピウス一二世（在位：一九三九～一九五八年）は一九三九年六月一八日、聖フランチェスコをシエナの聖カテリーナとともにイタリアの守護聖人に認定した。

第二次世界大戦がすでに始まっていた一九四〇年五月五日、ローマで守護聖人の儀式がおこなわれた。イタリアに参戦を思いとどまらせたい教皇は、聖人を祝う演説にメッセージを差し込んだ。しかし、その甲斐もなく、翌月、イタリアはナチ・ドイツ側で参戦する。教皇の願いは叶わなかっただけでなく、約三〇人の司教が戦勝祈願をムッソリーニに捧げまでした。イタリアのカトリック界は、自由主義政府が実行した第一次世界大戦参戦を批判したのと対照的に、ファシズムによる第二次世界大戦参戦には目立った抗議活動を起こさなかった。

当然ながら、カトリック界のファシズムへの態度は一枚岩ではなかった。反ファシズムを表明しないこととファシズム支持は同義でもない。ファシズムに無関心な非ファシズムが広範に存在したし、暴力を用いて言論統制をする体制下では、反対意見の表明自体が危険な行為であった。ただし、そうした状況でも、少なからずの聖職者や信徒が勇気をもって、教皇庁と司教に体制協力を批判する手紙を送り、ファシズムに公然と反対し、その暴力の犠牲となった。内戦時のレジスタンスに参加したことも忘れてはならない。

結局、ファシズム体制とカトリック教会の共生は、ムッソリーニが逮捕され体制が瓦解する一九四三年七月まで継続した。教会上層部は、ラテラーノ協定で得た特権を保持し、イタリアをカトリック国家化することを優先した。くわえて、一九三〇年代半ば以降は、ナチズムやコミンテルンの伸張からカトリック教会と西欧世界を守るための防波堤としてファシズムを利用できるという楽観的な期待が教皇庁内部にあった。そうした教皇周辺の曖昧な態度が、結果的には、聖職者のファシズム支持への黙認となったのである。

参考文献

アーレティン、K(一九七三)『カトリシズム』沢田昭夫訳、平凡社。

飯塚深(一九九二)「イタリアにおけるファシスト政権とカトリック」『國學院大學紀要』三〇号、一七九-三〇八頁。

江川純一(二〇一五)『イタリア宗教史学の誕生』勁草書房。

シオヴァロ、F/ベシエール、G(一九九五)『ローマ教皇』鈴木宣明監修、創元社。

塩野七生／石鍋真澄ほか（二〇一一）『ヴァチカン物語』新潮社。

田近肇（二〇〇六）「イタリアにおける国家とカトリック教会」『宗教法』二五号、六九‐九七頁。

ヌッツィ、G（二〇一〇）『バチカン株式会社』竹下ルッジェリアンナ監訳、柏書房。

ハヤール、Jほか（一九九七）『キリスト教史11：現代に生きる教会』上智大学中世思想研究所編訳、平凡社。

文化庁（二〇一〇）『イタリア宗教関係法令集』井口文男・田近肇訳、文化庁。

松本佐保（二〇一三）『バチカン近現代史』中公新書。

村上信一郎（一九八九）『権威と服従』名古屋大学出版会。

――（一九九三）「ファシズムとカトリック教会」国際クリスチャン教授協会編『宗教と国家』星雲社。

村上義和・佐藤康夫（二〇〇五）「宗教」村上義和編著『現代イタリアを知るための四四章』明石書店。

山手昌樹（二〇〇八）「ファシスト・イタリアの女性動員」『上智史学』五三号、一五七‐一六九頁。

Ceci, L. (2013) *L'interesse superiore: Il Vaticano e l'Italia di Mussolini*, Roma-Bari: Laterza.

Filoramo, G./Menozzi, D. a cura di (1997) *Storia del cristianesimo: L'età contemporanea*, Roma-Bari: Laterza.

Pollard, J. (2008) *Catholicism in Modern Italy: Religion, Society and Politics since 1861*, London: Routledge.

Columun

V　輝ける青春

鈴木鉄忠

戦後イタリアの激動が、ローマの中流家庭の歩みを軸に絵巻物のように浮かび上がる大作。第五六回カンヌ国際映画祭の「ある視点」部門の最優秀賞をはじめ、数々の映画賞を受賞した。六時間におよぶ上映時間だったが、イタリアのみならず日本でもヒットした。

この社会は何かが間違っている。僕たちは正しいことをしたい。ニコラと一歳年下のマッテーオは、兄弟で社会への違和感を共有していた。一九六〇年代、戦後生まれの世代と彼らの親世代との対立が、もはや覆い隠せないところまできていた。

物語は心を病んだ少女ジョルジャとの出会いをきっかけに動きだす。精神病院で非人間的に扱われていた彼女を救い出そうとしたが、その試みは失敗する。このとき初めて社会の力を思い知らされ、二人は無力感に打ちひしがれる。やがてニコラは、精神保健改革の父フランコ・バザーリアを模範としつつ、精神科医になることを決める。マッテーオは、自らの矛盾に折り合いをつけられないまま、大学を中退して軍隊に入隊する。絶縁状態だった二人は、一九六六年に大洪水が襲ったフィレンツェで再会する。長髪にヒゲ面のニコラと軍服姿のマッテーオ。二人の距離は時代の波に引き裂かれていく。

一九六〇年代末に頂点に達した若者たちの異議申し立て運動は、七〇年代には急進化して社会との接点を失った。運動に見切りをつけて正規の職業に就く者、葛藤を抱えつつ社会問題に格闘する者、テロリズムに転じる者、自ら命を絶つ者。映画では、運動に身を投じた若者たちの人生の選択が丁寧に描かれる。

まっとうに生きたかったのに、本意ではない方向に逸れていく姿が、哀しい。だが青春時代に放たれた炎は、白夜に浮かぶ夕日のように、登場人物たちの内面で沈むことなくゆらめき、ときに輝く。それが作品全体に独特のうつくしさを与えている。

原題：La meglio gioventù
制作：2003年
監督：マルコ・トゥリオ・ジョルダーナ

第16章　戦後共和制の時代

北川眞也

イタリアの戦後は、レジスタンスという武装闘争が内包した反ファシズムの民主主義精神を、制度としての民主主義へと移行させることから始まる。それを体現するのが一九四八年の共和国憲法であり、それが保証する現実の民主的秩序にほかならない。だがこの戦後の民主的秩序は、現在に至るまでのあいだに、数々の社会紛争と遭遇、衝突し、大きな変容を迫られてきた。最終的には一九九〇年代初頭に、この戦後民主主義、すなわち「第一共和制」ははっきりと終わりを告げる。それからは「第二共和制」が始まる。第二共和制においては、イタリアの民主的秩序それ自体が恒常的な危機にさらされている。なぜなら、第一共和制に引導を渡した、新自由主義にもとづくグローバル化やEUなどの超国家的なレヴェルの権力のもとに、事実上、第二共和制は包摂されているからである。

1　第一共和制と共和国憲法

一九四六年の憲法制定議会で中心的役割を担ったのは、キリスト教民主主義者、自由主義者、さらには共産主義者、社会主義者だった。この憲法制定過程における左翼の存在は、かれらがファシズムの抑圧を最も受け、レジスタンスで積極的な役割を果たしたという点で自然なことだった。四七年には、イタリアが冷戦の西側に組み込まれることで、レジスタンス以来のさまざまな勢力の結集は終わり、ファシズムの清算も中断する。イタリア共産党やイタリア社会党は政権から排除され、以後はキリスト教民主党中心の政権が長きにわたって維持される。キリスト教民主党は五〇年代半ばから、国家・行政の内部に遍く入り込み、恩顧にもとづいて自らの合意調達システムを構築していく。しかし共産党は、野党であろうとも、経済復興を優先し、革命よりも民主主義を通じた権力奪取を狙うパルミーロ・トリアッティの構造改革路線のもとで、第一共和制の内部において確かな位置を占め続けることとなる。

この憲法制定議会によって仕上げられた憲法の第一条は印象深い。「イタリアは労働に基礎をおく民主的共和国である」。これは第一共和制を象徴する文言だともいえよう。ロシア革命以後の時代に、レジスタンスを担い、広範な大衆的基盤をもつ西側最大の共産党が存在する以上、資本と労働者階級とのあいだの矛盾をあらかじめ前提とし、それが共和国を分裂させるほどに激化しないよう対立を媒介すること、つまり階級闘争を中和し、それを憲法的・民主的秩序の内側へと包摂することが求められたのだ（ネグリ／ハート 二〇〇八）。いわばこの媒介装置として、イタリア共産党や労働組合は機能する。

こうした矛盾を中和し、戦後の経済復興を果たすことが、キリスト教民主党の政治階級にはなにより重要だった。五〇年代には、アメリカのマーシャルプランの恩恵から、北西部のミラノ、トリノ、ジェノヴァを結ぶ工業三角地帯に莫大な投資がなされ、復興への舵が切られる。この復興を現に担った人々、戦後第一世代の主な労働者は、北部の熟練労働者だった。かれらは強い反ファシズムの価値観をもち、イタリア共産党の方針にそって、労働し生産力を発展させ、新たな民主的憲法を現実に適用させることを歴史的使命と感じていた。この労働と生産力の発展に対する肯定的価値が、ある意味では、北部の工場における高い生産性と低い賃金を可能にしたともいえる。安価な労働力、輸出で利益を得られるヨーロッパ共通市場、アメリカ流の技術革新。これらが一九六〇年前後の「経済の奇跡」と呼ばれる成長の土台となった。北部では完全雇用に近い状態が生まれるなど、イタリアは農業国から工業国へと移行し、民衆の生活水準は格段に上昇していく。

他方、戦中から、土地なし農民による土地占拠運動が展開されていた南部では、戦後に土地改革がなされた。しかし、それは問題となった大土地所有制を解体するよりも、温存しながら、土地改革公団などによる援助を通して、南部農民層をキリスト教民主党の勢力下に取り込もうとするものだった。また、一九五〇年には「南部開発公庫」が設立される。これは、統一以来初の南部への計画的な国家介入によって、南部のインフラ整備、のちに工業化を目指すものだった。そして、すぐ後の社会闘争において重要となる、南部から北部への大規模な移住も始まっていた。

こうして形成される「戦後」のなかで、資本主義を黙認する共産党の民主化路線には納得せず、来るべき革命に備え、武器を保持したままの元パルチザンたちもいた。ファシズムの復興をねらう「イタリア社会運動」の大会許可をめぐって、一九六〇年にジェノヴァで生じた激しい反対や衝突からも明らかなように、代表制の内側に社会紛争を回収したいトリアッティ路線と、代表制の外部に表出する労働者、学生、若者の欲望や振る舞いとのあいだには深い溝があった。ここから、戦後の政治的・社会的枠組みに比して過剰な労働者や学生の欲求と、国家、政党、労組などの制度の側の戦略とのあいだの亀裂や敵対性が噴出していく。それが「一九六八年」である。

2　「熱い秋」と学生運動

イタリアの「六八年」は、フランスの六八年などと比しても、異例ともいうべき圧倒的な運動の規模、継続性、強度を有した。一九六八年を起点に置いても、運動はおよそ一〇年は継続した。復興をとげ、世俗化する社会のなかで、こうした欲望や振る舞いはいかに形成、表現されてきたのか。見逃してはならないのは、イタリア共産党やそれに近いイタリア労働総同盟などを媒介とする既存の民主的秩序や代表制にはまるで回収できない断絶や自律性がさまざまに表現されてきたことである。

一九六二年は、労働協約をめぐり、六月からトリノで数十万人が参加する大規模なストライキ（レジスタンス以降最大規模）が実行されていた。七月には、フィアット経営陣との労働協約に、三大労組のひとつイタリア労働連合が単独で合意したことを受け、その事務所のあるスタトゥート広場に労働者たちが集まり、広場を占拠して、暴動を起こす。

暴動が激しさを増すなかで、共産党や労働総同盟は、かれらに解散するよう求めたが、労働者たちが耳を貸すことはなかった。左翼政党と労組は、工場のストと広場の暴動を切り離し、後者を強く批判した。しかし実際には、広場の暴動を担ったのは、ストに率先して取り組んだ若い労働者たちだった。そしてその半分は、南部の田舎からやってきた貧しい移民労働者たちだった。五〇年代から北部の工場で進められたライン生産方式は、共産党の主な歴史的支持基盤だった熟練労働力を解体し、非熟練の単純労働に従事する交換可能な労働力、つまりは南部からの移民労働力を大量に必要とした。レジスタンスや労働運動の価値や伝統とは無縁のこの移民労働者たちの存在は、共産党の指導の下、労働と生産を通して経済発展を目指した復興期との断絶を示す。

工場でもまた、労働者の自発的行動がみられるようになる。さまざまなストライキ戦術、現場監督の工場外への追放、工場内でのデモ行進などが、党や労組の指導とは別に頻発した。要求においても、労働時間の削減、「賃金の檻（地域や職種などによる賃金格差）」の廃止、さらには労組には最も受け入れ難い提案だったが、生産性から賃金を切り離すというラディカルな要求（保証賃金）にまで至っていた。

「熱い秋」と呼ばれた一九六九年は、春からすでに生産の自主削減やゼネストがなされていた。労組は労働者たちに対し、自らの正当性と優越性を誇示するべく家賃ストライキを呼びかけた。しかし、この労働者たちは、工場の外へと飛び出し、家賃ストを実行する大衆地区へと向かった。途中、警官隊と衝突するが、大衆地区の住民や学生はこの手に負えない労働者たちに連帯を示したのだった。バカンス明けの九月以降も、トリノのみならず、各地の工場において、鉄鋼・化学・建設の労働者などによって激しいストや街頭闘争が展開された（図16－1）。

この「熱い秋」は、一二月に労働協約の締結がなされ、制度上は終わりを迎える。その結果は、一九七〇年の「労働者憲章」（職場で労組が代表権をもつ）、一九七五年の物価賃金スライド制（物価が上昇すれば賃金も上昇）といった成果に明らかである。それは、工場の力関係を圧倒的に労働の側へとシフトさせるものだった（鈴木 一九八九、中村 二〇一二）。たとえこの締結自体は労組によってなされたとしても、この成果を得る過程でその存在が顕著に示されたのは、そこには還元されない労働者たちの振る舞い、欲求、運動だった。

その一方、一九六九年は、学生と労働者との連携が理論と行動において模索され、実践されたときでもあった。「経済の奇跡」をとげた社会のなかで、若い学生たちは、レジスタンスや復興期のそれとは別の価値にふれると同時に、ベトナム反戦、ブラックパワー運動、キューバ革命、文化大革命、反植民地闘争という世界の変動に実存的・政治的レベルで触発されていく。

一九六七年二月に、ローマ大学が学生によって占拠されるが、それはピサやトレント、トリノなど、各地へと広がっていく。当初、学生運動は、教授陣をはじめとする大学側への学生の従属、大学における研究・教育の権威主義に異議を申し立てた。しかし運動は、徐々に社会全体が大学や学生に割り当てる役割に対する異議へと展開することで、はっきりと反資本主義的傾向を帯びるようになる。

図16-1　フィアットの労働者たち（仕事終わりの工場前）

出典：AA. VV. (2005) *L'espresso 50 anni. Volume II 1965-1974,* Roma: L'espresso, p. 488

こうした傾向は、理論レベルではすでに表現されていた。普通高校のみならず、職業訓練校から労働者の子どもたちの入学も認めていたトレント大学社会学部（当時イタリア唯一の社会学部）では、社会学研究の中立性を拒否し、学問・研究を階級対立のただなかに位置づける必要性が指摘されていた。トリノでは、体制的・権威主義的な知とは別種の知を求める学生運動が、工場や地区など大学の外へと向かい、そこで新たな知の形態を模索した。この過程において示されたのが、学生を労働者として、つまり形成途中の技能・専門的労働力としてみなす視角だった（Balestrini / Moroni 2005）。この視角は、六〇年代に始まる教育システムの「民主化」が、技術職や専門職の不足に直面した資本の側の要請でもあり、それが八〇年代以降に生産において重要な位置を占める知的労働力の育成でもあったことを予示している。

3　アウトノミア運動と歴史的妥協

一九七三年二月、フィアットの巨大な工場、ミラフィオーリ工場を若い労働者たちが占拠する。ここにおいては、共産党や労組に加えて、一九六八年を機に形成されていたさまざまな新左翼集団による統制もなかった。工場を占拠した労働者たちは、頭に赤いひもをまき、クラクションとタンバリンを鳴らし、闘いの叫び声をあげながら、部門長やスト破りを工場から追い出した。六八年の変化にさまざまなかたちで参加し、文化水準も高く、ドラッグを吸い、ヒッピー的色彩も強いかれらは、イタリア社会の変化を如実に体現している（ベラルディ 二〇一〇：三七三−三七四）。

ここから、戦後の民主的秩序の主役だった雇用された労働者のみならず、失業者、学生、見習い、女性、同性愛者など、ありとあらゆる人々が新たな社会紛争の主役となる。この新たな欲求は、工場のそれから、社会生活のいっさいの問いへと拡大する。家賃、水道、ガス、電気、交通機関の運賃不払い運動、空き家の占拠、さらにはスーパーマーケット、ダンスホール、映画館、レストランへの「襲撃（タダ見、タダ食い、価格交渉）」。家事労働の拒否、自己の身体、自己のセクシュアリティを抑圧する家父長制の拒否（一九七四年の国民投票では、離婚を認める離婚法の存続が決定され、七八年には中絶を認める人工妊娠中絶法が制定されている）。さらには、ボローニャのラディオ・アリーチェによる自由ラジオ放送のようなさまざまな新しい知的・文化的実験。人々は、合法違法を問わずに、家、衣類、日用品に至るまで、ありとあらゆるものを共有した。これは犠牲や禁欲のためではない。この議会外左翼の数々の自律的運動、すなわち「アウトノミア」の直接行動に含意されていたのは、生産から切り離された賃金、所得の要求であり、それによって労働から解

図16－2　1977年３月13日のボローニャの大学地区

出典：G. Veronesi, a cura di (2008) *Gli anni di marzo. È accaduto a Bologna*, Bologna：Minerva Edizioni, p. 2

図16－3　赤い旅団に誘拐されているモーロ元首相

出典：AA. VV. (2005) *L'espresso 50 anni. Volume III 1975-1984*, Roma：L'espresso, p. 57

放され、自らの能力を自分たちの歓び、豊かさのために使うという欲望だった（ベラルディ 二〇〇九、麻生 一九八三、一九八六）。

一九七七年に頂点を迎えるこの運動は、要求をあげそれを政治家や制度に聞いてもらうことを目的とするよりも、おのれの力量で新たな集団的・自律的生を実験し構築するものであり、まさにそうであるがゆえに、労働に基礎をおき、労働を媒介として社会紛争を中和してきた戦後の憲法秩序や民主的秩序には包摂しようのないものだった。

しかし、こうした議会外の運動は、一九七三年九月にイタリア共産党の採用した「歴史的妥協」の深化によって挑戦を受ける。七〇年代にキリスト教民主党の得票率に肉薄していた共産党のこの戦略は、キリスト教民主党を中心とする与党勢力との広範な同盟を意図したものであり、混乱する政治・経済状況を短期的に回復・安定させるための企図だった。しかし、それは事実上の挙国一致内閣を生むことで、代表制民主主義のみを正統な政治的回路とし、その外側での政治的要求を反国家的企図として裁断する状況を開くこととなった。歴史的妥協は、複数化する欲求を表現していた大衆運動を、武装集団や「テロリズム」と同一視し、弾圧することとおよそ同義だったのだ（酒井 二〇〇〇）（図16－2）。

すでに、一九六九年一二月のミラノ・フォンターナ広場の全国農業銀行における極右・国家諜報機関による爆弾テロで、その幕は開けられていたが、こうして「鉛の時代」と呼ばれる国家テロ、また左右からのテロが頻発する月日が訪れる。一九七八年三月には、キリスト教民主党のアルド・モーロ元首相が極左武装組織「赤い旅団」によって誘拐され、五月に遺体で発見される（図16-3）。翌七九年四月には、労働・大衆運動のなかで理論・政治活動をおこなっていたアントニオ・ネグリらパドヴァ大学の教員や、アウトノミア運動に関わるその他の知識人が、国家転覆罪などの容疑、要は「テロ」容疑で逮捕、予防拘禁された。ネグリは、赤い旅団の指導者としてモーロ元首相の暗殺に関わったとさえされた（冤罪である）。緊急事態の名の下で、司法や警察に超法規的権限が与えられることで、戦後の民主的秩序は中断、消去されていく。大衆運動と武装集団が同一とされるなら、社会紛争の媒介や中和といった過程は、国家にとってもはや不要でしかなくなる（酒井 二〇〇〇、中村 二〇一二）。

経済的には、緊縮と犠牲の精神を説いた共産党の路線、さらにインフレ、賃金上昇、生産性の停滞が顕著で、公債に依拠していた財政危機下に、歴史的妥協を支持した労組の選択は、狭い意味での労働者を保護することを意味した。それは、増え続ける不安定な労働者、失業者、新たな知的・社会的労働者など、再生産の「重荷」となる賃金や歳出を縮小することと同義だった。前年に「テロ」への関与を理由に六一人の戦闘的な労働者を解雇していたフィアットは、一九八〇年に経営危機を理由に三万人の解雇を発表する。これに対し、共産党や労働総同盟によって支持された労働者の三五日間にわたる工場占拠がなされたが、失敗に終わる。しかも「労働は労働することでのみ守られる」と唱える技術労働者や事務系職員などによる四万人の反ストライキデモによる帰結だった。この資本の側の勝利を機に、八〇年代に「第二の奇跡」を生んだ新たな体制への転換がおこなわれていく（鈴木 一九八九）。

4　新自由主義と第二共和制

「第二の奇跡」の主人公は、主体的におのれの能力を労働へと投入し、それを鍛錬し、自営業、自己搾取にすすんで従事する労働者である。強調されるべきは、八〇年代のこの「自律的労働者」（資本からの自律ではなしに、資本のなかの自律）が、七〇年代の自律的《アウトノミア》運動において表現された知的・文化的実践を引き継いだ存在であることだ。かれらは、企業家・経営主あるいは国家による指令ではなく、知やコミュニケーションの生産を通した協働によって、自らが積極的に組織形成と労働に従事する。金融、マーケティング、ファッション、デザイン、サービス、さらにはベネトンのような「メイド・イン・イタリー」のブランドを生産・輸出する、「第三のイタリア」［第17章を参照］と呼ばれた北東部・中部、また南部の一部にも広がる家内規模の中小企業において、こうした自律的労働者が主役へと躍り出た。

八〇年代にこうした生産活動のなかの自律性をすくいあげたのが、イタリア社会党書記長ベッティーノ・クラクシだった。（政治的）自由を制限する歴史的妥協の重苦しい時代の合間をぬって、クラクシは生産部門において重要な役割を担うこうした（経済的に）自由な労働者を代表することに成功した（ヴィルノ 一九九七）。八〇年代の政党政治は、クラクシを代表とした五党連立（キリスト教民主党を含む）によって運営される。他方、野党のイタリア共産党は、一九八〇年のフィアットでの敗北以降、衰退を辿る。八五年には、「熱い秋」の成果たる物価賃金スライド制の改革においても敗北する。最終的には、ベルリンの壁の崩壊にともない、一九九一年二月に解党した。

忘れてならないのは、八〇年代の自律的労働者の「活躍」は主として、大企業の多様な要求にそった一種の下請けでもあり、その指令に従うかぎりで、かれらは自律的たりえたということだ。当然、これは労働の非正規化や不安定化とも連動している。こうした生産の再編のなかで、脱税、違法労働、「不法」移民の搾取、マフィアの躍進など、非公式《インフォーマル》な経済もいっそう広がりをみせる。一九八四年には、国家介入によって南部の低開発の「是正」を目指してきた南部開発公庫が廃止された（九二年に後継組織も廃止）。三〇年以上にわたり介入がなされたが、北部と南部の経済格差は、縮小するどころか、拡大した。社会保障の削減、公共領域の民営化＝私営化、労働への自己投入、民主主義の宙吊りなど、このいわゆる新自由主義は、九〇年代に入りいっそう加速する。

イタリアがグローバルな新自由主義に深く巻き込まれている現実は、一九九二年の経済・政治危機においてはっきりと顕在化する。GDPの一〇〇％に達する財政赤字は、当時のEMS（欧州通貨制度）からの離脱を強いた。それ以上の赤字を許さないEMSという外的制約のために、競争力と財政収支を回復させるべく、イタリアは緊縮策を実行に移し始める。物価賃金スライド制の完全廃止、国営企業の私営化（二〇〇〇年代初頭までに、程度の差はあるが、電話、エネルギー、高速道路、鉄道など）、年金受給年齢の引き上げなどがなされていく。一九九九年からのユーロへの参加にせよ、二〇〇八年からの金融危機にせよ、このような超国家レベルからの圧力や指令が、イタリアの政治・社会を大きく方向づけていく。弱体化する労組は、政府や雇用主団体と共同歩調をとり、また恩顧にもとづいた「イタリア流」の合意調達システムは用なしとされていく（Vercellone 1996；Rossi 2012）。

一九九二年は、政治的にも重大な変化が起こる。すでに実質的には危機にあった「第一共和制」が形式面においても瓦解する。クラクシを含む連立与党の政治家が関与した大規模な汚職収賄スキャンダル「賄賂都市《タンジェントーポリ》」が発覚し、「清潔な手」と称された司法捜査が、キリスト教民主党を事実上壊滅させるに至る。キリスト教民主党、共産党、さらには社会党も解党することで、第一共和制は完全に潰え、「第二共和制」への移行が始まる。

戦後の、憲法秩序や民主的秩序の危機と新自由主義化が、イタリアの社会統合を危機へと陥れるなかで、北部では北部同盟という政党が躍進する。南部では、マフィアと長期間の同盟を保持してきたキリスト教民主党の影響力の低下にともない、経済的な自立を高めるマフィアと国家との戦闘が激化する。反マフィア捜査にあたっていた二人の判事がマフィアによって殺害された。他方、九二年の国政選挙で躍進を果たした北部同盟は、「ローマは泥棒」というスローガンで、北部の富が、中央集権（福祉）国家によって税金として吸い取られ、それが南部にばらまかれていると声をあらげた。ヨーロッパのなかでも最も生産力・競争力のある北部が、ヨーロッパ通貨統合、さらには（新自由主義の）グローバル化から排除されるとして、かれらは連邦制、ときに分離要求を打ち出すのだった（二〇〇一年に憲法改正がなされ、州の自治権が強化された）。

この社会統合の危機の過程で、ポピュリズムとナショナリズムをひっさげ、政界に登場したのが、メディア企業家シルヴィオ・ベルルスコーニである。彼は一九九四年三月の総選挙に出馬し、すぐさま勝利した。「第二共和制が試みねばならないことは、その統治の形態や手続きを、すでに生産の領域や労働市場で生じている変容に適応させること」（ヴィルノ 一九九七：二五四）であるなら、ベルルスコーニの躍進は、政治がコミュニケーションや情報の生産に基づく新たな労働と資本主義のなかに定位していることを如実に示す。自らの企業活動との連続線上において政治活動に従事するベルルスコーニの勝利は、メディアの単純な政治利用というより、情報ネットワークのなかで自律的労働に従事する企業家のような力量、いわば「政治的企業家」としての力量による。こうして種々のメディア空間に、ベルルスコーニに関する世論が形成され、宙吊りにされたはずの対立を媒介する合意形成の場が、メディア空間上にまるで存在するかのような「民主的」見せかけが用意されるのである（酒井 二〇〇〇、北川 二〇一〇）。

そこから、ベルルスコーニの政党「フォルツァ・イタリア（がんばれイタリア）」と、北部同盟、国民同盟（イタリア社会運動から発展）によって、中道右派連合「自由の極」が形成される。他方で、共産党解党後の左翼は、左翼民主党と共産主義再建党に分裂して再出発した。左翼民主党（のちに民主党）を中心とした中道左派の連合体「オリーブの木」もまた国政選挙では幾度か勝利した。双方ともに、名称の変更や同盟関係の解消・変化も重ねていくが、昨今までは、中道右派と中道左派の二極体制が、代表制の主要な枠組みであり続けてきたといえよう（詳細は、伊藤 二〇一六）。

5　グローバルな新自由主義への抵抗

このようにグローバルな新自由主義化が、イタリアの民主的秩序を大きく改変し、社会的・経済的不平等を拡大させる過程で、九〇年代前後になると、この趨勢に反対する新たな運動が出現する。

一九八九年八月、ミラノの社会センター「レオンカヴァッロ」が強制撤去されたとき、イタリア各地からさまざまな人たちが集まり、デモや集会がおこなわれた。九〇年代には、都市部を中心に、この「社会センター」が広がりをみせる。社会センターとは、主に議会外左派のスクウォット空間のことである。空き家や工場跡地、公共の建造物など放置されたままになっている建物を占拠し、それを自らの政治的・社会的・文化的活動の場所へと改変する。こうした空間は、七〇年代の自律的《アウトノミア》運動のなかでも出現したが、元来、自分たちの欲する生を実践する場所として設けられてきた社会センターは、直接民主主義による意思決定を採用する。また地域住民との関係も重視し、地域に不足するさまざまな文化的実践（コンサート、映画上映、演劇、バー、インフォショップなど）、社会的実践（保育園、食堂、移民との協働）を、市行政や制度から自律して占拠空間で運営することを目指してきた（伊藤 一九九九、北川 二〇一〇）。

そして社会センターから、非正規労働者や失業者の運動「白いツナギ」が出現する。白いツナギとは、正規労働への従事を通して約束されてきたあらゆる権利・保障を欠いて代表回路の外にいる不可視の不安定労働者たちのことである。かれらは、生産・労働から所得を切り離す保証賃金・保証所得をいっそうはっきりと要求する。さらに二〇〇〇年代には、こうした不安定労働者階級《プレカリアート》のメーデー「ユーロメーデー」が組織されるなど、若者を中心に、不安定性《プレカリティ》の問題が社会的に可視化されていく（伊藤 二〇〇六）。

二〇〇一年七月、ジェノヴァでG8が開催された。G8に反対するおよそ三〇万人、七〇〇以上の集団がジェノヴァに集まった。住民の大半が退去した街は、治安上の理由で、広範囲の立ち入り禁止地帯が設けられた。デモ隊と警官隊とのあいだで激しい衝突が起こったが、警官隊による若者の殺害、捕えたデモ参加者たちへの拷問など、暴力的な取締りがなされた。

ジェノヴァは、一九九九年のアメリカ・シアトルでのＷＴＯ（世界貿易機関）閣僚会議への異議申し立てにおいて、その姿を現していたオルタナティブなグローバル化運動と、九〇年代を通じて社会センターなどに蓄積されてきたイタリアの諸運動との出合いの場でもあった。ここにおいては、ただイタリアというより、イタリア社会に不安定性と不平等をもたらしている新自由主義と、それを推進する政府、そしてグローバルな機関や多国籍企業が問題とされた。相異なる主題に取り組む世界各地の諸運動と接続しあったジェノヴァの運動は、イタリアで初めて姿をみせた新自由主義的なグローバル化に抗するグローバル運動だったのだ（北川 二〇一〇）。

6　共有材運動とＥＵの緊縮命令

ＷＴＯや世界銀行、トロイカ（欧州中央銀行、ＥＵ、国際通貨基金）の進める代表制民主主義の制約を受けない新自由主義への抵抗において、昨今、鍵となっている言葉がある。それは「共有材」という概念である。

この概念はさまざまに議論されているが、イタリアでは二〇一一年六月の水あるいは水道事業の私営化をめぐる国民投票をきっかけに、社会的な広がりをみせることとなった。私営化法案に反対する諸運動が、万人の共有材としての水というアイデアを展開したのだ。この国民投票では、原子力政策も拒否（チェルノブイリ原発事故後の一九八六年にも一度拒否されている）されたが、水という万人が生きる上で不可欠な天然資源を企業の利潤のもとに置くという新自由主義的な政策それ自体に対する反対（正確には、私営化法案の撤回に賛成ということ。賛成が投票全体の九五％）によって、一見すると直接それとは関係しない主題に取り組む人々にも大きなインパクトを与えた。ここから天然資源のみならず、教育や文化、労働、公共サービス一般をも資本や国家の所有と相容れない共有材として、その民主主義的利用を目指し、

図 16－5　ヴァッレ劇場の前の様子
出典：著者撮影

図 16－4　スーザにおける高速鉄道建設反対運動「NO TAV」のデモ
出典：著者撮影

私営化に抗う共有材運動がさまざまに展開される。市民のみならず、法学者や法律家が積極的に関与するこの運動（の一部）は、主として、議会外からイタリア共和国憲法のいくつかの条文を利用することで、新自由主義の進める私営化を憲法違反とし、ＥＵの指令、企業や国家の略奪から共有材を取り戻そうとする（Bailey / Mattei 2012；Mattei 2013）。

トリノの西に位置するスーザ渓谷では、アルプス山脈にトンネルを掘る高速鉄道（ＴＡＶ）の建設に反対する住民運動が、二〇年以上続いているが、水の私営化をめぐる国民投票後に、建設予定地が一カ月にわたり占拠された。この運動の参加者や目標は多様で、共有材のそれへと決して還元できないが、共有材としての「土地」というイメージが、反対運動の全国規模への広がりにおいては重要だったとも考えられる（図16－4）。

他方、国民投票の翌日に、ローマでは私営化の対象となっていた伝統あるヴァッレ劇場が、芸術労働者たちによって占拠された。それは、文化への公的支出の削減によっていっそう不安定化するかれらの労働・生活を可視化させた。さらに、占拠され自主管理される劇場では、さまざまな芸術・文化活動がなされ、憲法にもとづいた共有材の自律的運営をめぐる議論が展開された（図16－5）。ほかにも大学の私営化への抗議、二〇一五年のミラノ万博への反対運動、シチリアの米軍新レーダー施設反対運動などでも、共有材という言葉は用いられてきた。こうした運動を担う人々の欲求や振る舞いはきわめて雑多で、共有材または共有という言葉の解釈も、

「公共」との差異や私的所有権との関係などをめぐりさまざまではあるが、それが新自由主義に抗するひとつの政治的想像力として広まりをみせてきたのは確かだろう。

水の私営化をめぐる国民投票の結果は、EUの政治階級にとっては驚異であり、かれらのベルルスコーニに対する不信を決定的なものとした。EUからの圧力は、数々の疑惑の渦中にあっても、第二共和制において合計で約一〇年に及ぶ長期政権を築いたベルルスコーニを、二〇一一年一一月に退陣させるほど絶対的だった。これは現代のイタリアにとって、EUやグローバルな金融資本の指令がいかに強力であり、それが国家レベルの代表制民主主義をいかに無効化するものであるのかを引き続き明らかとする。後を継いだのは、投資銀行ゴールドマンサックスの元国際顧問で、トロイカの路線を踏襲するマリオ・モンティであった。かれの組閣した実務家《テクノクラート》内閣は、ギリシアのような危機を避けるという緊急事態の名の下で、民衆や労組、民主的秩序などは二の次に、公債の縮減、公益事業や労働市場の規制緩和、教育・研究への歳出削減、さらなる緊縮策と私営化を推し進めるのだった。

こうした状況において、北部同盟、カーザパウンド、コメディアンのベッペ・グリッロ率いる「五つ星運動」など（もちろんここで名を挙げた運動が同じ志向性をもつわけではない）、反EUを掲げ、他のヨーロッパ諸国と同様に、移民への人種主義的な言辞を弄する政党・運動が勢いを増してきている。

戦後の憲法秩序は、はじめに一九六〇～七〇年代の労働・大衆運動によって拒否され、次に一九八〇～九〇年代以後の新自由主義化によって拒否された。モンティ以後は、それはより明白である。これは、戦後の秩序が終焉を迎えたこと、そして新自由主義的なヨーロッパの新たな多元的枠組みの内側でしか、イタリアの現実、社会紛争を考えられないことを示している。

参考文献

麻生令彦（一九八三）「クロニクル　七〇年代イタリア革命的左翼」『インパクション』二五号、一四－二六頁。

———（一九八六）「「クモの戦略」へ向けて アウトノミア」『現代思想』一四（七）号、二三二‐二三七頁。

伊藤公雄（一九九九）「空間の政治学に向けて」アンテルナシオナル・シチュアシオニスト『武装のための教育』木下誠訳、インパクト出版会。

———（二〇〇六）「聖プレカリオ降臨」『インパクション』一五一号、一〇‐一八頁。

伊藤武（二〇一六）『イタリア現代史』中公新書。

ヴィルノ、P（一九九七）「君は反革命をおぼえているか？」酒井隆史訳『現代思想』二五（五）号、二五三‐二六九頁。

北川眞也（二〇一〇）「イタリア、一九七七年以後」ベラルディ（二〇一〇）所収。

酒井隆史（二〇〇〇）『自由論』青土社。

鈴木桂樹（一九八九）「イタリア「福祉国家」の危機と変容」田口富久治編『ケインズ主義的福祉国家』青木書店。

中村勝己（二〇一二）「鉛の時代から消費社会へ」北村暁夫・伊藤武編著『近代イタリアの歴史』ミネルヴァ書房。

ネグリ、A／ハート、M（二〇〇八）『ディオニュソスの労働』長原豊・崎山政毅・酒井隆史訳、人文書院。

ベラルディ、F（ビフォ）（二〇〇九）『プレカリアートの詩』櫻田和也訳、河出書房新社。

———（二〇一〇）『NO FUTURE』廣瀬純・北川眞也訳、洛北出版。

Bailey, S. / Mattei, U. (2012) "Social Movements as Constituent Power : The Italian Struggle for the Commons," http://uninomade.org/wp/wp-content/uploads/2012/10/Social-Movements-as-Constituent-Power.pdf
Balestrini, N. / Moroni, P. (2005) *L'orda d'oro : La grande ondata rivoluzionaria e creativa, politica ed esistenziale,* 3a ed., Milano : Feltrinelli.

Mattei, U. (2013) "Beni comuni," http://www.euronomade.info/?p=162
Rossi, U. (2012) "There's No Hope : The Global Economic Crisis and the Politics of Resistance in Southern Europe," *Belgian Journal of Geography,* 2012 (1-2).

Vercellone, C. (1996) "The Anomaly and Exemplariness of the Italian Welfare State," P. Virno / M. Hardt eds., *Radical Thought in Italy : A Potential Politics,* Minneapolis-London : University of Minnesota Press.

第17章　戦後経済と「第三のイタリア」

松本敦則

イタリア経済の特徴を語るとき、最初に思い浮かぶのは、中小企業や職人からなる伝統的なモノづくりである。自動車産業でいえば、フィアット、フェラーリ、ランボルギーニ、マセラッティ、アルファロメオなどが挙げられる。そのほかの産業でいえば、皮革バッグ、製靴、家具、繊維、機械、金属などがある。これらの伝統的な産業は、モノづくりを基盤としつつ、個性的なデザイン力を駆使し、国際的な競争力をもっている。そんな魅力的な企業がイタリア経済を牽引してきたのである。

本章では、戦後のイタリア経済の発展過程において、伝統的なモノづくり産業の変遷や地域性、その特徴について概観し、とくに「第三のイタリア」誕生にいたる歴史的経緯を取り上げていきたい。

1　経済の奇跡

第二次世界大戦後、国土が荒廃と化したイタリアでは、大戦中に軍需工場となっていた企業も多くの設備や機械が消滅し、経済は混乱していた。工業生産は戦前の四分の一まで落ち込んでいた。経済復興が第一の課題となった政府は、マーシャルプランなどの資金を特定の地域や産業に重点的に投入するいわば「傾斜生産方式」を導入した。

図17－1　FIAT 600（1955年）
出典：Casamassima (2003) p. 107

その中心地は北西部の工業三角地帯である。これらの地域には、自動車のフィアットやアルファロメオ、タイプライターで知られる事務機器のオリベッティ、タイヤ・ゴムのピレッリ、造船・重工業のアンサルド、化学産業のモンテカティーニなど、イタリア産業の顔ともいえる大企業が工場を置いていた。

これらの大企業は、アメリカの自動車会社フォードが生み出した、いわゆるフォード型の大量生産システムを採用していた。政府は、これらの産業に復興資金を投入することにより、経済成長を加速させ、多くの雇用を生み出し、国民の所得水準を上げることを目指した。

一九五〇年に始まった朝鮮戦争の特需や政府の公共投資、一九五七年のＥＥＣ（ヨーロッパ経済共同体）発足の効果などで、イタリア経済は投資、輸出とも大幅に増加した。それまでのイタリアは欧州内では農業国というイメージがあった。事実、当時の人口の五〇％が農村に暮らしていたが、この朝鮮戦争を契機に、雇用も農業部門から工業部門へ、さらに南部から北部へと大量の労働者の移動が起こった。イタリアは、この時期に工業国としての地位が確立されていったのである。その結果、一九五〇年代後半から一九六〇年代前半にかけて、経済成長率は一〇％を超え、「イタリア経済の奇跡」と呼ばれるようになった。

この奇跡の成長の中心企業であり、象徴的存在となったのがフィアットである。一八九九年にトリノでジョヴァンニ・アニェッリらの共同出資により、小さな自動車会社が設立された。フィアットとは、トリノ・イタリア自動車製作所（Fabbrica Italiana Automobili Torino）の頭文字をとったものである。フィアットの将来の目標は、陸・海・空で世界的な企業になることであった。初期の巨大な工場はトリノのリンゴット地区に建てられたため、現在でもテレビや新聞などで「リンゴット」という言葉はフィアットのことを指す用語として使われている。

一九五五年には「セイチェント（六〇〇）」という四人乗りの大衆車が発売され大きなブームとなった。この時期、直接、間接を問わずフィアットに関係のある仕事をして生活している人はトリノの人口の半分いたといわれるほど、フィアットの業績は順調に拡大し、トリノだけでなく、イタリア全土に影響力をもつようになっていった。

トリノのフィアット工場には全国から、とくに南部から大量の労働者が流入した。彼らは平日、工場で働き、週末はフィアット・グループが所有するサッカーチーム「ユヴェントス」を応援した。フィアットは仕事から娯楽まで提供したのである。現在でもユヴェントスがサッカーリーグ・セリエAで一番の人気チームであり、熱狂的なティフォーゾ（サポーター）を全国にもつのは、多くのフィアットの労働者が退職後、故郷に戻ってからもトリノ時代に熱狂したユヴェントスを応援しているからだといわれている。

この奇跡の成長の中心である工業三角地帯は、のちに「第一のイタリア」と呼ばれることになる。

2　「熱い秋」と石油ショック

一九六〇年代半ば以降、イタリアの経済成長率は鈍化の傾向にあったものの、大企業は高度成長の波に乗り業績を上げていった。フィアットの自動車工場は二〇を超え、バス、トラック、トラクターなどの生産を拡大していった。一九四六年にはフィアットの年間生産台数は五万台だったが、一九六六年には一七〇万台にまでなっていた。

この時期、大企業にとっては経済成長の波に乗り、工場の拡大や生産性向上が図られていったが、その反面、経済成長を下支えする労働者への意識が薄れ、長時間労働や工場内での事故増加など、労働者にとっては職場環境が劇的に悪化していた。さらにトリノではイタリア全土から大量に流入してきた労働者の住宅整備も追いつかず、定住する住居がないまま、工場で働かざるを得ない労働者が増えていった。賃金は多少上がっていたものの、物価高などで生活水準は

図17－2　サン・カルロ広場での大規模なストライキ（トリノ，1971年）
出典：Casamassima (2003) p. 119

あまり上がらず、労働者は不満を募らせていた。

一九六九年、ついにフィアットをはじめミラノのピレッリなど、労働者の不満は爆発し、工場内で激しい抗議運動が起こった。大規模なストライキ、デモ、工場占拠、サボタージュなどが頻発した。「熱い秋」と呼ばれる労働運動の始まりである。その労働運動の中心となったのは、とくに南部から流入してきた生活の苦しい労働者とそれに呼応した社会に不満をもつ学生たちであった。

イタリアの労働組合は三つの主要組織に大別される。最大組織で闘争も厭わない左派系のイタリア労働総同盟（CGIL）、カトリック系のイタリア労働組合同盟（CISL）、中間派で穏健なイタリア労働連合（UIL）である。それまで、これらの労働組合は政治的・イデオロギー的な問題で対立が続いていたが、この労働運動の高まりにより、協働し統一行動をとるようになった。

こうした労働組合側の努力が実り、一九七〇年に労働組合は企業から工場における職場環境の改善と平等な賃金を定めた「労働者憲章」を勝ちとった。労使対立も実質、労働者側の勝利という形で幕を閉じた。

フィアットも他の大企業と同様に、数年にわたる労使対立の敗北の結果、労働コストの上昇、労働時間の短縮、生産性の低下という痛手を負い、その体力を徐々に奪われ疲弊していったが、ここでさらなる苦境が訪れる。一九七三年に始まった第一次石油ショックである。エジプト、シリア、イスラエルなどの中東地域で戦争が始まり、原油価格が急騰して世界的に混乱が起こった。イタリアは日本同様、エネルギー資源に恵まれず、大部分を輸入に頼っていたため、経済は大きな打撃を受けた。

フィアットは、ガソリン価格や原材料の高騰、世界的な景気低迷により自動車が売れなくなり、破綻の危機に追い込まれた。この時期、政府による日曜日の自動車運転禁止という施策もおこなわれるなど、フィアットにとって厳しい状況が続いた。その結果、一九七六年には、地中海を隔てた所に位置し、産油国であり、旧宗主国であり、長年関係の深かったリビアのカダフィ大佐から資本を受け入れざるを得なくなった。

それでもフィアットは一九八〇年に、大きな転機を迎える。経営破綻を回避するため、グループ企業全体で約二万人もの労働者の解雇を言い渡した。労働組合側がこれを拒否し、大規模なストライキやデモがおこなわれた。しかし、ストライキがひと月を超えたころ、いっこうに進展しない状況と、長期のストライキにより収入が減っていた労働者側からも不安や疑問の声が上がった。さらに、フィアットの労働者を相手に商売をしていた商店主など四万人が反対デモをおこないストライキを中止させた。この事件は、実質、フィアット側の勝利に終わり、これをきっかけに労働組合の力は弱まった。フィアットは工場や従業員を整理し、企業の立て直しを図ることができた。

フィアットだけでなく、労働コストの上昇に悩んでいた多くの大企業は、効率の悪い製造部門を外注化すると同時に、工場内の余分な生産設備を地元の職人や中小企業、退職した労働者に譲渡した。この結果、北東・中部地域にこれらの設備を手に入れた職人や中小企業群が生まれ、その後の「第三のイタリア」の経済発展につながっていく。

3　南北問題

一九五〇年代、北部を中心に産業振興を図っていた政府は、それまでほとんど手を付けてこなかった南部の問題に取り組み始めた。ここでいう南部とは、一般的にナポリを中心とするカンパーニア地方以南やサルデーニャ、シチリアなどの島嶼部がある地域を指す。

南部は工業化が遅れており、穀物、柑橘類、ぶどう、オリーブなどの農業や牧畜中心の地域であった。そのため、現

図17－3　南部に作られたフィアット・カッシーノ工場（1973年）
出典：Galli (1997)

実の問題として南部には雇用の受け入れ先がなかった。失業率は増大し、多くの労働者は北西部の工業三角地帯に仕事を求めて移動していった。その結果、北部は潤い南部は疲弊するという悪循環が起き、南北の経済格差が拡大していった。これらの地域は経済的区分として、のちに北西部にある「第一のイタリア」、北東部・中部に出現する「第三のイタリア」と対比され、「第二のイタリア」と呼ばれることになる（図17－4）。

その経済格差を解消するため、政府は一九五〇年に南部開発公庫を設置した。そこで実施された政策のひとつが、政府主導による南部への公共投資や工場建設である。自動車や鉄鋼、石油コンビナートなど重化学工業を誘致し、北部から移転させた。

一九六四年には、南部開発公庫が主導し、国家持ち株会社傘下の製鉄会社イタルシデルがプーリア地方ターラントに欧州でも最大規模の製鉄所をつくった。しかし、身の丈に合わない規模と技術的水準が高くなかったため、製鉄所は機能しなかった。日本の新日本製鉄が協力をすることになり日本から技術者を派遣したが、うまくいかず新日本製鉄も最終的には手を引くことになった。

一九七〇年代以降、フィアットもこの南部政策に参画しアブルッツォ州やシチリア州などに複数の工場を設立した。同時期には業績不振によりイタリア産業復興機構の傘下にあったアルファロメオが、ナポリ近郊のポリミアーノ・ダルコに自動車工場を設立。一万五〇〇〇人もの従業員を雇用した。一九八六年にアルファロメオは経営不振によりフィアットの傘下に入り、この工場も受け継がれたが、現在の従業員は設立当初の三分の一となっている。

結論から言うと、この南部政策は失敗に終わった。その原因はいくつかある。まずは、南部では採算性が悪かったことである。政府の政策は設備投資に重点を置き、鉄鋼などの資本集約的な重化学工業に投資を集中させた。そのため、北部から大企業工場を移しただけのような形になってしまった。地域内の企業間による分業は発達せず、また労働者の職業教育に投資をしなかったため、南部の人が自ら企業家精神を発揮し、会社を設立するという循環が生まれることはなかった。

次に、労働者の賃金コストが高かったことが挙げられる。労使対立の後、労働組合が労働協約を勝ちとったことは先に触れたが、この協約では賃金は北部、南部にかかわらず統一のものであった。生産効率が悪くても賃金は北部と同じにしなければならなかった。その他、マフィアの存在や官僚の腐敗、怠慢など、南部特有と思われる現象もあった。

一九五〇年代以降、政府は多くの投資を南部に施したが、大きな成果を生むことができなかった。このことが、イタリア北部の一部で大きな批判を生むことになった。「北部で稼いだお金でなぜ南部に投資をして助けるのだ。どれだけ南部に資金をつぎ込んでも、まったく発展していない。お金の無駄だ。北部で稼いだお金は北部で使うべきだ」という声が一九八〇年代後半から出てきはじめ、それが、現在の北部独立を目指す政党の結成につながっているのである。この南北問題は、今後も簡単に解消されることはないであろう。

4 「第三のイタリア」出現

労働争議や石油ショックなどにより一九七〇年代のイタリア経済は停滞していたが、一九八〇年代半ばになると、実は経済が成長していることが統計より明らかになった。「イタリア経済第二の奇跡」といわれる現象である。

統計をよくみると、この経済回復の原動力はイタリア北西部でも南部でもない、イタリア北東部・中部であった。ボローニャやモーデナを中心とするエミリア・ロマーニャ州、フィレンツェやプラートを中心とするトスカーナ州、アンコーナを中心とするマルケ州、ヴェネツィアやヴィチェンツァを中心とするヴェーネト州などの地域であった。これが、いわゆる「第三のイタリア」と呼ばれる地域である（図17-4）。

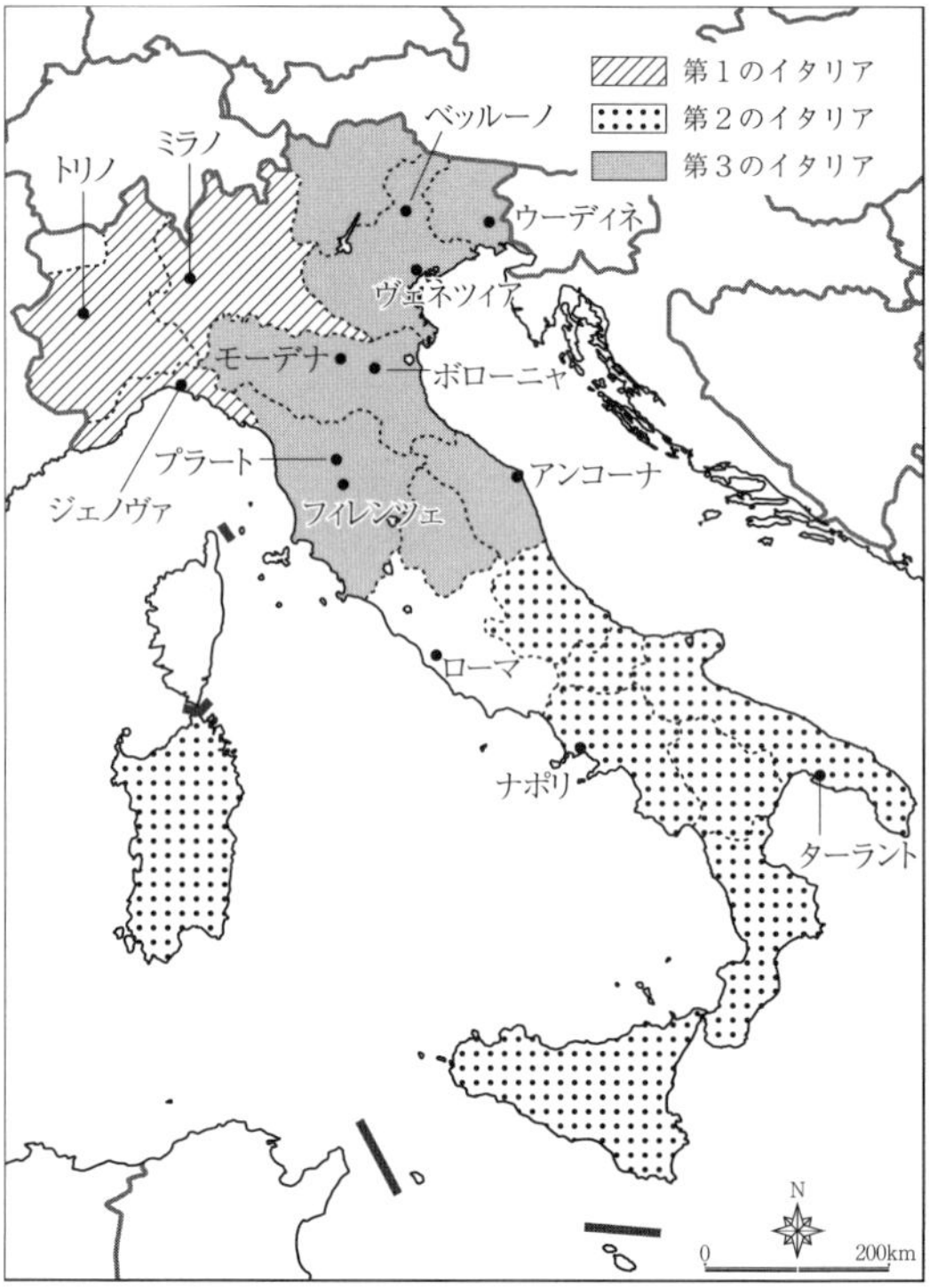

図 17－4　イタリアの経済地域区分

第二次世界大戦後、これらの地域は政府からマーシャルプランなどの復興資金をほとんど投入してもらえなかった。なぜなら、もともと雇用を生み出すような大きな企業がほとんどなかったことにくわえ、ヴェーネト州を除くこれらの地方政府は左派政権が強く、いわゆる「赤の地域」と呼ばれ、中央政府からはいわば無視された存在だったからである。

これらの地域の職人や中小企業は、そのような状況のなか、中央政府や大企業に頼ることができなかったため、職人組合や協同組合を組織し、みんなで助け合うという戦略に出た。みんなでネットワークを組んで、お互い協力しながら最終製品を生産していくということである。同時に、この地域には大きな銀行も存在していなかったため、事業資金が必要なときは、みんなで資金を出し合うという、いわば無尽の相互扶助の仕組みを確立していったのである。

もともとトスカーナ州やマルケ州を中心とする中部は、ぶどうや穀物の生産が主であったが、折半小作制が採用されていた。この制度では、地主から土地を借りている小作人は、生産した農作物の半分を納めればよいことになっていた。つまり、小作人は一定の土地のなかで作れば作るほど多くの穀物が収穫でき、自分に多く収入が入った。地主もまた小作人の収穫が増えれば増えるほど自分の収入も増えるという構造になっていた。このことが、いわゆる企業家精神を高める要因となり、のちに北東・中部地域で企業家精神を発揮する中小企業群が現れてきたのである。

一九七九年にフィレンツェ大学経済学部教授のジャコモ・ベカッティーニが、この中小企業のネットワークに関心をもち、フィレンツェ近郊のプラートという街で職人と中小企業の研究をおこなった。ルネサンス時代の影響を残すプラートはアルノ川沿いで良質の水が豊富にあったため、繊維、衣料産業が発達しており、その産業の成立過程や産業構造を調査したのである。

そこで明らかになったことは、この地域特有の「産業集積」の仕組みである。産業集積とは、一般的にいうと、ある特定の地域に特定の産業が集中して存在している地域である。日本でいう地場産地に近い概念である。しかし、ベカッティーニは、プラートの産業集積には、ただ単に特定の地域に特定の産業があるだけでなく、「ある種の歴史的、文化的、宗教的、社会的価値を共有する基盤があるので、相互信頼関係が成り立つ。これらの価値の共有があるからこそ、各個人のもつリスクをお互いに取り合って起業し、各職人や中小企業が円滑に安心して製造工程を分担・補完することができる」と指摘した。まさに、家族愛や郷土愛が強い、イタリア産業の仕組みを明らかにしたのである。

さらに、この地域は、『第二の産業分水嶺』（ピオリ／セーブル 一九九三）で、国際的に知られるようになった。彼らは、この地域の、大企業によるフォード型の大量生産システムではなく、職人や中小企業による分業とネットワークを通じて多品種少量生産を実現するシステムに注目し、「フレキシブル・スペシャリゼーション（柔軟な専門化）」と呼んだ。

このような職人と中小企業からなる「第三のイタリア」地域は、新しい産業の仕組みとして世界中から脚光を浴びた。この現象を受けて一九八〇年代半ば～二〇〇〇年前後まで、日本からも多くの研究者や、中小企業経営者、商工会議所、地方自治体の地域政策担当者らが視察に訪れた。なぜなら、「第三のイタリア」地域の仕組みは、地場産地や職人、中小企業が多い、日本と比較しやすい点があったからである。

ここで、改めて産業集積の仕組みの特徴を整理してみたい。

一つ目は、特定の地域に特定の産業が集積している点である。たとえば、エミリア・ロマーニャ州にはカルピのニット産業、サッソーロのセラミックタイル産業、モーデナ、レッジョ・エミリアの農業機械産業、ボローニャの包装機械産業、マルケ州アンコーナの製靴産業、トスカーナ州プラートの繊維産業など、伝統的な分野で産業集積の形成がみられた。日本にも新潟県燕や福井県鯖江など、伝統的な産業による地場産地が多くある。

二つ目は、新しい製品を開発するときに、自分自身では生産設備をもたず、製品の企画、各中小企業の工程間の調整、生産、販売を中心的な役割とするコーディネーターが存在している点である。日本では残念ながら同じようなタイプの人は存在していない。問屋や専門商社と役割は似ているが、機能は違うといえる。

三つ目は、企業間の取引関係も固定されたものではなく、製品ごとに取引先を変え柔軟に対応できるシステムになっている点である。これらの企業間の資本関係や系列はほとんどない。日本は良くも悪くも大企業を中心とした下請制のピラミッドが存在している。

四つ目は、高度に細分化・専門化された職人や中小企業が、それぞれ強い結びつきをもっている点である。イタリアは地域ごとにこれらの価値観に大きな違いがみられるため、まずは家族・地元中心で信用できる人々だけで仕事をする傾向にある。日本の中小企業は規模の拡大を指向する傾向にあるが、イタリアの場合は、できるだけ家族や親戚などで経営をおこない、自分たちの把握できる規模に留めておく傾向にある。

五つ目は、競争の少ないニッチな分野で、少量生産をすることによって、希少価値を高め、ブランドを高めていくという戦略をとっている点である。

以上のことから、この産業集積の仕組みは、世界中、とくに日本から大きな関心が寄せられている。

5　ボローニャ、モーデナのスーパーカー産業

日本の自動車会社は小さい車から大きい車まで、多品種大量生産をおこなっている一方、「第三のイタリア」には、

図17－5　左からランボルギーニ・カウンタック，トラクターに乗るフェルッチョ，ミウラ
出典：Grizzi (2009) p. 149

スーパーカーに特化した自動車やオートバイなどの企業がモーデナやボローニャに集積している。フェラーリ、ランボルギーニ、マセラッティ、ドュカーティーなどである。

ここで、フェラーリ、ランボルギーニ、マセラッティの事例を紹介しよう。

フェラーリを創業したエンゾ・フェラーリは一八九八年、モーデナ郊外で生まれた。ミラノでレーシングドライバーとなったが、一九四〇年にそれまで勤めていたアルファロメオから独立しフェラーリ社を設立。一九四三年にモーデナのマラネッロに本社工場を設立した。フェラーリの象徴であるブランドエンブレム「跳ね馬」は一九四七年につくられたが、もともとはイタリア空軍で使われていたエンブレムであった。飛び跳ねている黒い馬、そしてモーデナのオフィシャルカラーである黄色をバックにしたものである。一九六九年には、モーターレースへの投資がかさみ、経営不振となりフィアット傘下に入ったが、その後もＦ１レースでの活躍と美しいデザインなどで発展していった。

フェルッチョ・ランボルギーニは一九一六年、フェラーラ近郊で生まれた。家は農家であったが、ボローニャで機械工学を学んだ。第二次世界大戦時には軍の車の修理を担当し技術を磨き、一九四八年には軍から払い下げられた機械や部品を元に農業用トラクターを製造する会社を設立した。

順調に仕事がうまくいったころ、彼はフェラーリを購入したが、どうしてもその走りや性能に満足できなかった。車を分解してみると自社のトラクターと同じ部品が使われており、しかもその部品には何倍もの値段が付けられていた。納得がいかなかったためエンゾ・フェラーリに直接面会したものの、まともに相手にしてもらえなかった。そこで対抗心を燃やし、一九六三年にモーデナとボローニャのあいだに位置する小さな町で現在の本社・工場があるサンタガタ・ボロネーゼにランボルギーニ自動車を設立した。フェラーリの本社があるマラネッロとはわずか二〇キロメートルしか離れていない。ブランドエンブレムも「跳ね馬」に対抗して「猛牛」にした。一九六六年に「ミウラ」、一九七一年には「カウンタック」でそのエレガントなデザインと革新性が世界中から賞賛を浴びるようになった。

一九一四年、アルフィエーリ・マセラッティは二人の兄弟とともに、ボローニャで会社を設立した。ブランドエンブレムは三本の鉾である。このエンブレムのデザインは、ボローニャのマッジョーレ広場にあるネプチューンの銅像からインスピレーションを受けたという。一九四〇年に現在の本社・工場となっているモーデナに移り車の生産に入った。エレガントなスタイルと洗練されたモデルでラグジュアリーな高級車となった。一九七五年にフィアットの傘下に入った。フィアットは自国の技術やブランドを海外に流出させたくないという想いをもつ政府とイタリア産業界の後押しによって、積極的にスーパーカーブランドを自社の傘下に置いていった。

以上のように、第三のイタリアには、まさに少量生産の付加価値の高い、強力な個性をもった製品が次々生まれていった。伝統的な産業のなかで、ここまで世界的なブランドをそれも特定の地域で生み出せるのはイタリアだけであろう。戦後のイタリア経済は、国家の主導のもと、大量生産型大企業の発展に始まり、南部への公共投資を経て、一九八〇年代には、世界に類をみない、職人や中小企業の発展で経済成長が図られたのである。

参考文献

尾上久雄（一九六八）『経済計画と構造的諸改革』岩波書店。
竹中克行・山辺規子・周藤芳幸編（二〇一〇）『地中海ヨーロッパ』朝倉書店。
トゥラーニ、G（一九八九）『奇跡の経済復興』間苧谷努訳、松籟社。
長手喜典（一九九一）『イタリア経済の再発見』東洋書店。

馬場康雄・岡沢憲芙編（一九九九）『イタリアの経済』早稲田大学出版部。
ピオリ、M・J／セーブル、C・F（一九九三）『第二の産業分水嶺』山之内靖・永易浩一・石田あつみ訳、筑摩書房。
ポクナ、M・F（一九九三）『フィアット』高野優訳、早川書房。
ボナヴォーリア、R編（一九九二）『イタリアの金融・経済とEC統合』岡本義行ほか訳、日本経済評論社。
Casamassima, P. (2003) *La Fiat e gli Agnelli*, Firenze : Le Lettere.
Galli, G. (1997) *GLI AGNELLI*, Milano : Mondadori.
Grizzi, O. (2009) *Lamborghini*, Firenze : Giunti.

Columun

Ⅵ　人生、ここにあり！

鈴木鉄忠

「心身ともに健康な者」という一文が、たいていの就業規則には書かれてある。しかし、心の病があっても働くことは可能だ。一九七〇年代末の精神保健改革を画期として、イタリアは世界に先駆けて精神病院のない社会にむかった〔第19章を参照〕。この映画は、精神病院を退院した人たちによる床貼り業の協同組合の実話を基にしている。テンポよく進むストーリーは、笑いあり、涙ありのラプソディーであり、いつの間にか物語に引き込まれ、そして、考えさせられる。

「お前は急進的すぎる」と労働組合を追い出され、「あなたは保守的すぎる」と恋人に別れを切り出された主人公のネッロは、精神病院の元患者たちの協同組合の運営を任される。「人生、何か仕事をしないとだめなんだ」というネッロの主張に唖然とする元患者たち。「彼らに労働など無理」と取り合わない理事長の精神科医。殴られてもめげないまっすぐなネッロの熱意に、不信感を抱いていた元患者たちは、「元患者」から「組合員」へ変わっていく。

原題の“Si può fare!”には、不可能だと思われていたことも可能なのだ、という意味が込められている。一九六〇年代、精神疾患は治らない病であり、精神障害者は社会にとって危険で、働くことなどもってのほかという見方が支配的だった。この「常識」を覆したのがフランコ・バザーリアたちが推し進めた精神保健改革だった。九〇年代に法整備がなされ、「社会的に不利な状況におかれた人々」が必要な支えを受けながら、社会の一員として労働する環境がつくられた。

イタリアでは、何かを生産するという労働の世界と、心身の平静を保つという健康の世界を両立させる挑戦が、全国七〇〇〇を超える社会的協同組合で今もおこなわれている。映画で登場する架空の「協同組合一八〇」は、「バザーリア法」で知られる精神病院の漸次的廃止を定めた法律一八〇号にちなんでいる。

原題：Si può fare!
制作：2008年
監督：ジュリオ・マンフレドニア

第18章　越境する戦後美術

池野絢子

本章では、第二次世界大戦後から一九八〇年代に至るまでのイタリア美術の動向を概観する。戦後の芸術の世界は、具象主義と抽象主義の二大陣営による対決から、やがて絵画というジャンルを脱してオブジェ（もの）の芸術へ、さらにはよりコンセプチュアルな方向へと進展していった。その動きは、イタリアが戦争からの復興を遂げて、大量消費社会へと変貌していく過程と結びついている。以下では、そうした芸術の変遷を、社会的状況との関係に注目して確認していくことにしよう。

1　具象と抽象

第二次世界大戦が終結したあと、イタリアにおいてまず力をもったのは、具象表現によるリアリズムの絵画であった。この場合のリアリズムとは、事物の外観を写生することではなく、社会的な主題を描くことで現実をありのままに表現しようとする立場である。具象的リアリズムは、イタリアにおいては戦中からレジスタンスのイデオロギーと結びつき、共産党による支持を得ていた。だが、ファシズムが倒れた戦後の状況に至って画家たちは、主題だけではなく、より美学的な側面からリアリズムの問題に対峙することになった。このとき、重要な参照例となったのがパブロ・ピカソの

図18－1　レナート・グットゥーゾ《浜辺》1955-1956年，パルマ，国立絵画館所蔵

出典：Pirovano, a cura di (1993) p. 225

《ゲルニカ》（一九三七年）であった。スペイン内戦中のドイツ軍によるゲルニカ市襲撃を主題とした《ゲルニカ》は、反戦の象徴であると同時に、人物の大胆なデフォルメのうちにその心理を表現するという造形的な新しさを示し、当時の芸術家たちにとってひとつの基準になった。

一九四六年、その《ゲルニカ》に影響を受けて新たな絵画のリアリティを追求しようとした画家たちが、「新芸術戦線」というグループを結成した。だが、新芸術戦線はもともと堅固なグループではなく、共産党が支持した社会主義リアリズムの表現からはかけ離れた抽象主義も含まれていたため、やがて具象主義と抽象主義の陣営に分裂し、対立することになった。

新芸術戦線に参加した芸術家のうち、具象によるリアリズムを代表する画家レナート・グットゥーゾの後年の作品《海辺》（図18－1）には、夏を海辺で過ごす人々の様子が、巨大な画面のなかに捉えられている。画面右上のこれから海へ向かおうとする男女の躍動的な姿と、前景から中景にかけて描かれた浜辺に横たわる複数の人物像が対比され、人々の身体は、夏の陽光のもとで多様な色彩をまとっている。この作品は、社会的な主題ではなく同時代の風俗を扱ったもので、同時代の人々の肖像を示すと同時に、「海辺」という場が現代社会のなかでもつ象徴的な意味について独自の解釈を提示している。グットゥーゾは共産党員であり、戦中からコッレンテ派の一人として活動していた［第10章を参照］。だがグットゥーゾは、表面的な社会主義リアリズムを推進する共産党の教条的方針にとらわれることなく、自らの絵画に確かな造形性をもたらすことのできた、数少ない画家のひとりであった。

これに対し、抽象主義の側では、「八人のグループ」、「具体芸術運動」、そして「フォルマ・ウーノ」といったグループが誕生した。このうちフォルマ・ウーノはローマを中心に起こったグループで、一九四七年の宣言において、自分たちが「形式主義者《フォーマリスト》であり、マルクス主義者である」ことを明言している（AA. VV. 1947）。すなわち彼らが目指したのは、思想的にはマルクス主義によりながらも、芸術の実践においては形式主義（芸術作品の象徴的意味や内容よりも、色彩や形態といった純粋に造形的要素を重視する立場）に立ち、客観的リアリティから抽象へと向かうことであった。カルラ・アッカルディの《大きな統合》（図18－2）では、黒地に白い線からなる模様状の形象がリズミカルに配置されている。そこでは、記号のような個々の形象が、さまざまな太さの白い線によって結びつけられ、ときに分割されて、画面全体に広がる。アッカルディは、このような記号による構築を「統合」と呼び、さらに一九六〇年代には絵画以外の立体作品へと活動の幅を広げていった。

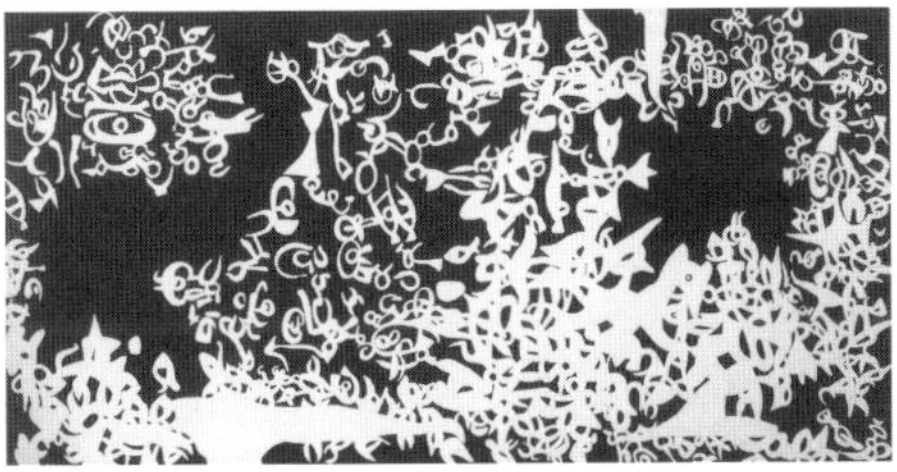

図18－2　カルラ・アッカルディ《大きな統合》1954年，ミラノ，市立現代美術館所蔵

出典：Pirovano, a cura di (1993) p. 283

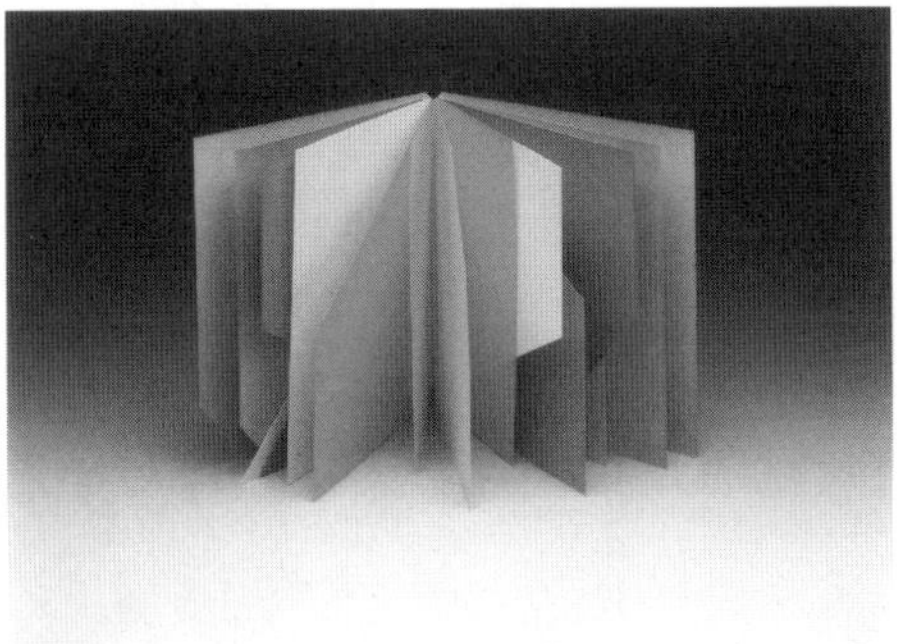

図18－3　ブルーノ・ムナーリ《読めない本》1951年

出典：Pirovano, a cura di (1993) p. 101

一方、同じ抽象主義でも「具体芸術運動（略称MAC）」によって開拓されたのは幾何学的抽象であった。この運動は、ミラノを中心として一九四八年に創立された。創立者のひとりであった批評家のジッロ・ドルフレスは、「具体」を「抽象」と区別して、具体とは「絵画の基礎を置くべき、純粋で根源的な形態の探究」であるとした（Dorfles 1951）。つまり、具象的な形態を徐々に抽象化していくのではなく、絵画を構成するより本質的な要素を問題にするのが「具体」なのである。たとえばブルーノ・ム

ナーリの《読めない本》（図18-3）は、いっさい文字がなく、赤、橙、青、緑などのさまざまなかたちの色紙で構成された「本」である（なお、同名のさまざまなヴァリエーションが存在する）。ムナーリのデザイン的感性は、戦前ドイツのバウハウスやロシア構成主義といった前衛芸術運動の美学に通ずるものであった。

具体芸術運動は、フォルマ・ウーノが形式主義を標榜しながらも思想的にはマルクス主義を掲げていたのに対し、そうした政治的イデオロギーから自由になって、より純粋な芸術的課題を追求しようとした点に特徴があった。しかしこれは、芸術が完全に社会から切り離されたものとして捉えられた、ということを意味するのではない。事実、ムナーリは一九三〇年代から「役に立たない機械」というシリーズを制作しており、同時代の社会における人間と機械の関係に関心をもっていた。ムナーリの関心は、やがて一九六〇年代の「アルテ・プログランマータ」（後述）の潮流に引き継がれていくことになる。

2　アルベルト・ブッリの「袋」

以上のような具象主義と抽象主義の対立は、最終的に硬直化を生むことになった。これら両陣営の対立を超えた次元で一九五〇年代以降の芸術の方向性を決定づけたのは、ルーチョ・フォンターナ［第10章を参照］とアルベルト・ブッリの二人である。

ブッリは、一九五一年にローマで結成された、装飾性を排した抽象の追求を謳う「オリジネ（起源）」グループのひとりであった。ブッリが制作した「袋」シリーズの一作品、《大きな袋》（図18-4）は、縦一・五メートル、横二メートルの大きなカンヴァスで、平面状に裁ち切られた使い古しの麻袋が貼り付けられている。袋の表面は、ところどころ穴があき、上から継ぎ当てが施されている。

のちの「アルテ・ポーヴェラ（貧しい芸術）」を予感させるような、みすぼらしい麻袋を「絵画」として制作するブッ

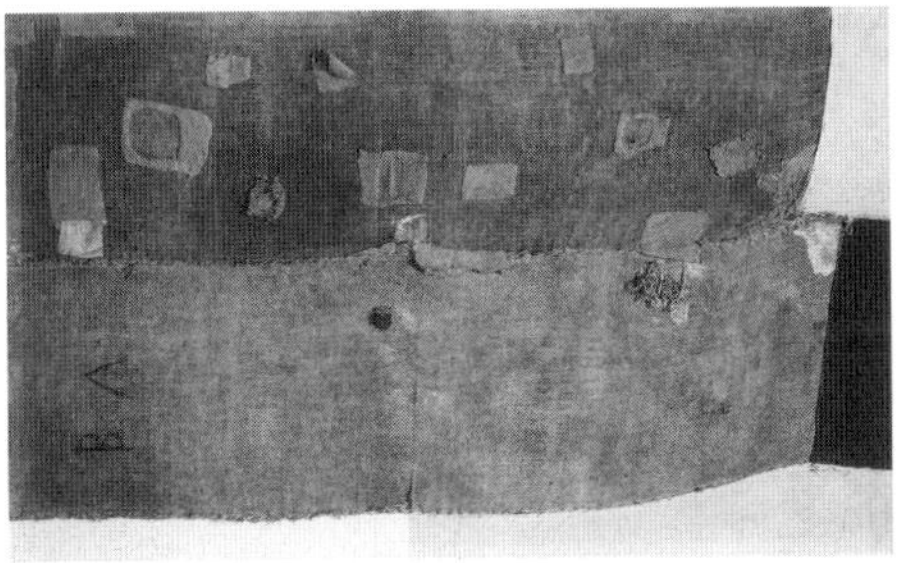

図18－4　アルベルト・ブッリ《大きな袋》1952年
出典：Pirovano, a cura di (1993) p. 214

リの手法は、当初、イタリアの美術界に大きな当惑を招いた。ブッリは、やがて一九五〇年代の後半になると、紙やビニールを燃やしてその様態をそのままカンヴァスに固定する「燃焼」シリーズを開始し、さらに木材、金属板といった従来の絵画において異質な素材を絵画に導入し始めるのであるが、彼の作品では一貫して白、黒、赤、茶といった色彩が好まれ、表面はほつれ、爛れ、ひび割れ、傷口のような穴があけられている。それゆえその画面は、身体の表皮を連想させ、エロティックであると同時に痛々しい。

　これらの特徴からして、ブッリの絵画は、同時期のヨーロッパの「アンフォルメル（不定形）」に通ずるものであった。アンフォルメルとは、フランスの批評家ミシェル・タピエが主導した戦後美術の大きな流れで、かたちの定まらない、厚塗りや即興性を特徴とした抽象のことである。またジャン・フォートリエやジャン・デュビュッフェら代表的な作家の作品に、戦争による人間像の破壊というテーマが読み取られてきた点も重要である。実際、ブッリの作品もまた初期においては、彼自身がもともと医師として第二次世界大戦に従軍し、戦後、アメリカのテキサス州にあるヒアフォードの捕虜収容所にいた時期に画家になることを決意したという個人的な逸話も手伝って、戦争のトラウマ的な表出として解釈されてきた。

　しかし、そうした解釈の一方で、一部の批評家たちは、その造形的価値に気づき、高く評価することになる。美術史家で批評家でもあったチェーザレ・ブランディは、ブッリの作品の特徴を次のように的確に表現していた。「ブッリにあって新しいのは、物質である。物質としての袋、木材、あるいは燃やされた紙……。それは、そこにあり、物質に留まらなければならない。ただ、それが見られるやいなや、次の瞬間、鑑賞者が作品に順応すると、段階を持つ空間性としての、色と光の泉としての確固とした作品の秩序のもとで、物質は後退し、その役割を剥奪され、低い位置を占めることになる」(Brandi 1963：29)。

ブランディはここで、ブッリの絵画の新しさがまずもって素材としての「物質」の扱いにあるということ、しかし同時に、その画面には色彩と空間からなる作品の「秩序」がある、ということを指摘している。事実、たとえば先の《大きな袋》では、たしかに画面を覆う大きな袋が強烈な存在感を放っている。しかし他方で全体に眼を向けると、画面右手は黒、左下部は白の絵具で彩色されており、茶色の色調からなる麻袋を含めて、絵画全体が茶、黒、白の色彩の拮抗によって構成されていることがわかるだろう。このように、袋の素材感と絵画的空間・色彩の構成、すなわち物質とイメージが一致する点にこそ、ブランディが認めたブッリの新しさがあった。その意味で、ブッリの絵画は、具象主義と抽象主義の対立という筋書きとは別の次元にいたのであり、絵画からの逸脱は、やがて一九六〇年代に生じるオブジェ(もの)の芸術へと引き継がれていくことになる。

ブランディの解釈は、ブッリの切り開いた地平を正確に捉えたものであるが、彼の形式主義的な解釈とは別に、素材のもつ象徴的な価値を重視する解釈をあえて付け加えておこう。イヴ＝アラン・ボワは、ブッリの作品に登場する麻袋が、戦後のイタリアに溢れていた浮浪者たち、つまり「貧困」の象徴として機能していると述べている。あるいは、後に利用されるプラスチックのような工業素材は、それが戦後の復興の象徴として機能しながらも、燃やされることによって、同化不可能な媒体であることを暗示している、というのである(ボワ／クラウス 二〇一一：六四)。

ここで解釈の妥当性を問うことは避けるにせよ、ブッリの作品に戦争の影を読み取る解釈が根強く残存していること、そして彼が絵画に導入したのが工業素材という新しい物質であったことは重視されてよいだろう。国際的に活動し、若い芸術家たちとも交流があったフォンターナに比べ、ブッリは孤立した立場を保ったが、彼の制作が提示した素材そのもののもつ象徴的・造形的次元は、絵画からしだいにオブジェへと比重を移していく、その後のイタリア芸術の変遷にとって重要な参照点になった。

3　コンセプチュアル・アートの地平

フォンターナとブッリのあと、一九六〇年代以降の芸術の概念化を明確に体現したのは、ピエロ・マンゾーニである。マンゾーニは、一九五七年から「アクローム（無色）」と題したシリーズを発表している。「アクローム」とは、石膏やカオリンでカンヴァス全体を覆った真っ白な表面を持つ絵画のことで、さらに一九五八年の《アクローム》では、カンヴァスがマス目状に縫いあわされている。それらは、もはやモノクロームの絵画というべきものですらなく、あらゆる色彩との関係性さえ失った「無色」である。このように、それまでのアンフォルメルの潮流に対し、マンゾーニはいかなるイメージも排除した状態、すなわちイメージの「不在」を提示することによって絵画の極限を実現した。

マンゾーニは、エンリコ・カステッラーニとともに創刊した雑誌『アジムート（方位角）』に寄せた文章のなかで、今日の芸術の問題が、もはや形態や色彩といった造形的構成にはないこと、むしろただ存在し、生きることが問題であると述べている（Manzoni 1960）。ここからして、マンゾーニの実験はその初期から、芸術という概念・枠組み自体に問いをつきつけるネオダダ（廃材や日用品を用いて、芸術を日常生活に接近させようとする傾向）の試みへと接近する契機を有していた。たとえば、一九六一年にローマのタルタルーガ画廊で開かれた展覧会に際しては、モデルや観客の身体に署名して芸術作品とする《生きた彫刻》（図18－5）を発表している。同作品ではさらに、署名された人間にその人が確かに芸術作品であるという証明書まで手渡された。物議を醸すようなマンゾーニの前衛的実験は、しかし彼が一九六三年に突然他界したことで、道半ば

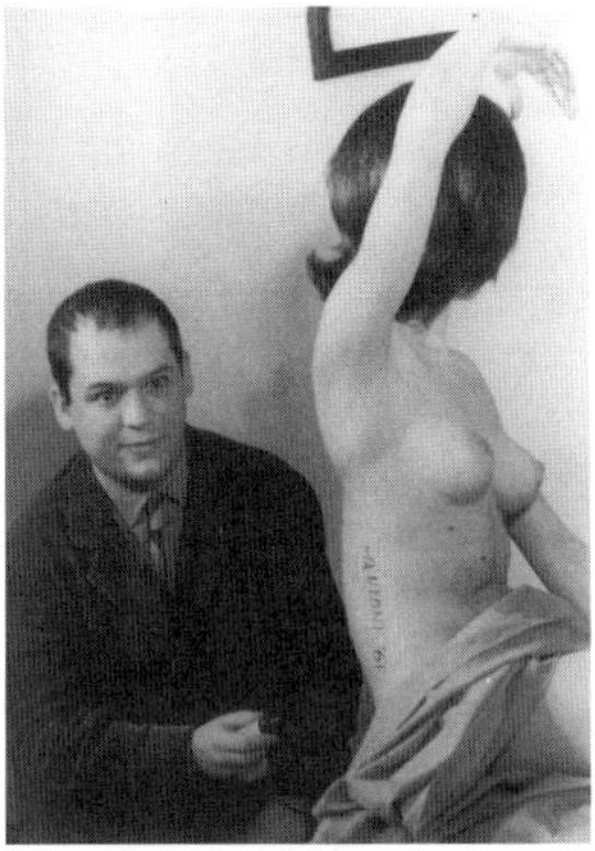

図18－5　ピエロ・マンゾーニ《生きた彫刻》1961年4月22日，ローマ，ラ・タルタルーガ画廊

出典：Pirovano, a cura di (1993) p. 335

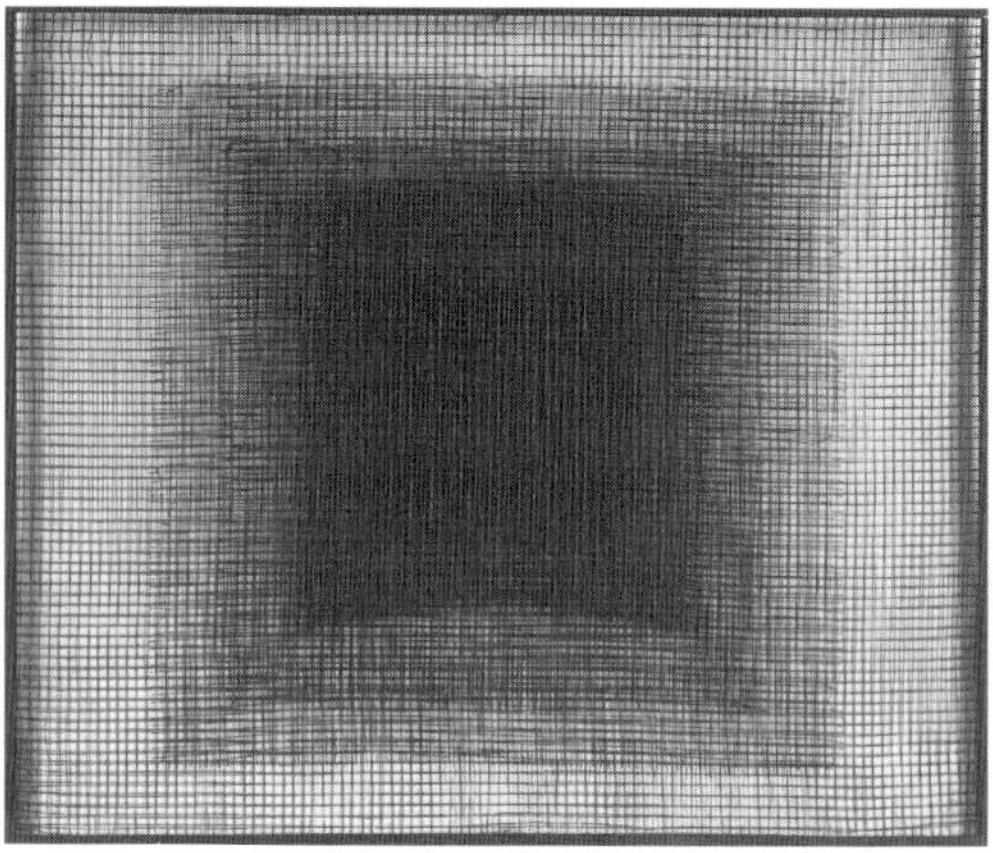

図 18－6　フランチェスコ・ロ・サヴィオ《フィルター》1960年
出典：Pirovano, a cura di (1993) p. 336

にして途絶えることになる。

　マンゾーニの友人で、彼と同じく早逝したフランチェスコ・ロ・サヴィオもまた、一九五〇年代の終わりに「空間―光」と題するモノクロームの絵画シリーズで出発した。この一連の絵画は、核となる画面の中心から外にむかって、単一の色彩の強弱による層で構成されており、《フィルター》（図18－6）では、それがさらに金属の網によって覆われている。ロ・サヴィオの作品は、表面的にはマンゾーニのアクロームと類似しているように見える。だがそれは、光の強弱と空間の関係に関する、ある意味で伝統的な研究を基礎にしたものであり、「無色」によって絵画の存在自体を問いに付したマンゾーニとは根本的に異なる性質のものであった。もともと建築を志していたロ・サヴィオは、色彩と光についての一連の制作を通じて、絵画内部の虚構の空間（美的表面）と、その外部にある現実の世界（環境としての空間）を統合することを思考していた（Lo Savio 1975）。

　ロ・サヴィオの試行は、フォンターナの「空間概念」の実験を受け継ぎながらも、フォンターナ流の抽象的な空間性とは異なり、人間が空間をどのように視覚的に認識するかを問題にしている点で、むしろ後のアメリカのミニマル・アートの先駆をなしているといえるだろう。さらに彼は、作品と現実の空間との関係への関心から、工業デザインや建築にまで視野を広げていた。

　ロ・サヴィオの模索は孤高のものではあったが、建築や工業デザインへの接近という点では、当時ミラノを中心に起こった動きと共通点を持っていたといえるだろう。戦後、具体芸術運動がこの街を中心に展開したことはすでに述べたが、一九六二年には、ブルーノ・ムナーリの企画による「アルテ・プログランマータ（プログラムされた芸術）」展が開催されていた。

アルテ・プログランマータとはどのような芸術であったか。たとえば同展に展示された芸術家ジャンニ・コロンボの《流動的構造化》（図18-7）では、二枚のガラス板で挟まれた四角形の枠組みの内部で、金属の帯がたわんで折り重なっている。帯は、基底部分にある電気モーターによって動き、継続的に形態を変化させる。このように、アルテ・プログランマータとは、動き、あるいは光をともなった機械仕掛けの芸術を示唆していた。

この芸術は、鑑賞者に対して常に同一の反応を求めるものであり、その意味で、古典的な意味での芸術作品というよりも工業製品に近いモデルを示している。また、作品が作家の個性を意図的に排したもので、コロンボが参加したミラノの「グルッポT」、あるいはパドヴァの「グルッポN」のように、芸術家たちがグループによって活動していた点も重要な特徴だ。つまり、それらは工業製品のように、集団によって生産され、販売され、普及されるものなのである。

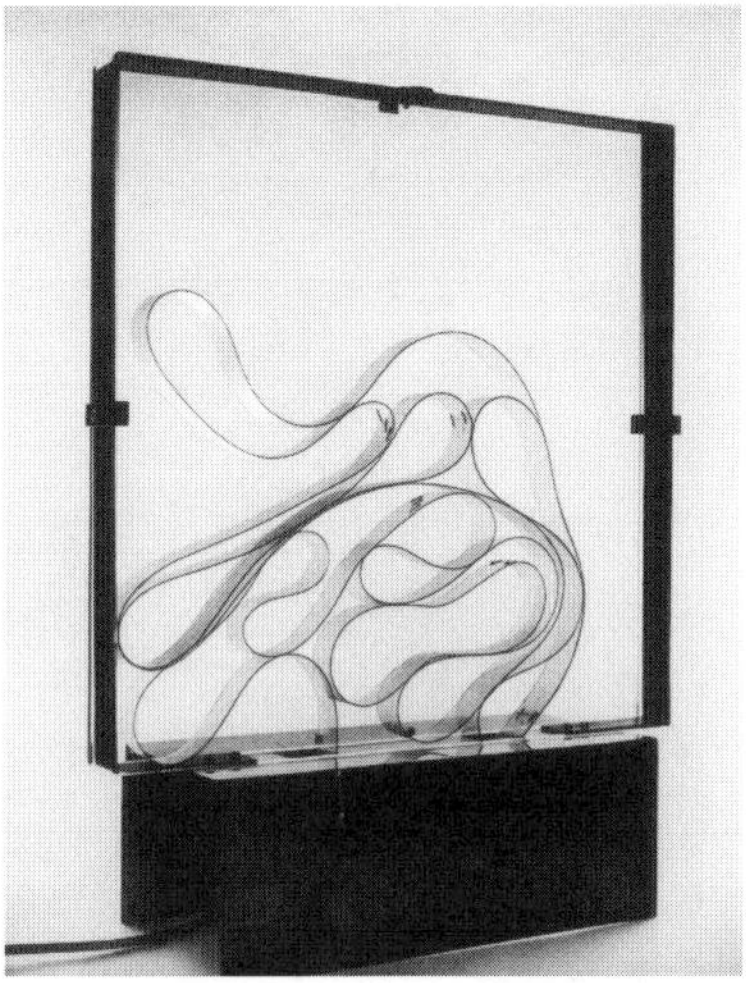

図18-7　ジャンニ・コロンボ《流動的構造化》1962年
出典：Meneguzzo / Morteo / Saibene, a cura di (2012)

アルテ・プログランマータのこうした特徴は、科学技術と文明の進歩に対する肯定的な感覚によって支えられたものであり、実際、「アルテ・プログランマータ」展もまた、タイプライター製造会社オリベッティの資金援助をうけて実現されたものであった。それゆえ、アルテ・プログランマータが「経済の奇跡」の恩恵にあずかったミラノを中心に起こったことは重要だ。それは、芸術と産業との幸福な結合であった。しかし、それゆえにこの芸術は、経済成長に歯止めがかかり、生産活動に携わる労働者たちの不満が爆発する一九六〇年代末に、危機を迎えざるを得なかった。

4　アルテ・ポーヴェラからトランスアヴァングァルディアへ

一九六〇年代末になると、芸術の世界に別の動きが生じてくる。一九六七年、ジェノヴァのラ・ベルテスカ画廊で開かれた展覧会「アルテ・ポーヴェラ／イメージ‐空間」において、批評家ジェルマーノ・チェラントは、一群の芸術家たちを「アルテ・ポーヴェラ（貧しい芸術）」と命名した。グループ名の「貧しい芸術」とは、もともと、作品が別の物事を意味しないことを示していた。たとえば、同展に出展されたルチャーノ・ファブロの《床‐トートロジー》を考えてみよう（図18‐8）。それは、新聞紙を床に広げて置いたものであり、その新聞紙が覆い隠している床が、床それ自体にほかならないという同語反復《トートロジー》を現出している。このように、アルテ・ポーヴェラの「貧しさ」とは当初、作品が象徴的意味をもたないことを指していた。

その意味で、純粋還元としての「貧しさ」は、すでに一九五〇年代の末にマンゾーニが一連の「アクローム」によって推し進めた極限的な絵画の継承とみなしうるものである。先に確認したように、マンゾーニはそれまでのアンフォルメルの課題に対し、むしろ形態や色彩といった絵画の約束事自体を解消し、芸術作品の概念化を推し進めたのであった。アルテ・ポーヴェラの芸術家たちのなかでも、たとえばジュリオ・パオリーニにはとりわけマンゾーニからの強い影響を認めることができる。パオリーニの初期作品には、何も描かれていないカンヴァス、木枠、絵具などが登場する。それらは「もの」としての価値をもつというよりも、「絵画」という存在を概念化し、それを構成する基本的な要素に分解したもので、一九六〇年代以降の芸術を特徴づける、芸術の概念化の傾向を示している。

他方で、アルテ・ポーヴェラの作品には日常的で粗野な素材が頻繁に利用される点が特徴的である。ファブロの新聞紙しかり、ミケランジェロ・ピストレットのぼろきれ（《ぼろきれのヴィーナス》図18‐9）もまた、典型例として挙げることができるだろう。ピストレットの作品では、使い古しのぼろきれの山の前に、新古典主義の彫刻家ベルテル・トー

図18－8　ルチャーノ・ファブロ《床－トートロジー》1967年，作家所蔵
出典：Flood / Morris eds. (2001) p. 16

図18－9　ミケランジェロ・ピストレット《ぼろきれのヴィーナス》1967年
出典：Pirovano, a cura di (1993) p. 382

ヴァルスンの《りんごを持つヴィーナス》（一八一二－一八一六年）の模像が置かれ、彫像とぼろきれという異質なもの同士の奇妙な取り合わせが演出される。こうした「貧しい」素材の利用は、同語反復性以上にやがてこの運動の主たる特徴として理解されるようになっていく。

　この日常的な「生の」素材の導入は、ブッリによって開拓された道を継承するものであり、たとえばヤニス・クネリスの麻袋を用いた作品には、ブッリの美学との明らかな関連性を読み取ることができる。クネリスはさらに、鉄製のマーガレットの中央からプロパンガスの火が噴き出す《無題（火のマーガレット）》（一九六七年）を制作しているが、この「火」という一次エネルギーの利用もまた、ブッリの「燃焼」シリーズを想起させる。ただし、アルテ・ポーヴェラの芸術家たちの場合、ブッリがあくまでも物質としての素材そのものにこだわり、それによって絵画平面を構成しようとしたのと異なって、その用法をより重視しており、コンセプチュアルな関心を示している。

　ボワがブッリの麻袋やプラスチックに戦後イタリア社会の復興過程における葛藤を看取したように、この「貧しい」芸術の詩学を語るうえで、それが「豊かな社会」の「豊かな芸術」を対極として定義されたものであるということは重要な点である。アルテ・ポーヴェラを主導したチェラントは、ポップ・アートのように大量消費社会の図像を芸術に応用する傾向と、オプ・アートと呼ばれる人間の視覚的認識を問題にする傾向を「豊かな芸術」として、アルテ・ポーヴェラの仮想敵にすえた。この二つは、アメリカを中心とした同時代美術にみられる傾向であったが、イタリアにおいても同種の潮流が登場していた。チェラントは、これら二つの流れを資本主義の要求に追随する芸術だとして批判したのである。というのもそれらは、マス・イメージやテクノロジーという、産業社会のなかで新たに生まれてきたものを無批判に芸術に取り入れるからだ。

それゆえ、アルテ・ポーヴェラの成立には、戦後のイタリア社会が経済発展によって「豊かな社会」へと変貌を遂げたという事実が深く関わっていた。その意味では、この運動の活動期が、一九六八年前後という、西洋諸国で資本主義への批判が席巻した時代とほぼ並行していたこと、そしてアルテ・ポーヴェラに参加した過半数の芸術家たちが、自動車会社フィアットのお膝元で、労働者による闘争の重要な舞台となったトリノの出身であったことも特記されるべきである。アルテ・ポーヴェラは、一九六八年にアマルフィで開催された展覧会を契機としてランド・アートやコンセプチュアル・アートに並ぶ芸術運動として広く国際的な認知を得るようになっていくのだが、そうした世界同時性もまた「六八年」の時代の空気を共有したものであった。

図 18－10　ミンモ・パラディーノ《夕べの訪問者》1985年，ローマ，ジョルジョ・フランケッティ・コレクション所蔵
出典：東京都現代美術館（2001）134頁

アルテ・ポーヴェラは一九七一年に解散するが、個々の芸術家たちは制作を続けていった。他方、七〇年代の終わり、批評家アキッレ・ボニート・オリーヴァは、「トランスアヴァングァルディア（横断的前衛）」というグループを提唱する。これは、それまで優勢であったコンセプチュアル・アートに対し、具象絵画の復権を目指す運動であり、その意味では同時期のドイツ、アメリカにも共通する傾向であった。ただし、「トランス」が「横断する」を意味することからもわかるように、それは単純に過去の伝統や技法へ回帰することを意味したわけではなく、それまでの伝統や前衛的実

験を自由に行き来して引用し、自らの表現の糧とすることを意味している。たとえばミンモ・パラディーノの作品《夕べの訪問者》（図18-10）は、明らかにベラスケスの《ラス・メニーナス》（一六五六年）の構図を流用しているが、仮面のような顔とぎこちない身体の人々、前景および後景の画中に描き込まれた動物の姿といった要素によって、まるで古代の宗教儀式のような、謎めいた場面に置き換えられている。

トランスアヴァングァルディアの登場は、前衛を支えてきた従来の価値観が終焉を迎えたことを意味している。ボニート・オリーヴァは、それまでの前衛が、芸術は直線的に進歩するという「言語学的ダーウィニズム」の精神性に従属しているのに対し、トランスアヴァングァルディアは、そうした新しさの追求というモデルにとらわれることなく、過去を自由に横断して実験をおこなうと考えた（Bonito Oliva 1979）。この点でトランスアヴァングァルディアは、ポストモダンの時代を象徴する運動であり、ひとつの時代の終わりを告げる運動でもあった。それ以降、現在に至るまで、イタリア美術は、明確に支配的な潮流を経験していない。その理由のひとつは、芸術のグローバル化とともに、国家や民族の単位で美術を論じることが難しくなったためかもしれない。現代にあって、イタリア美術は、より国際的な地平のもとで、ヴィデオ・アートやパフォーマンス、インスタレーションなど、多岐に展開していくことになる。

参考文献

愛知県美術館（一九九七）『イタリア美術一九四五―一九九五――見えるものと見えないもの』。

アートプランニングレイ（二〇一四―二〇一五）『キネティック・アート　Arte cinetica e programmata in Italia 1958-1968』。

池野絢子（二〇一六）『アルテ・ポーヴェラ――戦後イタリアにおける芸術・生・政治』慶應義塾大学出版会。

井関正昭（一九八九）『イタリアの近代美術　一八八〇～一九八〇』小沢書店。

ヴァンジ彫刻庭園美術館（二〇〇二）『ブルーノ・ムナーリのファンタジア――創造力ってなんだろう?』。

高見堅志郎・神崎洋一監修（一九九二）『イタリアの叛乱』フジタヴァンテ。

東京都現代美術館（二〇〇一）『二〇世紀イタリア美術』。
豊田市美術館（二〇〇五）『アルテ・ポーヴェラ／貧しい芸術』。
ボワ、Y・A／クラウス、R・E（二〇一一）『アンフォルム——無形なものの事典』月曜社。
AA.VV. (1947) "Forma," in Barocchi 1992, pp. 65–67.
Barilli, R. (2007) *Storia dell'arte contemporanea in Italia : Da Canova alle ultime tendenze,* Torino : Bollati Boringhieri.
Barocchi, P. (1992) *Storia moderna dell'arte in Italia III–2 tra neorealismo ed anni novanta, 1945–1990,* Torino : Einaudi.
Bonito Oliva, A. (1979) "La Trans-avanguardia italiana," *Flash Art,* n. 92–93 (reprint *Flash Art,* n. 271, agosto-settembre, 2008, pp. 64–67).
Brandi, C. (1963) *Burri,* Roma : Editalia.
Dorfles, G. (1951) "Manifesto del M. A. C." in Barocchi 1992, pp. 104–106.
Flood, R. / Morris, F. eds. (2001) *Zero to infinity : Arte povera 1962–1972,* London : Tate Modern-Walker Art Center.
Lo Savio, F. (1975) *Spazio e luce,* a cura di G. Celant, Torino : Einaudi.
Manzoni, P. (1960) "Libera dimensione," in Barocchi 1992, pp. 224–225.
Meneguzzo, M. / Morteo, E. / Saibene, A. a cura di (2012) *Programmare l'arte : Olivetti e le neoavanguardie cinetiche,* Monza : Johan & Levi Editore.
Pirovano, C. a cura di (1993) *La Pittura in Italia : Il Novecento/2,* tomo primo, Milano : Electa.
Zevi, A. (2005) *Peripezie del dopoguerra nell'arte italiana,* Torino : Einaudi.

第19章　バザーリアと精神保健改革

鈴木鉄忠

「自由こそ治療だ（LA LIBERTÀ È TERAPEUTICA）」。図19－1に写る建物の壁面には、そう書かれている。ここはかつてトリエステの県立精神病院があった敷地である。建物は院長公邸だった。この「落書き」ほど、フランコ・バザーリアが推し進めた精神保健改革を端的に言い表したものはない。バザーリアは、患者の隔離収容が当たり前だった時代に、精神病院こそが心の病を悪化させる根源だと考え、心病む人たちが自由を取り戻すことが何よりの治療法だと主張した。

図19－1　自由こそ治療だ
出典：著者撮影

一九七八年、イタリア国会は「バザーリア法」として知られる法律一八〇号を可決した。公立精神病院を徐々に閉鎖し、代わりの医療サービスを地域のなかに構築することを定めた画期的な法律だった。それから約二〇年後の一九九九年、政府は全国の公立精神病院の閉鎖を公式に発表した。二〇〇一年、世界保健機関（ＷＨＯ）の精神保健デーには、精神病院を克服し地域密着型のサービス網を構築する重要な一歩を刻んだとして、イタリアの改革に高い評価が与えられた。

この大変革を率いたバザーリアとはどのような人物だったのか。変革はどのように始まり、発展したのか。日本への示唆は何か。順を追ってみていこう。

1　闘う精神科医バザーリア

フランコ・バザーリアは一九二四年、ヴェネツィアに生まれた。彼の生家は、ヴェネツィア本島の大運河沿いの好立地にあり、かつてヴェネツィア共和国総督を輩出した家の館にあったので、相当に裕福な家柄だったことがわかる。バザーリアは、幼い頃は口数も少なく気難しい少年だったが、大きくなるにつれて、聡明で話好き、ユーモアを兼ね備えた生粋のヴェネツィア人に成長していった。

バザーリアの青年時代には、その後の人生を決定づける二つのできごとがあった。ひとつは、彼が高校生活の終わりに起きた事件である。彼は同級生とともに、ファシスト政権へのレジスタンス運動に参加した。だがある仲間の密告により、反逆罪で捕まってしまう。幸運にも父親の知人の医師が偽の診断書を書いてくれて、半年間の拘留から出所できた。しかしこの体験は、深い澱のようにバザーリアに染み込んだ。

もうひとつのできごとは、生涯の伴侶となるフランカ・オンガロとの出会いだった。ヴェネツィアの交友関係で知り合い、七年間の交際を経て結婚する。二人の結びつきは私生活にとどまらなかった。オンガロはバザーリアの全著書に実質的にかかわり、変革を進めるうえで不可欠な存在となった。英訳者としての経歴をもち、のちにイタリアのフェミニズム運動を代表するひとりとなり、政治家としても活躍した。二人と親交があったトリエステ出身の作家クラウディオ・マグリスは、「フランカは、おそらく観念的な厳密さを備え、規律正しく虚栄心とは無縁の厳しい女性であり、一方のバザーリアは、数々の決定的に重要な瞬間や多くの困難を抱え緊迫した局面にあっても、軽やかさや皮肉を交えること、そして、高らかに笑うことを忘れなかった」と、二人三脚で歩んだ姿を描いている（ザネッティ／パルメジャーニ二〇一六：一七五 ‐ 一七六）。

高校卒業後、バザーリアは名門のパドヴァ大学医学部へ進学した。しかし、戦争の影響で大学活動は限られ、また、精神疾患の原因を脳の器質的問題とみなす正統派の精神医学になじめなかったため、彼は独学であらゆる分野の書物を読み漁った。とくに傾倒したのが現象学や実存主義と呼ばれる思想的潮流だった。いずれも人間と世界の関わりを解き明かし、人間が人間であるための条件を深く考えさせる思想だった。狂気には意味があることや、あらゆる人間を主体として捉える現実の見方を習得していった。

一九四六年の大学卒業後、バザーリアは引き続き大学で研究に専念した。同年代のなかでも彼は抜群に優秀で、若くして専門的な論文を次々に発表した。だが大学内での評価には恵まれなかった。コネや学閥が優先される大学界では、実力のある彼を煙たがる人が少なくなかった。大学の助手の地位から一三年も抜け出せずにいた。

図19‐2　バザーリア夫妻
出典：フランカ＆フランコ・バザーリア財団

結局、バザーリアは大学を去ることになる。北東部の町ゴリツィアが県立精神病院の院長を求めているという知らせを受けた。パドヴァ大学からゴリツィア精神病院へというキャリアは、大学での出世街道から外れ、「島流し」になることを意味した。しかしバザーリアはこれを甘んじて受け入れた。この決定を後押ししたのがオンガロ夫人だった。一九六一年、バザーリアが三七歳のとき、やがて精神保健の歴史に新たな一ページを刻むことになる決断だった。

2　精神病院という「暴力の施設」

鼻に突き刺さる悪臭、檻に閉じ込められた患者の鋭い目つき、「いつここから出してくれるんだ!?」という叫び声。二〇一〇年にイタリア国営放送が映画化した『むかし狂人《マット》の町があった』（大熊編 二〇一六）には、バザーリアが初めて精神病院に足を踏み入れた場面が登場する。精神病院の現実にバザーリアは強い衝撃を受けた。大学で培った知識と研究など、まったく無意味と化すような現実が目の前にあった。青年期に自ら投獄された体験と、精神病院の入院患者の姿が、既視感のように重なった。このときを境に、バザーリアは、これまでのような世界の感じ方、判断の仕方をできなくなる。

ここから変革開始となればドラマのようだが、実際は紆余曲折があった。あまりのショックに打ちのめされたバザーリアは、失意のうちにヴェネツィアの自宅に帰った。すべてを投げ出したいという考えすら頭をよぎった。だが、そこを支えたのはオンガロ夫人だった。「あなたは院長なの。この状況を変える権力を持っている。やるべきよ！」と背中を押したのである。

数日後、院長室で最初の職員会議がもたれた。看護師長はバザーリアに業務報告書を提出した。そこには入院患者を強制的に拘束した記録が書かれており、院長が署名することが慣例だった。集まった精神科医と看護師たちは「新院長」が次に何をするのかを注視した。バザーリアは報告書を手に取り、最後までページをめくり終えると、ついにこう言った。「俺は署名しないよ」。

バザーリアの後継者のひとりである精神科医ペッペ・デラックアは「まさにあの瞬間から、私たちの闘いが始まったんだ」という。「もしあのとき署名をしていたら、たとえ『他者を理解する』や『人間性を尊重する』といっても、すべてが嘘になる。あの瞬間、彼が培った知識は、実践のなかで試されていくことになった。その歴史的な画期となったのは、あのときの『ノー！』だったんだ」。バザーリアはついに変革の火ぶたを切った。

まずバザーリアが着手したのは、幅広い交友関係のなかから賛同者を募り、変革の実現に向けた強力なチームを結成することだった。そして施設内の非人間的な境遇を改善するべく、窓の鉄格子の撤去、拘束衣と電気ショックの使用禁止、白衣の着用の廃止、病棟の開放など、着実に改革を実行していった。

変革のキーワードは、「カッコに括る」だった。これは、「病室に鍵をかける」「患者を拘束する」といった病院内で当たり前におこなっていた行動の判断を一時停止し、「何のためにこれをやるのか?」を自問自答させることだった。判断停止により思考停止を防ぎ、精神病をめぐる先入観や偏見を停止する。そうすることで患者との距離を縮め、精神病院が患者にもたらした影響を患者目線で理解するようになった。

こうしてバザーリアは、精神病院は「治療の施設」ではなく「暴力の施設」だという認識に到達する。それを次のような「蛇の寓話」で説明する。ある真夏の昼、木陰でうたた寝をしていた男の口に一匹の蛇が入り込んだ。蛇は男の体内にとどまり、そこからみずからの意志を命じることで、男から自由を奪い取った。だがある日、男は蛇がいなくなったことに気づき、再び自由になったことを喜んだ。しかし、男は何もかも蛇の命令に従うことに慣れ切っていたので、もはや自分で何かを欲して行動しようという力を失ってしまっていた。バザーリアは、寓話の「蛇」と「男」の関係が、「施設」と「患者」のそれにそっくりだと理解した。病院で患者が失うのは、精神病院から外に出られないという〈…からの自由〉だけではない。人間存在の自発性に関わる〈…への自由〉も失うのである（鈴木 二〇一五：一四二）。

バザーリアは、施設が人間を「モノ」にしていく有形無形の暴力を「施設化」と呼んだ。彼の着眼は、精神病院に限らず、児童養護施設、障害者施設、高齢者福祉施設、ハンセン病療養所、監獄、兵営のような、入所者の生活全般を一括管理する「全制的施設」（ゴッフマン 一九八四：四）の問題を幅広くとらえる可能性をもっている。

図19－3　ゴリツィア精神病院

出典：ザネッティ／パルメジャーニ（2016）39頁

さらなる事実が判明した。精神病院で「モノ」にされるのは、貧困に苦しむ下層労働者階級ばかりだった。施設に富裕層はひとりもいなかった。なぜなら、彼らは手厚い治療を受ける費用を捻出でき、社会に復帰できたからだった。「裕福な病人」は「人間」として治療を受けられるが、「貧乏な病人」は精神病院で「モノ」にされてしまう。こうしたダブルスタンダードの精神医療をバザーリアは「二重構造の精神医療」と呼び、精神病院が階層格差の維持に加担していることを糾弾した。

疑問は精神医学にも突きつけられた。治療という名の下に、患者を破壊する施設を容認する科学とは何なのか。バザーリアは、精神医学が社会管理と階層格差を是認するイデオロギーとして機能していることも明らかにした。

最後に批判は自分たちにも向けられた。精神病院が「貧しい狂人」から社会の効率と安全の確保を任された「下請け機関」ならば、そこで働く精神医師や看護師は、治療者ではなく、看守と同じではないか。こうしてバザーリアたちの「ノー！」は、施設の社会的機能、イデオロギーと化した精神医学、社会の看守としての役割にいたる、根本的な異議申し立てへと発展していった。

3　自治・自知集会のアッセンブレア

ではどのように状況を打開するのか。バザーリアたちの独自の試みは、アッセンブレアと呼ばれる、医師や看護師、そして患者が自主的に集う定例の対話集会だった。この集会には施設内で一番広い食堂が利用され、椅子は輪になるように配置され、医師も看護師も患者も入り乱れて座った。出席の義務はなく、入退室は自由だった。毎回、数名の患者が持ち回りで司会進行を務めた。アッセンブレアには「議会」という意味があるように、集まった人々が地位や役割に関係なく、自由に発言できた。

この集まりには二つの意味が込められていた。ひとつは、病院内の患者が自発的に選択できるような複数の可能性を提供すること。もうひとつは、医師も患者も、互いの置かれた状況を比較し検証し合う場をつくることだった。いわばアッセンブレアは、精神病院でおこなわれることに自発的に参加する「自治」の試みであると同時に、職員と患者双方が社会のなかで自らの位置を認識していく「自知」の機会でもあった。

変化はしだいに、そして不可逆的に起こった。患者が抱く医師や看護師への不信感の壁は決壊し、連帯した力となって病院外部へ向けられた。こうした変革の具体的な報告と社会への問題提起が『否定された施設』にまとめられた。一九六八年に刊行されたこの本は瞬く間にベストセラーとなり、バザーリアの名前は社会に幅広く知られるようになる。

だが変革は中断に追い込まれた。改革方針の相違からゴリツィア県行政との対立が目立ってきたとき、退院患者が家庭でのいさかいで妻を殺害するという事件が起こる。事件は大きな論争を巻き起こし、改革の反対派が勢いづいた。しかしながらバザーリアたちに連帯と支援を示す声も瞬く間に広がった。三年続いた裁判は、バザーリアに無罪判決を言い渡した。だが心身ともに消耗し、これ以上の変革は困難と感じたバザーリアは、ゴリツィアを後継に託し、院長の座を降りることに決めた。これによってゴリツィアでの変革に終止符が打たれる。

バザーリアはゴリツィアから一時期ニューヨークでの滞在を経て、パルマにある公立精神病院の院長に就いた。だがここでも変革は中断した。左翼政党が多数派のエミリア地方ならば、バザーリアの改革は支持を得やすいと思われた。ところが改革よりも共産党の方針を優先する政治家たちなどに行く手を阻まれた。またもや行き詰まりかと思われたとき、新たな便りが届いた。それはトリエステからだった。

4　トリエステ、改革の再開

トリエステは、イタリア最北東部の東欧の入り口に位置する人口約二三万人の国境の町である。一四世紀前半から五〇〇年以上にわたりオーストリア・ハプスブルク帝国の一部であり、一八世紀初めに「自由港」に指定されると、近代都市へと急発展を遂げる。フランスの小説家ジュール・ヴェルヌの『アドリア海の復讐』には、この頃の町の賑わいが活写されている。町の発展を背景に、イタリア三大詩人のひとりウンベルト・サーバが詩をつくり、イタロ・ズヴェーボが無意識を主題にした斬新な文学作品を描き、フロイトの弟子エドアルド・ヴァイスが精神分析をイタリアに紹介した。独創的な文化活動が花開き、日本でも文学の町として関心を集めてきた（須賀 一九九五、河島 二〇〇四、岡田 二〇〇八）。

だがこうした町の発展は、第一次世界大戦後に低迷する。戦後まもなくイタリア王国に編入されると、港に不可欠な後背地を失い、イタリア半島の良港との競争を余儀なくされた。トリエステはイタリア未回収地併合運動の先端になり、ナショナリズムと帝国主義の象徴としての役割を強めていく［第9章を参照］。二つの大戦のあいだに、トリエステを通る国境線は六度も移動し、そのたびに数々の悲劇的な事件が町を襲った（鈴木 二〇一四）。一九五四年にイタリア残留が決まったとき、町は疲弊しきっていた。

図19－4　バザーリア夫妻とザネッティ
出典：ザネッティ／パルメジャーニ（2016）81頁

そうした矛盾は、トリエステの県立精神病院で噴出していた。入院患者のなかには、戦後の領土処理によって故郷を失ったイストリア半島からの避難民やトリエステの後背地スロヴェニアの人たちが多く含まれていた。二〇世紀初頭の建設当初、「ヨーロッパで最も美しい精神病院」と称されたかつての姿は、見る影もなくなっていた。

改革に立ち上がったのは、トリエステ出身の政治家ミケーレ・ザネッティだった。パリ大学で法律学の博士号を取得したのち、キリスト教民主党員として帰郷したザネッティは、三〇歳の若さでトリエステ県知事に就いた。一九七〇年の県知事就任後、彼は精神病院を視察し、その非人間的な状況に衝撃を受けた。改革の実現にはバザーリアしかいないと考え、彼のもとへ直談判に行った。

一九七〇年の冬のヴェネツィアで、バザーリア夫妻とザネッティが席を囲んだ。当初、バザーリアはザネッティの誘いに懐疑的だった。これまでの経験から行政への不信があり、そのうえ政治的立場の違う保守派ザネッティの提案を最初は信じられなかった。オンガロ夫人もトリエステ行きに難色を示した。しかし、バザーリアは最終的にザネッティの誘いを受け入れた。公募試験の結果、彼は院長に採用された。ザネッティは当初の約束を守り、行政の立場から全面的に支援した。これまで欠けていた行政支援というピースがようやく埋まった。変革は再び動き出す。

5　心病める人たちが権利を取り返す

トリエステの変革は、精神病院の「内」から「外」へ、そして「外」から「内」へという二つの動きが、同時並行で進んだのが最大の特徴だった。前者は「狂人の復権」（大熊 二〇〇九：一二五）であり、後者は「狂気の復権」に向けた動きだった。

「内」から「外」へという動きは、心病む人たちが施設収容で失った権利を再び取り返す過程だった。施設内には、もはや入院の必要はないが、長年の収容生活で家族や地域との関係を断たれた患者が多くいた。問題の解決策として、トリエステ県行政は「歓待《オスピタリタ》」という新しい法的地位を設けた。「歓待」を申請した者は「客《オスピテ》」と呼ばれ、患者と完全に区別された。「客」は地域生活の基盤が整うまで、住居・食事・医療サービスを無償で受けながら、施設内で自由に暮らす権利が認められた。「権利がない」ことが、患者の回復を阻害する主要因になっていることがしだいにわかってきた。

すると「住む」権利へも注意が向けられた。この章の冒頭で述べたように、バザーリアの院長公邸を含めた建物が共同住宅に利用された。「精神病は治らない」といわれていた人々が、看護師との共同生活を通じて、生活力を取り戻していった。やがて院内の「客」の多くは、家族のもとに戻るか、地域で共同生活をするようになった。

さらに「働く」権利へも変革は及んだ。これまで「作業療法」という名目で患者がおこなっていた院内の掃除や洗濯は、正式な労働であり、適正な報酬が支払われるべきだという声があがった。こうして一九七二年に最初の労働者協同組合が結成された。施設内の清掃サービスなどに従事する患者が労働者として雇われ、契約で定められた正規の報酬を保証された。やがてこの動きはイタリア全土に広がり、一九九一年には「社会的協同組合規定」として法制化され、「社会的に不利な状況におかれた人々」の労働と健康を支え、「社会的経済」の広がりを促進した（田中 二〇〇四）。

「存在する」・「住む」・「働く」権利が保障されても、再び心のバランスを崩したらどうするのか。そこで地域のなかに治療網が構築された。一定の人口を目安に保健区が設定され、保健区ごとに治療チームが配置された。画期となったのは、地域精神保健センターの設立だった。センターは病院と異なり、健康なときでも気軽に通える場として、市内中心部や住宅地区の住居建物が利用された。最大の特徴は、年中無休二四時間オープンで稼働し、誰でも予約なしで利用できる点だった。総合病院の精神科と夜間対応で連携を強めることで、心の病になっても長期入院を避けながら、地域生活を送れる仕組みがつくられていった。

6 社会が「狂気」を取り戻す

病院機能が弱まるにつれ、精神病院の「外」から「内」への動きが加速する。これは「理性」を至上とする西欧近代世界が何世紀にもわたって遠ざけていた「狂気」（フーコー 一九七五：八）を市民が再発見し、それを社会の一部として取り戻していく、「狂気の復権」の過程だった。

トリエステ精神病院の敷地では、さまざまな分野の高名な研究者が訪れ、大学さながらの講義をおこなった。狂気を人間の条件のひとつと捉えたバザーリアたちは、人間らしいこの苦しみに新たな姿勢で向き合う「もうひとつの精神医療」を練り上げる必要があった。精神科医や看護師たちは、心病む人たちの生活全体を支える専門技術者のチームを形成していった。

空になった病棟や敷地では、文化・芸術活動が盛んになった。著名なミュージシャンによる野外コンサートやアーティストによる演劇が開かれ、多くの市民が精神病院を訪れた。大きな画期となったのが、芸術家たちが入院患者と共

図19－5　マルコ・カヴァッロ
出典：著者撮影

同生活をしながら、巨大な馬の模型「マルコ・カヴァッロ」を制作し、何百人もの入院患者たちと「マルコ」を連れてトリエステの町を行進した一九七三年のできごとだった。激しい衝突や反対が心配されたが、結果的に行進は町で拍手喝采と激励で迎えられ、マス・メディアによって大々的に報じられた。町が「狂気」を再発見し、受け入れていく転機となった。

施設の「外」から「内」への動きは、とくに若者を中心に、社会変革を望む人々を惹きつけた。トリエステには、イタリア国内外から来訪者が押し寄せた。ザネッティは、「トリエステの精神病院は、一九六八年の異議申し立ての世代が、財力や政治権力に隷属させられたり、失望のあまりテロリストに転じたりすることを回避し、自分たちの掲げた理想を実現する機会を得た場所だった。広い範囲から眺めてみても、こうした場所は、トリエステを除いて他には存在しないだろう」と振り返っている（ザネッティ／パルメジャーニ 二〇一六：一〇〇）。

だが改革への反対も強かった。そこでバザーリアとザネッティは、WHOのヨーロッパ支局に出かけ、詳細な改革計画とその意義を訴えた。これが実り、一九七三年にトリエステはヨーロッパで数少ない「WHOの実験地区」として認められた。国際的な承認という最大の後ろ盾を得たことにより、腰を落ち着けて変革に取り組む環境が整えられた。

一九七一年当時の約一二〇〇人の入院患者は、一九七八年には一〇分の一以下まで減少した。一九七六年末、バザーリアとザネッティはトリエステ精神病院閉鎖の方針を正式発表した。一九七八年五月一三日、政治的な駆け引きや混乱がありつつも、公立精神病院の段階的な閉鎖と地域での治療サービス網の構築を定めた、法律一八〇号が国会で可決される。

一九七九年、バザーリアはトリエステを去り、首都ローマでの改革に向かった。だがまもなく脳腫瘍に冒されていることが発覚し、一九八〇年の八月、ヴェネツィアで家族や友人に見守られながらこの世を去る。享年五六歳の若さだった。葬儀では、ザネッティがオンガロ夫人の依頼により、心温まる別れの言葉を贈った。この年の春、トリエステ県行政は精神病院の閉鎖を宣言し、トリエステはヨーロッパで初めて精神病院のない町となっていた。

バザーリアの精神保健改革の特質は、精神病院の「内」と「外」を分離する壁を破壊したことだった。この「壁」は、物理的な「壁」のみならず、市民と障害者とを分離する「壁」であり、さらには個人の内なる正常と狂気とを隔てる「壁」である。バザーリアがこれらの「壁」の破壊を改革の中心に据えたとき、ゴールにあるのはもはや「内」も「外」もない市民社会だった。そこに見えてくるのは、狂気のある風景を日常として生きる私たちの姿である。「狂気」は、社会秩序を乱す「問題」ではなく、私たちの人間存在を構成する不可欠な「体験」の一部であり、人間と社会の矛盾そのものである。だから、この矛盾のなかで生きる智恵と術を編みだそうではないか。これがバザーリアの変革のメッセージだった。

7　改革の現在と日本へのメッセージ

その後の改革の歩みは、決して平坦なものではなかった。改革の進展は、各州で大きく異なり、病院閉鎖の時期は総じてイタリア北部では早く、中・南部では遅れが目立った。反対勢力は、「バザーリア法」を廃止に追い込む政治活動を展開した。だが改革の支持層がサービスの充実に努め、オンガロ夫人が政治の場で格闘を続けるなど、改革の定着に奔走した。一九九〇年代初頭の汚職問題で政治地図が一新されると、新政府の下で改革は一挙に進展した。一九九九年、保健相はイタリア全土の公立精神病院の閉鎖を公式に発表した。

たしかに今も「バザーリア法」をめぐる論争や課題がある。一部の地域では、「ミニ精神病院」が出現するリスクもある。だがバザーリアたちの改革は、トリエステ以外の地域の良質な実践と混ざり合いながら全国へ広がった（松嶋二〇一四）。そして、社会的協同組合、障害児教育、非営利事業、刑事司法へもその影響は及んだ。

トリエステでは、バザーリアの後を引き継いだチームが改革を前進させた。現在、この町では、精神病院というかつての唯一の治療施設が、異なる機能や目的をもつ約四〇のサービス機関に替えられている。精神科診療の公的費用は以前と比べてほぼ半減し、強制的な治療は減る傾向にあり、自殺者は減少した。トリエステの精神保健サービスは、病院中心の「入院《ホスピタリゼーション》」モデルから、生身の人間を根幹に据えた「歓待《ホスピタリティ》」モデルへの大転換を遂げた（Mezzina 2014）。

トリエステの改革の今をよく伝えるのは、WHOとトリエステ精神保健局が共同ですすめる「バザーリア国際学校」である。この取り組みは、世界の優れた精神保健の実践を学び、国内外に発信するためのセミナーである。二〇一五年の一二月、「隔離なきコミュニティ」を主題とした会合が開催され、開催地のトリエステには、四日間で二一カ国から約三〇〇人の参加者が集まり、活気に満ちた議論が交わされた。

図19－6　バザーリア国際学校

出典：著者撮影

日本からは、『ルポ・精神病棟』で日本の問題を告発し、イタリアの改革をいち早く日本に紹介したジャーナリストの大熊一夫、日本のみならず北欧や米国の精神保健の現場をつぶさに見てきた社会学者の竹端寛（竹端 二〇一六）、そして著者の三人が参加した。ある会合では、世界に先駆けて改革を進めたトリエステ、ユーゴスラヴィア内戦後の混乱と国内政治の混迷のなかで改革が進展するセルビア、そして竹端寛から今なお「精神病院を捨てない」日本の報告がなされた。会場からは、日本の「鎖国状態」にため息が漏れた。著者は心底から恥ずかしさが込み上げてきた。なぜ、日本はこうなのだろうか。

世界的にみると、日本の特異性は際立っている。三〇万に及ぶ日本の精神病床の数は、人口比でも、絶対数でも、世界最大である。約三〇〇日という入院の平均日数は各国平均の約三六日に比べて桁外れに長い。全体の約九割の精神病床を私立精神病院が運営し、収入減を懸念して病床削減はいっこうに進まない。院内での傷害・暴行事件の報告や告発は後をたたない。こうした閉鎖的な在り方には、再三にわたって世界から厳しい目が向けられてきた。しかし入院中心のモデルは変わらぬまま、今日に至っている。

現在、政府は認知症の国家戦略のなかで、精神病院を「認知症の永久下宿化」させる計画を進めている（大熊 二〇一六）。そして二〇一六年七月二六日、神奈川県相模原市の最北端にある県立障害者福祉施設で凄惨な事件が起きた。この殺傷事件は、バザーリアの後継者のひとりがかつて語ったように、「他人を排除する社会は、誰もが排除される可能性をもつ『病んだ社会』」（大熊編 二〇一六：四七）の構造的な問題を私たちに突きつけている。

ある時期までイタリアは日本と同じ道を辿っていた。しかし、この章でみてきたように、状況は一九六〇年代以降に一変する。バザーリアの精神保健改革は、日本に直輸入できるものではないが、「人間を人間として扱わない」ことに「ノー！」と言う倫理原則は、イタリアも日本も共通のはずだ。それが日本へのメッセージではないだろうか。

参考文献

大熊一夫（二〇〇九）『精神病院を捨てたイタリア　捨てない日本』岩波書店。

――――（二〇一六）「精神病院にしがみつく日本　司法精神病院も捨てたイタリア」『世界』八七七号、二六五―二七五頁。

大熊一夫編（二〇一六）『精神病院はいらない！』現代書館。

岡田温司（二〇〇八）『フロイトのイタリア』平凡社。

河島英昭（二〇〇四）『イタリア・ユダヤ人の風景』岩波書店。

ゴッフマン、E（一九八四）『アサイラム』石黒毅訳、誠信書房。

ザネッティ、M／パルメジャーニ、F／（二〇一六）『精神病院のない社会をめざして　バザーリア伝』鈴木鉄忠・大内紀彦訳、岩波書店。

シュミット、S（二〇〇五）『自由こそ治療だ』半田文穂訳、社会評論社。

須賀敦子（一九九五）『トリエステの坂道』みすず書房。

鈴木鉄忠（二〇一四）「国境の越え方」新原道信編『〝境界領域〟のフィールドワーク』中央大学出版部。

――――（二〇一五）「〝二重の自由〟を剝ぎ取る施設化のメカニズム」『社会学・社会情報学』二五号、一三五－一四九頁。

竹端寛（二〇一六）「精神医療のパラダイムシフト」遠塚谷冨美子・吉池毅志・竹端寛・河野和永・三品桂子『精神病院時代の終焉』晃洋書房。

田中夏子（二〇〇四）『イタリア社会的経済の地域展開』日本経済評論社。

フーコー、M（一九七五）『狂気の歴史』田村俶訳、新潮社。

松嶋健（二〇一四）『プシコ・ナウティカ』世界思想社。

Mezzina, M. (2014) "Community Mental Health Care in Trieste and Beyond," *Journal of Nervous and Mental Disease*, 202(6), pp. 440–445.

「自由こそ治療だ」ＨＰ：http://freedom-is-therapeutic.net/

Columun

Ⅶ ミルコのひかり

髙橋春菜

イタリアでは、一九七一年の法律を皮切りに障がいのある子どもを普通学校に統合する制度が整えられてきた。本作は、統合発足間際の全寮制盲学校を舞台に、現在、映画界屈指の音響編集者として活躍するミルコ・メンカッチの少年時代を描いたものである。

ミルコは一〇歳で不慮の事故により両目の視力を失い、故郷トスカーナから遠く離れたジェノヴァの全寮制盲学校に預けられた。そこでは、目の不自由な子どもたちが点字を習い、イス作りや機織りの訓練を受けていた。活発なミルコは施設の生活を受け入れられず、自らの不運を呪うようになる。

奇跡は、ミルコが施設の一角で偶然にも一台のテープレコーダーを見つけたときに始まった。周囲の音を録音してはつないで物語を創りあげていくミルコ。一度は閉ざされたかに思われた彼の世界には再びひかりが差していた。

ミルコが紡ぎだす音の世界に、しだいに他の子どもたちも魅了されていく。そこには、視覚障がいのない少女フランチェスカの姿もあった。やがて年に一度の学芸会が近づくと、教師らが用意した演目とは別に「音だけの創作劇」が子どもたちのあいだで密かに完成しつつあった。

ところがこの創作劇は、ほかでもない施設の校長の反対に遭う。校長は、勝手な行動をしたミルコに退学処分を言い渡した。担任教師のジュリオ神父が「子どもたちに自由に表現させるべきです」と詰め寄るも、校長は「盲人に自由はない」と断じる。規律こそ子どもたちの人生の保障であり、自由など「傷ついて」まで求めるべきではないと。じつは校長も、若くして視力を失っていた。

はたして、「自由な表現」を包摂する文化と社会が実現可能なのか否か、いまだに問いは開かれている。ただ、ミルコを取り巻く子どもたちのにぎやかな声と、その輝きを讃えるように流れる美しい音楽が、いつまでも耳に残る作品である。

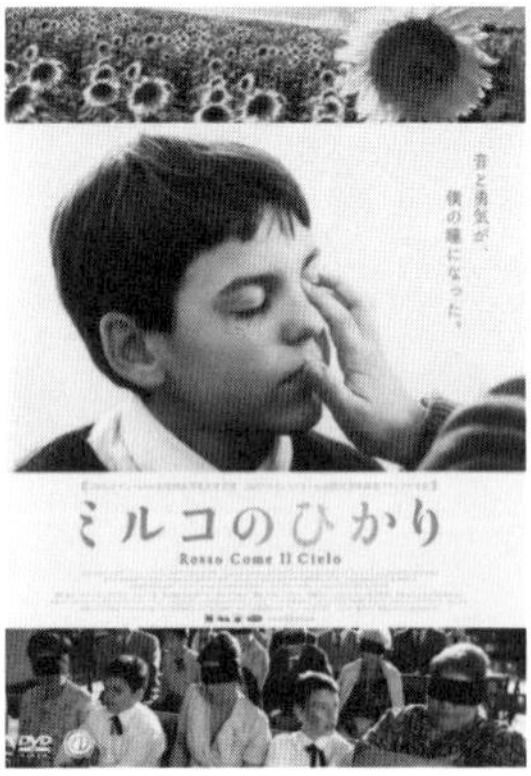

原題：Rosso come il cielo
制作：2005年
監督：クリスティアーノ・ボルトーネ

第20章　知の工房としての公共図書館

髙橋春菜

公共図書館は、知識を保存し伝えるばかりでなく、人々が集い、新たな知識を生みだしもするという意味で、知の工房というにふさわしい場所である。イタリアには、中世にまで起源をさかのぼる古い教会図書館や大学図書館も数多く現存するが、より一般に開かれた公共図書館には、民衆が自らの知をいかにして練りあげてきたかを探るための重要な手がかりがある。この章では、イタリアにおける公共図書館の多様な成り立ちを時系列に沿って概観したうえで、地域の戦後史に連なりつつ今日の新たな体制のもとで新たな課題に向き合う、ボローニャの公共図書館「カーザ・ディ・カオウラ」の事例を取りあげる。

イタリアには、公共図書館の運営を細かに規定する国の法律がない。国家統一後の一八六九年に公教育省が設置した特別委員会は、国内すべての図書館を一括して検討することなく、ごく一部の政府図書館（のちの国立図書館）のみを政策対象にした。それ以来、公共図書館は具体的な運営に関して国の法的規制をほとんど受けず、第二次世界大戦後は、共和国憲法に従い州法に委ねられてきた（憲法一一七条および一一八条）。こうした経緯から、イタリア国内には多様な成り立ちや運営形態をもつ公共図書館が混在している。

二〇〇五年の文部科学省の国際比較調査は、諸外国・地域の公共図書館の設置状況を二つの形態に大別している。ひとつは比較的小規模な公共図書館を国土・国民のなかに高い密度で設置してきた国々で、イタリア、ドイツ、イギリスが

表20－1　イタリアと日本の公共図書館設置状況（2004年）

項　目	イタリア	日　本
公共図書館数	約6,000	2,735
100 km² 当たり図書館数	2.0	0.7
人口10万人当たり図書館数	10.5	2.1
1館当たり職員数（人）	4.0	10.2
1館当たり蔵書数（冊）	9,493	116,640
1館当たり年間貸出数（冊）	42,993	（市区立）290,000
		（町村立）　90,000

注：蔵書数と貸出数にマルチメディア資料が含まれるか否か不明
出典：文部科学省（2005）より作成

含まれる。もうひとつは、比較的大規模な公共図書館を国土・国民のなかに低い密度で設置してきた国々で、日本、中国、韓国、カナダ、アメリカが該当する。

表20－1にみるように、イタリア国内の公共図書館の数はおよそ六〇〇〇館、人口一〇万人に対して一〇・五館、一館当たりの図書館員数は四人である。日本に比べて全体数が多く、同じ人口比でみると高密度に設置される一方、職員数と蔵書数をみると日本の平均規模よりも小規模であることがわかる。このような特徴は、イタリアの公共図書館が必ずしも国からのトップダウンで設置されてこなかったことと関係している。必然的に地域コミュニティとの密接なつながりをもつ公共図書館が多いこともイタリアの特徴である。

1　民衆図書館の誕生

一九世紀以降に地方公共団体によって運営されることとなった公共図書館には、中世を起源とする私設図書館や教会図書館の蔵書の保存を目的としたものが多い。たとえば、一八〇一年にボローニャの聖ドメニコ会修道院に設立された図書館は、ナポレオンが押収した複数の宗教組織の所蔵資料を保存した。その後、地域の著名な文化人や聖職者、学者などからの寄贈によって蔵書を増やし、一八三八年にはボローニャ大学の最初の拠点であった「アルキジンナージオ」（一五六三年設立）の建物に移されて現在に至る。ほかにも、修道院附設図書館であったイーモラの市立図書館、司教邸宅内図書館であったブレーシャの「クエリニアーナ市民図書館」、聖職者の私設図書館であったジェノヴァの「ベーリオ市民図書館」も、リソルジメント期に世俗組織に委ねられた。ただし、これらの図書館には専門書が多く、しばしば有料であったことから、利用者は限定されていた。

一八六六年には宗教組織所有の文化財を国家が押収する法律が制定され、膨大な教会所有の書物が国や地方公共団体などの管理下に置かれた。これらのすべてが直ちに新たな公共図書館の設置に結びついたわけではないが、多くはのちの公共図書館のコレクションの一部になった。

一方で一九世紀半ばには、民衆のあいだで新たに図書館を設置する動きもみられた。これら民衆図書館の多くは閉架式で閲覧室を備えなかったが、しばしば利用者は本を借りて館外に持ち出すことができた。早いものでは、一八四五年にクレモーナで学校教員を主な利用者として設置されている。

なかでも全国的な影響力をもった事例のひとつが、一八六一年にプラートに設置された民衆図書館である。同館は、労働者家庭に生まれ育ったアントニオ・ブルーニが、ピサ大学の哲学科を卒業する一年前に八名の友人らと設立したものであった。一八六六年には国から補助金も得て、一〇年足らずで会員は二〇〇人、蔵書は四〇〇〇冊に達した。当時の民衆図書館の多くは会費制で、同館の場合には普通会員は月に〇・三リラを収めた。会員には、地方政治の指導者や文化人ばかりでなく労働者らも含まれ、蔵書のジャンルは文学、工業、商業、農業、地域経済、家政、地理、歴史まで幅広かった。ある時期には年間で一二〇〇リラの収益をあげ、その功績はパリで表彰された。

その後、民衆図書館は各地に広まりをみせることになる。とくに活発な動きがみられたのはミラノであった。一八六五年にはミラノで民衆図書館推進のための協会が設立され、指導者のひとりによって、利用を無償とするなどの先駆的な取り組みがなされた。このようなミラノの状況は、より広くロンバルディア地方で民衆図書館の普及を促した。また同時期には、トリノとジェノヴァで民衆図書館のための協会が設立された。

図20-1　イーモラ市立図書館の一室
出典：著者撮影

表20－2　イタリアの非識字率(%)と総人口(万人)

年	男性	女性	全体	総人口
1861	72	84	78	2,177
1871	67	79	73	2,680
1881	61	74	67	2,846
1901	50	61	56	3,247
1911	43	51	47	3,467
1921	33	38	36	3,797
1931	17	24	21	4,117
1951	11	15	13	4,751
1961	7	10	8	5,062
1971	4	6	5	5,413
1981	2	4	3	5,655

注：非識字率は6歳以上を対象。値は調査時の領土にもとづく。

出典：藤澤（1993）58頁；B.R. ミッチェル編（2001）『マクミラン新編世界歴史統計［Ⅰ］ヨーロッパ歴史統計：1750～1993』中村宏・中村牧子訳，東洋書林，6頁より作成

こうした民衆図書館振興の動きは、すでに産業の発達とともに労働者のあいだで興隆しつつあった相互扶助の理念や実践と少なからず連動していた。相互扶助会は、会員の老齢・傷病・失業保険のために会費を運用し、生活必需品の販売をおこなった。さらに当時は民衆の非識字率が高かったため（表20－2）、会員の教育も重要課題であった。文化活動を通じて賭博やアルコールといった悪癖に代わる習慣づけを図ることも、新たな市民社会を形成するうえで重要な意味をもった。これらの相互扶助運動の思想的背景には、国家統一を社会的結束の重要性から説いたジュゼッペ・マッツィーニらの言説もしばしば大きな影響を与えていた。

ボローニャでは、一八六〇年に労働者協会が設立されている。同協会は設立の二年後に教育担当委員会を設置すると、一八七一年、ボローニャ大学の取り組みを受け継いで民衆教育連盟を発足させた。同連盟は、詩人としても著名なジョズエ・カルドゥッチによって率いられ、他の協会が運営する図書館の協力を得て、読書サークルや労働者のための夜間・休日学校、民衆図書館整備のための講習などをおこなった。

一八六九年には、トリノで統一後のイタリアで初めて市が全運営費を賄う市営の民衆図書館が誕生する（図20－2）。労働者を中心とする民衆の要請が、公的な問題と捉えられたのである。トリノにも夜間・休日学校が開設されており、その補強も期待された。実際、同館は、夜間に活版印刷の演習をおこなうなど、実践的な職業訓練や市民活動の場にもなった。同館は移転こそしたものの、トリノの市民図書館として現存している。

二〇世紀初頭の報告では、サンプルとなった三一九市町村の四一五の民衆図書館のうち、一三三が公立、一一三が私

設、八が工業関連の団体による運営、八〇が労働者団体による運営、一五が聖職者による運営であった。また、二二五館が一般民衆に開放されており、三五八館が館外貸出を認めていた。ただし当時、何らかの目立った運営補助金を得ている館はごくわずかであった。

このような補助の欠如も影響して、民衆図書館の設置・運営は、一八八〇年代から徐々に停滞していく。二〇世紀に入ってその建て直しを図ったのは、一八九三年に設立されたミラノのウマニタリア協会、一九〇三年設立の民衆図書館協会、一九〇八年設立のイタリア民衆図書館連盟といった新たな組織である。

なお一九一九年には公教育省のもとで、国内の蔵書管理と公共図書館の普及を目的とする図書館監督局が国内の主要な図書館司書一二名により構成されたが、実質的に機能したのは戦後になってからであった。

2　ネットワークの充実と拡大

さらに新たな展開がみられるのは、ファシスト政権成立後の一九三〇年代である。一九三〇年には、現在もイタリアの公共図書館運営で中心的な役割を担う全国図書館協会が設立された。この時期には、図書館が不足していた南部にも設置が進められたことで、均一とはいえないまでも全国各地に公共図書館が普及した。そのなかには、ベネヴェント（一九二七年）やペスカーラ（一九三四年）の県立図書館があった。一九三三年の国民教育省の全国調査によれば、国内の公共図書館は少なくとも三六五〇館に達した。

公共図書館は、ファシズムの重要な関心事のひとつであった。写本などの貴重資料の価値を国際舞台で誇示すること、子どもに対するファシズム教化のため学校と

図20－2　トリノ市立図書館が設置された市庁舎

読書生活を掌握すること、出版業界を振興することなどに照らして、公共図書館は無視できない装置であった。同政権は、一九三二年に民衆・学校図書館局を設置して、イタリアで初めて既存の公共図書館を結ぶ全国ネットワークを築いた。同局は、戦後も一九七六年まで存続している。また一九四一年の法律では、政府図書館の存在しない県都に公共図書館の設置を義務づけた。

このように国内で公共図書館の普及が図られる一方で、一九三〇年代のイタリアでは、国際化を志向する新たな胎動も生じていた。ファシスト政権が管理した公共図書館運営の専門誌でも、アメリカやドイツの事例が盛んに論じられた。折しも一九二七年にはエディンバラで国際図書館連盟（ＩＦＬＡ）が設立され、一九二九年の第一回大会がローマで開催されていた（図20－3）。イタリアの代表としてアメリカ視察や同連盟の設立に尽力したルイージ・デ・グレゴーリをはじめとするイタリア図書館界の専門家らは、民衆に広く行き渡る公共図書館サービスとしてアメリカのパブリック・ライブラリーを紹介し、主要都市ばかりでなく国内に広く普及させていくことを求めた。しかし、第二次世界大戦の深刻化により、こうした動きはいったん影を潜める。

図 20－3　ヴァティカン図書館で IFLA 第１回大会を歓待するピウス11世
出典：Ponzani (2009) p. 9

イタリアにおいて民衆のための公共図書館の設置が再び加速したのは、戦後の一九五〇～六〇年代である。一九四九年のユネスコによる公共図書館宣言も公共図書館の普及を後押しし、民衆に閲覧しやすい開架の整備を促した。一九五六年にはアメリカ国務省よりイタリア図書館員らが十数名ほど招かれて四カ月間のアメリカ研修に参加するなど、国際関係も再び具体化した。

同時にイタリア国内では、特定の公共図書館政策を広域で推し進めようとする全国規模の組織が、互いの一貫性と統一性を欠いたまま乱立する状況も生じていた。公教育省が学校を拠点として地域の読書活動推進を図る「読書センター」の取り組みを展開すると、他方で各省を束ねて政府図書館などを管掌していた図書館総局は、民衆向けの公共図書館を不足地域に設置ないし再生する「国の読書推進事業」を重ねて展開した。さらに一九五四年、上記の公教育省も図書館総局も関与しない総理府直属の図書委員会が設置され、新規の土地区画整備が進んでいた農村での公共図書館普及を図った。

このような行政の乱立状態に対し、当時の図書館界で指導的立場にあった専門家らの一部は、一刻も早い統一的な体制の確立を要請した。そのためには、民衆図書館と公共図書館、国家と地方および民間、学校図書館と公共図書館といった異なる領域での事業を統合することが課題であった。ただ結果として、これらの各種政策によって国内の公共図書館数が増加したことは確かである。

一九六〇年代に入ると、ほとんどの市町村に普及するまでに公共図書館の設置が進んだ。背景には、統一中学校の発足（一九六二年）、郊外での高等学校の開設、高等教育の機会拡大、進学率の向上という公教育全般における変化が影響していた。もっとも中学校が複線型であった時代にも、多くの子どもが職業系の中学校に進むなかで、「仕事の重荷と小学校の学びの喪失のために大人になって非識字と単純労働という灰色の世界に追い込まれる前に、彼の社会的‐精神的な素地に存在し続け、彼らを援助する」（Carini Daimotti 1954：340）ことが公共図書館の使命と認識されていた。統一中学校が発足してからは、さらに公教育制度と結び合いながら学校の勉強を側面から支援する位置づけを公共図書館が担ったといえる。

他方で同時期には、書物と読書への権利にかかる責任を自治体に求める認識が人々のあいだに浸透していた。こうした民衆のニーズは必ずしも書物や読書に限定されず漠然と知識一般に向けられていたことから、しばしば各市町村は、「市民センター」や「多目的センター」という総合的な文化施設の開設によって応じた。これらの施設では、公共図書館は映画や演劇などの多様な文化的機能の一部であった。

ようやく一九七四年に文化財・環境省が設置されたことで、全国の公共図書館行政を統一的に進める体制が整えられ、公共図書館の権限を州に委ねるという共和国憲法の記述も実質的な発効をみることとなった。なお同省の発足時には、従前の図書館総局が公教育省から独立して中心的な役割を担っている。一九八〇年代には、情報化の進展により公共図書館サービスの質が変容し、同時に司書の専門性がかつてなく問われるようになった。そうした新しいサービスを整備し、司書の専門性を高めるうえで、政府や地域ネットワークによる広域での取り組みが顕著となった。その成果には、一九七九年に誕生したイタリア初の全国統一蔵書目録システムＲＩＣＡがあり、これが二〇〇九年にＲＥＩＣＡＴに再編されて今日に至る。また昨今は、二〇一三年の法律に則り、全国図書館協会が統一的な司書資格や研修制度を準備してきている。

公共図書館の運営形態と運営主体にも新たな変化がみられる。一九九〇年の地方自治法および二〇〇〇年の地方自治体に関する統一法典では、公共図書館サービスを含む公的サービスについて、第三者への委託、公益法人ないし民間企業による運営が可能となり、同時に多様な連携が推奨された。このようにトップダウンの指導によらず各拠点が水平的な連携を模索している形態は、現代のイタリア公共サービス運営の典型的な特徴でもある。完全な営利企業による運営は公共図書館の理念に馴じまないとの見方もあるが、かつて相互扶助の動きと連動しながら民衆の手で立ち上げられた民衆図書館の運営形態が、いまや行政から積極的に求められていると見ることもできる。

3　子どもを主役に迎えて

一九六〇年代まで、公共図書館の利用対象は一般に小学校の高学年程度以上に限定され、利用主旨は学校の不足を補うものとする捉え方が根強かった。だが近年は、子どもを学童ではなくひとりの自律的な利用者として迎える準備が整えられてきている。イタリアで最初の子どものための公共図書館は、一九二六年、熱心な教育家であったマリア・ペッツェ・パスコラートがヴェネツィアで設置したものといわれる。同館は、六〜一六歳を対象とし、運営には元教師の女性や教員養成校の生徒らがボランティアで協力した。この活動は高く評価されて、一九三〇～一九三八年にはサン・マルコ広場の豪奢な王宮内に迎えられた。晴れた日には屋外の広場でも読書活動をおこなった。しかし、より広く公共図書館で子どものための取り組みがみられるようになるのは一九七〇年代以降である。

先駆けとなったのは、一九七一年にジェノヴァで開館した「デ・アミーチス」である。同館は、ドイツのミュンヘンやフランスのクラマールのモデルをもとに構想され、これら海外の館から図書の寄贈を受けるなどして国際交流の拠点にもなった。同館は比較的大規模の館全体が子どものための空間である点で、従前の一般向け公共図書館併設型とは一線を画す。開館当初から映画、レコード再生機、電子黒板などのマルチメディア機器を備え、多様な文化活動を子どもたちに提案した。

図 20－4　本をカウンターに差し出す幼児
出典：著者撮影

一九九〇年代に入ると、アメリカで普及していた〇歳からの読書推進運動「読むために生まれて」がイタリアに導入され、乳児と親のための空間が公共図書館に組み込まれた。その好例のひとつに、ボローニャの公共図書館「サーラ・ボルサ」内の「サーラ・べべ」（乳児セクション）がある（図20－4）。床にカラフルなマットが敷かれ、絵本の並ぶ書棚のみならず、ぬいぐるみやデジタルモニターでの遊び、育児情報などが用意されている。普段はマットに寝転がって過ごす親子の姿もみられ、地域の専門医による育児相談会などの子育て支援も定期的に企画・実施される。

近年は、青少年期を対象とする活動も活発である。サーラ・ボルサ内の青少年セクションでは、映画上映、ビデオ制作、音響制作、美術、執筆などの表現活動を中心とするワークショップを実施している。同館の図書館員によれば、当初は青年らが館内で騒いだり暴れたりする問題行動が後を絶たなかったが、彼らを排除するかわりに教育専門家による聞き取りを実施した。そこで得られた青少年らの要望を積極的に受け入れることで、彼らを主役とする活動が始められたのである。

イタリアでは、公共図書館が地域の学校から積極的に活用されている点も特筆される。無論、イタリアの学校図書館が日本ほど整備されていないことの影響も大きい。とはいえ、各館では職員が中心となって独自の教育プログラムを企画することが多く、公共の場である利点を生かして地域人材を有効に活用する事例も少なくない。このような場合、公共図書館は学校の補足というよりむしろ、地域と学校のあいだで可能となる固有の学びを提供する貴重な場となっている。

4　カーザ・ディ・カオウラ

戦後の学校教育と地域教育の経験を受け継ぎながら、現在、地区の移民増加という新たな課題に応じるべく、さまざまな主体の協力を得て文化間対話に取り組む公共図書館がある。ボローニャ市の「カーザ・ディ・カオウラ」である。前節までにみてきたイタリア公共図書館の多様な成立史に照らしてみても、現代的な事例のひとつといえる。

同館は、二〇〇七年、ボローニャ市が中央駅の裏手一帯に広がるボロンニーナと呼ばれる地区に設置した。かつて市が所有していた競馬場の厩舎を改装したシンプルな構造の二階建で、総床面積は八八五平方メートルと決して大きくない（図20-5）。館名は「カオウラの家」という意味で、「カオウラ」は北アフリカ出身の移民少女の名前である。一九九八年、来伊したばかりの小学生だったカオウラは、落ち着いて勉強できる場所を求めて学校教員とともに地区の教育担当者に相談した。その要望が、年月を経て同館の構想に結実したのである。折しも同地区ではカオウラのような移民の子どもが急増しており、同館には、その包摂と対話的な教育の機能が託された。

また同館には、地区で長らく機能不全に陥っていた一般向けの公共図書館の機能と、前年に閉鎖された地域教育拠点

（SET）の機能も統合された。とくにSETはボローニャ市がかつて地区の学校のなかで展開した教育事業に起源をもち、その経験がカーザ・ディ・カオウラに受け継がれたことは注目される。以下、この経緯を簡単に紹介しよう。

イタリアの小学校のほとんどはファシズム期に国立となって今日に至るが、ボローニャ市は一九六〇年代末より独自に教員を雇用して地域の小学校に派遣し、独自の学校事業を展開してきた。そのおもな事業には全日制カリキュラムがあり、一九八〇年代からは特別図書教室や学校外での自然教室なども実施された。これら市独自の学校教育事業は、戦後の市政が牽引した市民参加にもとづく地域政策の成果のひとつであった。

しかし一九九〇年代半ばになると、公教育省が全国の学校の標準化を強めたことなどから市独自の学校事業は学校から退く。このとき市は、市で雇用していた教員らを再配置するため、地域に二〇拠点ほどの地域教育拠点をSETないし町の教室と称して開設した。カーザ・ディ・カオウラの母体となったのは、そのうちのひとつ、同地区で読書推進を中心に活動していたSET「ピーノ・ピノッキオ」である。もとは、一九八〇年代に幼児学校内に設置された後に国立小学校に移設された特別図書教室に端緒をもつ。同SETは一九九七年に閉鎖され、同時に定年退職を控えていた担当教員二名が在職最後の一年間、カーザ・ディ・カオウラの開館準備に協力した。このとき、SETの蔵書や手作りの調度、二名の教員が長年の教育活動で培った実践のノウハウが、カーザ・ディ・カオウラのスタッフらへと受け継がれた。

図20－5　「カーザ・ディ・カオウラ」の外観
出典：著者撮影

こうした経緯からカーザ・ディ・カオウラは、成人も利用する一般の公共図書館ではあるものの、子どもを中心に据えている。館内空間の約三分の一が子ども向け閲覧室と広いアトリエに充てられていることは象徴的である。これらの空間は利用者の目に触れやすく、多様なルーツをもつ子どもたちに対する配慮が、日常的に地域の人々に促されている。もっとも館長は、同じ場で互いの存在を認め合うことにこそに多様な人々のあいだで関係性を構築していくための基盤があると述べている。

スタッフの人事では、教育職経験者（幼稚園教諭と地域青年教育担当）が司書経験者とほぼ同比で採用された。実際に子どもたちは頻繁にスタッフに助言を求めており、他方、ふざけすぎた子どもをスタッフが追いかけて叱る場面も見受けられるなど、スタッフと子どもたちの距離は近い。あるアンケート調査では、多くの子どもが資料や空間以上にスタッフを高く評価している。この図書館は、地区在住移民の出身国・地域に関する情報や、外国語絵本・多言語併記絵本などの児童書、さらに文化間対話を促す教育関係資料と併せて、地区の情報も豊富に提供する。書棚そのものが、世界とこの地区との交点になっているのである。

さらに目を引くのは利用者らによる表現活動である。芸術作品の展示が日常的に開かれ、地区で活動するグループの詩や小説の作品発表、著者を招いてのブックトークなどが頻繁に催される。なかには移民問題に直結するものも多いが、あくまで一方的な支援ではなく、交流や対話を志向するものが多い。地区の学校との連携においても、移民文学などの蔵書をふんだんに読み聞かせながら、地区在住の移民を交えて旅や移民の経験を語り合い、さらに子どもたちも物語を書いてみるという実践を展開している。子どもたちが大人たちとともにさまざまな問題に向き合い、自己を振り返り、これからの共同体の在り方について語り合った成果は、しばしば館内に掲示されてきた。このような子どもたちの問いかけもまた同館の資料の一部となって、地区の文化を更新してきているのである。

カーザ・ディ・カオウラは、現在、公共図書館として市の図書館機構の傘下にあり、かつてSETが教育行政の管轄下にあった頃とは位置づけが大きく異なる。同時に、市政は行政主導型から各拠点主導型へ、公から民へと移行してきており、拠点ごとの運営努力が求められている。こうしたなか、同館が一般的な公共図書館業務の枠を越える教育事業に予算を確保するのは容易でなくなってきている。そこで外部のアソシエーションやボランティアの実践を積極的に受け入れたり、地方銀行の援助を受けたりしながら、ようやく教育活動の質と量の維持を図っているのである。とはいえ同館が、多文化という地区の新たな局面に対峙してなお、知の工房であり続けていることは無視できない。そしてその中心には、多様なルーツをもつ新世代の子どもたちが迎えられているのである。

参考文献

アンニョリ、A（二〇一一）『知の広場——図書館と自由』萱野有美訳、みすず書房。

髙橋春菜（二〇一五）「イタリアにおける地域のインターカルチュラル教育——ボローニャ市・公共図書館カーザ・ディ・カオウラのケーススタディ」早稲田大学イタリア研究所『研究紀要』四号、一一五－一三五頁。

———（二〇一六）「ボローニャの「地域教育サービス拠点」（ＳＥＴ）の起源を尋ねて——コムーネ独自の学校教育政策から受け継いだもの」『日伊文化研究』五四号、七一－八四頁。

藤澤房俊（一九九三）『「クオーレ」の時代——近代イタリアの子供と国家』筑摩書房。

文部科学省（二〇〇五）平成一六年度・文部科学省委託事業「図書館の情報拠点化に関する調査研究」報告書『諸外国の公共図書館に関する調査研究報告書』株式会社シィー・ディー・アイ。

Carini Dainotti, V. (1954) "Biblioteche per ragazzi, biblioteche scolastiche e Servizio nazionale di lettura," *La parola e il libro*, a. 37, f. 11-12, pp. 339-344.

———(1969) *La Biblioteca Pubblica in Italia tra cronaca e storia (1947-1967), Biblioteconomia e bibliografia-Saggi e studi vol. 5*, Firenze: Leo S. Olschki.

Montecchi, G./Venuda, F. (2013) *Manuale di biblioteconomia: Quinta edizione interamente riveduta e aggiornata*, Milano: Editrice bibliografica.

Ponzani, V. a cura di (2009) "IFLA & Italy, a long-lasting friendship," *Quaderni di Libri e Riviste d'Italia*, 62, pp. 19-27.

Ramonda, C. (2013) *La biblioteca per ragazzi*, Milano: Editrice bibliografica.

Solmi, A. (1933) "La diffusione del libro e le biblioteche del popolo," *La parola e il libro*, a. 16, f. 1, pp. 4-8.

第21章　グローバリゼーションと移民

北川眞也

二〇一五年一〇月三日、著者は地中海に浮かぶランペドゥーザ島にいた。イタリア最南端に位置するこの離島は、地理的にはアフリカ大陸により近い。シチリアからは二一〇キロメートル、チュニジアからは一二八キロメートルの距離だ。パレルモやカターニアから飛行機で一時間弱ほどであるが、船ではシチリア島南部のポルト・エンペードクレから通常は八時間が必要となる。

ランペドゥーザは、ここ三〇年ほどのあいだに、主にイタリア本土からの観光客が訪れる夏のバカンスの島となってきた。島には、今や世界でもよく知られる美しい小さなビーチ「うさぎ島海岸」がある（図21-1）。うさぎ島の海岸は、口コミサイト・トリップアドバイザーで二〇一三年に世界で最も行ってみたいビーチに選ばれた。そこで撮影された船が海面から浮いているようにみえる写真「宙に浮かぶ船」は、日本でも話題となり、ＮＨＫが取材をおこなった。面積二〇・二平方キロメートル、人口五五〇〇人ほどのこの小さな島には、日本からの観光客もほんのわずかとはいえ訪れるようになっている。

しかし、ランペドゥーザにやってくるのは、《北》からの観光客のみではない。この国境の島には、《南》から数多の人々がやってくる。いつ沈むかもしれないおんぼろの小船に乗って、移民、難民たちがやってくる。

図21－1　ランペドゥーザのうさぎ島海岸
出典：著者撮影

1　一〇月三日の「悲劇」

二〇一三年一〇月三日、ランペドゥーザの美しい「うさぎ島海岸」から、わずか六〇〇メートルほどのところで、「悲劇」が起こった。多くの移民、難民たちを乗せた船が沈没してしまったのだ。その結果、三六六人（または三六八人）が死亡した。死者は主に、エリトリア人、ソマリア人。生存者は一五五人だった。数々の遺体が引き上げられる写真、数々の棺桶が並べられた写真を含め、この事故はかなりショックを与えるものだった。すぐさまメディア報道のみならず、イタリア当局、さらにはEUにおいても、この死者たち、この生存者たちに、そしてより一般的には、この移民、難民たちの命がけの移動を引き起こしている諸要因に対して、改めて注意を向ける必要性が強く意識された。

この事故の直後、こうした「悲劇」がもう起こらないよう、イタリア政府は、「我らが海」という海軍と空軍による海上での人命救助作戦を展開し始めた（ちなみに、古代ローマ人は地中海を「我らが海」と呼んでいた。しかしこの言葉は、国家統一後、アフリカの征服へと向かうイタリアの植民地主義の文脈においても用いられた）。

しかしランペドゥーザは、もうおよそ二〇年にわたって、地中海をわたる移民、難民たちと対峙してきた。いや、ランペドゥーザのみならず、イタリア全体が、この一〇月三日のはるか以前から、こうした移民、難民たちと直面してきたはずなのだ。象徴的には、一九九一年のアルバニアからプーリア州の海岸への「ボートピープル」の到着がはじまりであるといえよう。こうした事実によって示唆されるのは、もう長きにわたって、地中海というヨーロッパの域外境界を制御するため、移民、難民の移動を制御するため、イタリア当局がさまざまな施策を実施してきたということである。

本章では、二〇一五年一〇月三日にランペドゥーザ島でおこなわれた二〇一三年の「悲劇」の追悼行事に注目することで、このヨーロッパの境界地帯から、イタリアのグローバルなものとの関わりを考える。「グローバリゼーション」はさまざまな意味で用いられるが、ここでは、遠く離れた場所、これまでイタリアと関係するとは思われなかった場所との新たな関係が、もはや解きほぐすことが不可能なほど緊密に、そして無数に形成されていくこと、あるいはすでに何らかの関係が形成されていたことが明らかとなることで、イタリア社会が大きな変化を強いられる事態として定義する（マッシー 二〇一四）。

2　「悲劇」を追悼するランペドゥーザ

二〇一五年一〇月三日、ランペドゥーザでは、午前中に大規模な追悼行事が催された。追悼行事では、参加者たちによる行進も予定されていた。午前一〇時、行進の出発地点となる市役所の前には、数多くの人たちがいた。ジュジー・ニコリーニ市長をはじめとするランペドゥーザ＝リノーザ市の関係者のほか、シチリア州知事、アグリジェント県知事、さらには各種警察や軍人、カメラを回すメディア関係者、そして「悲劇」の生存者で、今は北欧諸国に住むエリトリア人（ほとんどが男性）とその家族が数十人。しかし数でいうなら、圧倒的にランペドゥーザの若者が多かった。おそらく島の小中高校生が、行進のために動員されていたのだろう。一〇月一日からすでに島の学校では、この追悼行事を準備する「一〇月三日委員会」と市行政のコーディネートのもと、アムネスティ・インターナショナル、国境なき医師団、セーブ・ザ・チルドレン、国際移住機関（ＩＯＭ）、国連難民高等弁務官事務所（ＵＮＨＣＲ）などによって、移民の受け入れについての教育「実験」がなされていた。

一〇月三日委員会は、二〇〇五年に地中海を船で渡ってきたエリトリア出身のタレク・ブラーネを長として、二〇一三年の「悲劇」の後に結成された非営利団体であり、一〇月三日を「記憶と受け入れの日」として法制化することを目

図21－2　《ヨーロッパの扉》
出典：著者撮影

図21－3　祈りを捧げるゼライ神父や生存者たち
出典：著者撮影

指している。「迫害、紛争、戦争から逃れようとして死亡した移民たち、かれらを救助するためにおのれの命を危険にさらすことを厭わなかった人々を記憶にとどめるための日」（参考ＨＰ⑴）として。

行進前に、セルジョ・マッタレッラ大統領からニコリーニ市長へと宛てられた手紙が読み上げられた。「一〇月三日の難船は……裏切られた人間性の象徴であり、イタリア、そしてヨーロッパ全体を揺り動かす叫び声なのです」（参考ＨＰ⑵）。出発する行進の先頭には、「境界ではなく人を助けるべきだ」と書かれた横断幕があり、一〇月三日委員会と生存者たち、数人の島民がいた。一〇〇〇人ほどがこの行進には参加したようだ（参考ＨＰ⑶）。行進は、ローマ通りなど島の中心部を通り、最終的には地中海に沈んだ移民たちの記憶に捧げられた芸術作品《ヨーロッパの扉》（図21－2）がある空港北側の海沿いの岩礁まで続いた。

《ヨーロッパの扉》の前では、エリトリア出身のムッシー・ゼライ神父と「悲劇」の生存者たちが追悼の祈りを捧げた（図21－3）。それから、ゼライ神父、生存者とその家族、市長らが、海を背後とする岩礁に登った。ここからの進行を取り仕切り、通訳もおこなうゼライ神父が、最初に生存者とその家族の気持ちを伝えた。「島民、漁師、そして町のすべてに、私たちに連帯を示し、命を救ってくれて、ただありがとうと言いたい。この感謝のしるしを、島、島のすべての人々、この追憶の瞬間を共有してくれたこれらの若い参加者たちに示したい」。

その後、生存者のひとりが、以下のように語り始めた。「二年前この岩礁にたどり着いたとき、私たちは何も持っていなかった。あなたたちは親戚のように、家族のように、私たちを受け入れてくれた。あなたたちは、衣服、水、食料を与えてくれた。私たちの痛みと哀惜を和らげてくれ、分かちあってくれた。私たちとともに泣いてくれた。私たちと同様に、悲しい気持ちのままでいてくれた。私たちを慰めるために力を使ってくれた。あなたたちの支えと助けのおかげで、新たな生活を送る自信がもてたのです。この感謝のすべてを表現しきれる方法を持ってはいません。だから、ただありがとうとだけお伝えします」。

そして、生存者のみならず、その家族からもまた感謝の気持ちが述べられた。ランペドゥーザの島民、行政、市長に。シチリアの人々、シチリア州知事、具体的にはアグリジェントとその周辺の市町村に対しても感謝が述べられた。「悲劇」の犠牲者の遺体は、アグリジェントに埋葬されている。犠牲者の家族は遺体の帰還を待っているようだが、すべての遺体の身元確認はなおもなされていない。

それから、生存者の家族によって作成されたデッサンが、感謝のしるしとして、島の漁師たちに送られた。実際に溺れていたかれらを最初に救助したのは、ランペドゥーザの漁師たちなのである。そのデッサンには「ありがとう、ヴィート・フィオリーノ」と書かれていた。フィオリーノとは、まさにかれらを救助した年配の漁師である。しかし、かれはその場にいなかった。

3　境界スペクタクル

なぜ島の漁師フィオリーノは、追悼行事に参加しなかったのだろうか。フィオリーノは、互いに「父」、「子」と呼びあう関係を救助した若い生存者たちと築いている。にもかかわらず、かれはこうした追悼行事には参加しない。それどころか、追悼行事を以下のように評してきたのだ。追悼行事は「舞台」であり「茶番劇」である（参考HP⑷）。この言葉が示唆する内容を、著者なりに言い換えるなら、この追悼行事は、幾人かの研究者によって、「境界スペクタクル」として定義されてきたもの（Cuttitta 2012）の連続線上に位置している。スペクタクル、つまり見世物である限り、そ

図 21－4　「船の墓場」

出典：著者撮影

れは人々の感情に訴えるものであり、意図的にせよそうでないにせよ、この場合ならイタリア、ランペドゥーザの側と、移民たちの側との関係性を単純化されたやり方で規定する。しかも、それはスペクタクルを生産する側の用意するシナリオによって、一方的に規定される。「悲劇」、「人命救助」、「受け入れ」、「感謝」。「人命救助」と「受け入れ」をおこなうイタリア人と、ランペドゥーザをはじめとするイタリア側に「感謝」する移民たち。感謝の気持ちが確かだったとしても、追悼行事というスペクタクルにおいては、生存者たちはただ感謝を述べる存在として「舞台」にいた。この関係性の定める役割以外の移民たちの姿はここにおいては不要であり、それ以外のイタリア人の姿も不要なのかもしれない。

　事故から一年後、二〇一四年一〇月三日の追悼時には、国営放送局ＲＡＩがランペドゥーザから中継をおこなった。移民たちの乗ってきた船が何隻か放置されたままの「船の墓場」（図21－4）からの中継だった。普段は船に触れてはいけないが、追悼の日の放送にふさわしい「感動的な」演出をするため、船はＲＡＩの関係者によって、舞台装置のごとく移動、再配置させられていた（参考ＨＰ⑸）。ランペドゥーザは、「悲劇」の場所として演出され、「受け入れ」の場所として仕上げられる。追悼行事というスペクタクルは、ランペドゥーザの、そしてイタリアの何を見えるようにし、何を見えないようにしているのか。

　《ヨーロッパの扉》における祈りと行事が終わると、生存者たち、追悼行事の関係者、メディア関係者は、近くの船着場へと向かい、警察や軍の関係者、市長とともに沿岸警備隊の船へと乗り込んでいった。それは「悲劇」が起こった海で、祈りを捧げ、追悼をおこなうためである。しかし、船着場の前には、大きな横断幕が掲げられていた。「あなたたちは死者を祝福し、生者を殺している。戦争はいらない」。この横断幕は、当局によってすぐに片づけられた。

午後は一七時から、かつてカトリックとイスラームの祈りの場が共存していたという海の守護聖人マドンナ聖所記念堂で、セレモニーがおこなわれた（図21－5）。ランペドゥーザの福音派団体「地中海の希望」によって準備されたこのセレモニーには、島の神父をはじめとするカトリック、またイスラーム、ヒンドゥー教、仏教などの代表者がイタリア各地から一堂に会していた。午前中の追悼行事で祈りを捧げたゼライ神父もいた。ここにおいて、神父の言葉は思いのほか力強いものだった。

図21－5　守護聖人マドンナ聖所記念堂での追悼行事
出典：著者撮影

二年たっても人々は死に続けています。今年はもうすでに三〇〇〇人が数々の悲劇で死んでいます。二〇一三年には、もう死者は出さないとさまざまに口に出されていました。しかし、なおも私たちは死者を数えています……私たち、私たち一人ひとりは、このいっさいを改変するために何をしてきたのか……最近、色々と議論がなされていますが、それは問題の最後の部分についてのみです。再配置、受け入れなど。それはヨーロッパへと辿り着いた、生きた人間のためです。他の多くの人は、旅の道すがらにいます。かれらは牢獄に、かれらの移動の道のりに沿って広がる拘禁センターに閉じ込められているのです。私たちはかれらを保護するために何をしているというのか……ここに私たちが居合わせたことに意味があるのなら、このセレモニーへの参加は受動的であってはならない。具体的な約束でなければならない。それは法の守衛人であるためではありません。むしろ正義のために、合法性を危機へと陥れる仕事をしなければならない。というのは、私たちが目撃してきたできごとにおいては、合法的なことが正義ではないからです。私には、父と母のところへ行くために、子どもがスーツケースのなかに閉じこもって移動せねばならないのが正義だと言えるのかわかりません。

私たちは、イタリアに辿り着いた移民、あるいは地中海を船で漂流する移民たちについて語り、その受け入れ、その救助などについて語る。しかし、それはかれらの移動行程におけるほんの一部分（ゼライ神父の言葉なら「最後の部分」）のことにすぎない。ランペドゥーザに辿り着く前、地中海に船を出す前から、アフリカ大陸でかれらの移動はずっと続いている。そこで何が起こっているのか。イタリア、ヨーロッパの「人命救助」の視線が注がれるのは、たいていランペドゥーザ、地中海までである。その南では、何が起こっているのか。

ゼライ神父は、かれらが移動する過程で通過する経由国のことも述べていた。たとえば、拘禁センターである。イタリア国内にもある拘禁センターは、移民たちの移動過程においても存在する。以下では、ここ一五年ほどのあいだ、かれらが船を出す場所となってきたリビア、一〇月三日の「悲劇」の船もそこから出発したリビアに注目したい。なぜなら、リビアにある拘禁センターは、イタリアの出資によって建設されていたからである。

4　「防波堤」としてのリビア

リビアは、移民たちの経由国である。マリやナイジェリア、ニジェールを通過する西アフリカからも、エリトリアやソマリアからスーダンを通過する東アフリカからも、リビアへと移民たちはやってくる。イタリアは、一九一一年から一九四七年二月までリビアを植民地支配していた。この支配は、他の植民地支配の例にもれず悪名高い。世界初の空爆、毒ガスの使用、さらにはリビア東部キレナイカの住民の半分にあたる一〇万人が強制収容所に拘留された（ズバラグリ二〇〇〇）。

リビアは一九五一年に王国として独立する。しかし、一九六九年にムアンマル・カッザーフィー（通称カダフィ大佐）

リビアはの軍事クーデターで、新たな体制が樹立される。以降、「テロ」などの容疑で、リビアは一九八〇～一九九〇年代に「国際社会」から孤立し、空爆や通商停止措置を受けてきた。一九八六年には、ランペドゥーザに向かって、リビアから二発のミサイルが発射された。島の近海に落下したといわれるそれは、ランペドゥーザの米軍基地ロランを狙っていたようだ。ちなみに、ランペドゥーザはこのミサイル以降、イタリア本土でも名を知られ、夏の観光地となっていった。

二〇〇〇年代に入る頃から、イタリア（さらにEU）は、リビアとの関係を改善していく（ただイタリアは天然資源をめぐって、もともとリビアとの関係を有していた）。その理由のひとつが、このヨーロッパへ向かう移民たちの移動の取締りである。二〇〇〇年にイタリアは、リビアとの二国間再入国協定を締結している。再入国協定は、リビアを出発してイタリアへ辿り着いた移民たちが、たとえリビア国籍ではないとしても、かれらのリビアへの送還を可能とする。たとえば二〇〇四年一〇月には、一一五三人が、どこに連れて行かれるのかを知らされることもないまま、ランペドゥーザから直接リビアへと送還された。イタリア当局が特定したように、たとえかれらが一一一九人の「エジプト人」、二三人の「バングラデシュ人」、一一人の「モロッコ人」であったとしても、リビアへと送還されるのである（参考HP⑹）。この強制送還は、身元確認の不備や難民条約への抵触が疑われ、欧州人権裁判所、欧州議会、国際NGO、UNHCRなどから厳しい批判にさらされた（参考HP⑺）。

そのほかにもイタリアは、国境監視の技術・捜査・装備面での協力、拘禁センター建設への資金援助、リビアから他の第三国へと移民を送還する活動の支援などをおこなってきた（参考HP⑻）。二〇〇八年八月には、「友好、提携、協働の条約」が締結された。この条約は、イタリアによるリビアの植民地支配への補償として締結されたが、引き続き、経由国リビアでの「不法移民との闘いにおける協働」（参考HP⑼）という文脈でも理解されるべきだろう。二〇〇九年五月にこの条約が効力をもつとすぐ、「海上における上陸拒否」が実行に移された。これは海上で「救助」されたはずの移民を、イタリアではなく、そのままリビアへと連れ戻す措置である。イタリアは、リビアの海岸沿いの監視をリビアと協力しておこなうが、それは領海のみならず、公海上においてもなされた。

こうしたイタリアとリビアの関係性をふまえると、リビアはイタリアの防波堤、緩衝地帯のような役割を果たしているのではないか。ある移民が、イタリアへ辿り着いたなら、国際法上、難民申請をする可能性があり、イタリアはかれの置かれた事情の調査なしに当人を送り返すことはできない。またＥＵのダブリン規則のもとでは、その移民が最初に足を踏み入れたＥＵの国が審査をおこない、保護しなければならない。だが、その移民がもしイタリアへ辿り着かなければ、あるいは地中海に船を出さなければ、そのような義務が発生することはない。ちなみに、リビアは難民条約を批准していない。リビアはヨーロッパへ向かう移民たちが閉じ込められる場所であり、この地中海南岸への閉じ込めに、イタリアもまた深く関与してきたのである（北川 二〇一五）。

5 「悲劇」の責任、「悲劇」の原因

これらのいっさいに目を向けてみるなら、ゼライ神父の言葉はより明確となろう。「合法的なことが正義ではない」。イタリアはほんとうに救助する主体なのか、感謝される存在なのか。むしろ、移民たちが安全なやり方でイタリアに、ヨーロッパに足を踏み入れられない状況を創り出してきたのではないのか。地中海に船を出さざるを得ない状況、他の正規の移動手段が存在しない状況、そしてかれらが地中海で難破する状況を創り出してきたのではないのか。

一〇月三日の「悲劇」の後、イタリアでは「人道的海峡」、「人道的回廊」の創設を求める動きが強まった。市民、活動家、知識人、政治家、そしてランペドゥーザの市長から、もうこんな「悲劇」が起こらないよう、人々が迫害から安全に正規のやり方で逃げてこられるように。しかし、正規の入国回路はなおもほとんど閉ざされたままである。アフリカのほとんどの国から、ビザなしで正規の入国はできない。そうである以上、かれらの陸路での移動は非正規なもの、さらには危険なものとならざるを得ない。国境を越えるためには、「人身売買業者」や「斡旋業者」に頼らざるを得ない（北川 二〇一五）。

こうした仕組みのいっさいが、「毎日が一〇月三日」というメッセージに表現されている。一〇月三日だけが特別ではない。ここ二〇年のあいだに、シチリア海峡に、いったいどれだけの人間が沈んできたというのか。少なく見積もっても、一九九四年から二〇一六年二月二日までのあいだに、一万三三一八人が死亡している（参考ＨＰ⑽）。この地中海南岸の人間たちの大量の死は、いったい何によって、誰によって生み出されているのか。

「殺人者、ナチス、あなたたちはランペドゥーザの死者たちについて口にしてもいけない」（参考ＨＰ⑾）。二〇一四年一〇月三日の追悼行事のために、ＵＮＨＣＲの報道官も務めたイタリアの下院議長ラウラ・ボルドリーニや欧州議会議員のドイツ人マルティン・シュルツらがランペドゥーザにやってきた。空港で一般開放された会見の途中、シュルツはある島民と激しい口論をした。そのとき、この島民の口から出てきた言葉がこれなのだ。空港の外でも、「恥、恥、恥だ」、「毎日が一〇月三日だ」と叫ばれていた。この島民たちからすれば、一〇月三日というのは、「人道団体、国家、軍隊が、数日間、島にやってきて、ここで一年中、生きる島民たちを犠牲にして、自分たちがもてなし精神にあふれ、慈悲深いことをみせびらかす機会」（アスカーヴサのビラより）にすぎない。

二〇一五年一〇月三日の夜二一時半、船着場に批判的な横断幕を掲げ、政治家たちに先ほどの言葉を投げつけた島の集団アスカーヴサによって、ランペドゥーザの教会横の広場で、ドキュメンタリー映画の上映がおこなわれた。『悲劇の日々』と題されたそれは、救助にあたった人々や生存者の声を通して、一〇月三日の事故の原因がなおも明確にされていないことを問うものだった。島からわずか六〇〇メートルほどの距離で、なぜこれほど多くの人々が溺死したのか、なぜ救助できなかったのか。船が島に接近して一時間半が経った午前三時半頃に、一度、二隻の船がやってきたが、何もすることなく立ち去ったという証言もある。三時間以上が経ち、船に海水が入ってきたので、誰かに気づいてもらうため、船長は毛布に火をつけた。デッキを汚していたガソリンに引火し、船は炎に包まれた。乗船する移民たちは、炎を避けるため、一斉に船の片方へと移動した。すると船は大きく傾き、それからしばらくして沈没した（参考ＨＰ⑿）。

一〇月三日以後、「我らが海」などの作戦において、移民を救助する軍隊や警察の活動が社会的に賞賛されてきた。

この作戦の一年間で、一〇万人以上が海上で救助されたようだ（参考ＨＰ⑬）。しかし、一四歳でエリトリアからイタリアに亡命してきたゼライ神父、地中海南岸の拘禁センターにいる移民たちに、自身の携帯番号を知らせ、そのＳＯＳを受けとめてきたゼライ神父はこう言う。「これまでになされた正義は偏った正義です。生存者の証言が、しかるべき敬意と配慮をもってなおも耳を傾けられていないからです。二〇一三年の悲劇は、救援活動の手ぬかりの結果でもあるからです。これは忘れられてはならない。救援活動の手ぬかりの結果。誰もそれについて言葉にしませんが、私は生きている限り、正義が得られない限り、それを言い続ける。密航斡旋業者を非難するのみでは十分ではないのです」。

二〇一三年一〇月三日、午前六時半頃、遭難に気づいた漁師フィオリーノの船の誰かが、港湾監督局にＳＯＳコールをおこなっていたようだ。島からほど近い距離だったが、沿岸警備隊の船が来たのはおよそ一時間後だった。二〇一五年六月、三六歳のチュニジア人男性が、この遭難した船の「斡旋業者」として有罪判決を受けた（参考ＨＰ⑭）。二〇一六年三月、イタリアの上院において、一〇月三日を「記憶と受け入れの日」とする法案が可決された。

6　移民の「急襲」、過去の「逆襲」、グローバルな関係性

移民を送り出す国だったイタリアは、一九七〇年代末〜一九八〇年代から、急速に移民を受け入れる国へと移行してきた。二〇一六年一月の時点で、イタリアには、五〇五万四〇〇〇人ほどの外国籍の人間がいる。全人口の八・三％にあたる数字である（参考ＨＰ⑮）。モロッコ、アルバニア、中国、フィリピンなど、その出身国も多岐にわたる。イタリアの社会・経済編成、さらには政治行動の場面において、かれらのいないイタリアはもはや想像できない。イタリアはもう長らく移民と関わり、それを通して、グローバルな関係性のなかに巻き込まれてきた。

なぜ「かれら」はイタリア、ヨーロッパへと移動せねばならないのか。なぜ「私たち」はアフリカへ移動しなくてもよいのか。なぜ「かれら」の移動はさまざまな境界にぶつかるのか。なぜ「私たち」の移動は境界にぶつからないのか。

植民地化にあたり、イタリアからは軍隊をはじめさまざまな人々が、アフリカへと一方的に足を踏み入れてきた。そのようなイタリア、ヨーロッパの支配の結果、アフリカは収奪され、困窮を強いられてきた。他方で、イタリアの旧植民地のエリトリア、ソマリア、リビア、さらにはアフリカ諸国のほとんどの人々は、イタリア、ヨーロッパへと一方的には移動できない（ヨーロッパにいる移民たちの運動のスローガンに「あなたたちがそこ（移民たちの出身地）に来たから、私たちはここにいる」というものがある）。

こう考えると、ある面では、実はイタリアの方が、グローバルな関係性を生み出してきたのだともいえよう。アフリカに進出し、その一部を支配することで、イタリア自体が積極的にグローバルな関係をつくり、アフリカの諸地域をその内側へと巻き込んできた。到来する移民、難民たちは、イタリア自体がすでにグローバルな存在だったことを明らかにする。かれらの「急襲」を通して、イタリアは長らく問われることのなかったおのれのグローバル性、植民地主義の生きた痕跡の「逆襲」に直面し続けている。

ランペドゥーザは、まさにこのような逆襲があからさまに発現している場所のひとつなのだ。一〇月三日の追悼行事を中心に本章で述べてきたことは、移民や難民との関係が、イタリア社会の内側の問いであること、社会の内部に埋め込まれた消去不可能な問いであることを明らかにしている。イタリアの外側にある問いでもなければ、単純に外部から押しつけられた問いでもない。これは、イタリア社会のただなかにあるグローバルな問いなのである。

参考文献

北川眞也（二〇一五）「移民の墓場と化す地中海」竹中克行編『グローバル化と文化の境界』昭和堂。

ズバラグリ、M（二〇〇〇）「本書を読む人のために」A・デル・ボカ編著『ムッソリーニの毒ガス』高橋武智監修、大月書店。

マッシー、D（二〇一四）『空間のために』森正人・伊澤高志訳、月曜社。

Cuttitta, P. (2012) *Lo spettacolo del confine : Lampedusa tra produzione e messa in scena della frontiera*, Milano : Mimesis.

参考ＨＰ

(1) http://www.comitatotreottobre.it/2016/03/la-giornata-della-memoria-inserita-anche-nel-rapporto-dellunione-europea-sulle-migrazioni

(2) http://www.quirinale.it/elementi/Continua.aspx?tipo=Comunicato&key=913

(3) http://www.agrigentonotizie.it/cronaca/commemorazione-naufragio-3-ottobre-lampedusa-2015.html

(4) http://www.repubblica.it/solidarieta/immigrazione/2014/10/03/news/strage_lampedusa_sabir_soccorritori-97206625

(5) http://www.askavusa.com/solidarieta-ad-alessandro-marino-e-grazia-migliosini-soccorritori-del-naufragio-del-3-ottobre-denunciati-per-aggressione-verbale-dal-giornalista-valerio-cataldi

(6) http: //www. interno. it/mininterno/export/sites/default/it/sezioni/sala_stampa/interview/Interventi/_sottosegretarioxprecedenti/intervista_360.html

(7) http://www.amnesty.eu/static/documents/Italy_detention_report_Italian_final.pdf

(8) http://www.statewatch.org/news/2005/may/eu-report-libya-ill-imm.pdf

(9) http://www.repubblica.it/2008/05/sezioni/esteri/libia-italia/testo-accordo/testo-accordo.html

(10) http://fortresseurope.blogspot.jp/p/la-fortezza.html

(11) http://liberaespressione.tumblr.com

(12) http://www.youtube.com/watch?v=0HjMRcMlG9E

(13) http://www.interno.gov.it/it/notizie/conclude-mare-nostrum-triton

(14) https://askavusa.wordpress.com/3-ottobre-2013-3-ottobre-2015

(15) http://www.istat.it/it/archivio/180494

《編著者紹介》

土肥秀行（どい・ひでゆき）

1973年　生まれ。
2006年　ボローニャ大学イタリア文学科博士号Ph.D.取得。
現　在　東京大学大学院人文社会系研究科准教授（南欧語南欧文学研究室）。
主　著　*Interlinee: studi comparati e oltre,* Cesati, 2011.
『イタリアの文化と日本』（共著）松籟社，2023年。

山手昌樹（やまて・まさき）

1980年　生まれ。
2011年　上智大学大学院文学研究科史学専攻博士後期課程単位取得退学。
2018年　博士（史学）取得。
現　在　共愛学園前橋国際大学国際社会学部専任講師。
主　著　『イタリア文化事典』（分担執筆）丸善出版，2011年。
『歴史家の窓辺』（分担執筆）上智大学出版，2013年。
『世界地名大事典 第４～６巻：ヨーロッパ・ロシアⅠ～Ⅲ』（分担執筆）朝倉書店，2016年。
『歴史書の愉悦』（分担執筆）ナカニシヤ出版，2019年。
『近代ヨーロッパと人の移動』（分担執筆）山川出版社，2020年。

教養のイタリア近現代史

2017年５月10日　初版第１刷発行　〈検印省略〉
2023年４月10日　初版第３刷発行

定価はカバーに
表示しています

編著者　土肥秀行
　　　　山手昌樹
発行者　杉田啓三
印刷者　坂本喜杏

発行所　株式会社　ミネルヴァ書房
607-8494　京都市山科区日ノ岡堤谷町１
電話代表　(075)581-5191
振替口座　01020-0-8076

冨山房インターナショナル・坂井製本

ISBN 978-4-623-08021-2
Printed in Japan

執筆者紹介（所属，執筆分担，執筆順，＊印は編著者）

＊土《ど》肥《い》秀《ひで》行《ゆき》（東京大学大学院人文社会系研究科准教授，はしがき・序章・第６章・コラムⅠ・コラムⅢ）

＊山《やま》手《て》昌《まさ》樹《き》（共愛学園前橋国際大学国際社会学部専任講師，はしがき・第１章・第３章・第12章・コラムⅡ）

河《かわ》村《むら》英《え》和《わ》（跡見学園女子大学観光コミュニティ学部准教授，第２章）

勝《かつ》田《た》由《ゆ》美《み》（工学院大学教育推進機構国際キャリア科教授，第４章・第７章）

高《たか》橋《はし》利《とし》安《やす》（広島修道大学名誉教授，第５章）

藤《ふじ》岡《おか》寛《ひろ》己《み》（福岡国際大学名誉教授，第８章・第９章）

巖《いわ》谷《や》睦《むつ》月《き》（東北学院大学教養教育センター准教授，第10章）

日《ひ》野《の》真《ま》紀《き》子《こ》（近畿大学経営学部准教授，第11章）

千《ち》野《の》貴《たか》裕《ひろ》（早稲田大学教育・総合科学学術院准教授，第13章）

奥《おく》田《だ》耕《こう》一《いち》郎《ろう》（早稲田大学地域・地域間研究機構イタリア研究所招聘研究員，第14章）

新《あら》谷《や》崇《たかし》（茨城大学教育学部助教，第15章）

北《きた》川《がわ》眞《しん》也《や》（三重大学人文学部准教授，第16章・第21章）

松《まつ》本《もと》敦《あつ》則《のり》（法政大学大学院イノベーション・マネジメント研究科教授，第17章）

池《いけ》野《の》絢《あや》子《こ》（青山学院大学文学部准教授，第18章）

鈴《すず》木《き》鉄《てつ》忠《ただ》（東洋大学国際学部准教授，第19章・コラムⅤ・コラムⅥ）

髙《たか》橋《はし》春《はる》菜《な》（盛岡大学文学部准教授，第20章・コラムⅣ・コラムⅦ）

人名索引

タ 行

ナ 行

ハ 行

マ　行

ヤ・ラ　行

事項索引

ア　行

カ　行

サ　行

タ　行

ナ　行

ハ　行

マ　行

ヤ　行

ラ・ワ 行

欧 文